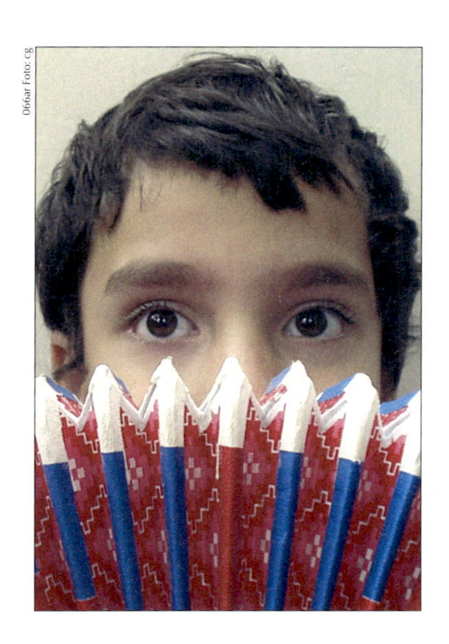

066ar Foto: cg

Reise Know-How im Internet

Aktuelle Reisetipps und Neuigkeiten
Ergänzungen nach Redaktionsschluss
Büchershop und Sonderangebote

www.reise-know-how.de
info@reise-know-how.de

Wir freuen uns über Anregung und Kritik.

Weitere KulturSchock-Titel:

Afghanistan, Ägypten, Australien, Brasilien, China/Taiwan, Cuba, Ecuador, Finnland, Frankreich, Indien, Iran, Irland, Japan, Jemen, Kambodscha, Kaukasus, Kleine Golfstaaten/Oman, Laos, Marokko, Mexiko, Pakistan, Peru, Polen, Rumänien, Russland, Spanien, Thailand, Thailands Bergvölker und Seenomaden, Türkei, Ukraine, Ungarn, USA, Vietnam, Vorderer Orient

KulturSchock – Familienmanagement im Ausland
KulturSchock – Leben in fremden Kulturen

Carl D. Goerdeler
KulturSchock Argentinien

„Argentinien? Dieses Land gibt es nicht. Es ist pure Prahlerei.
Die Argentinier, und besonders die Bewohner von Buenos Aires,
sind oberflächlich, frivol und snobistisch.
Politisch zählt Argentinien nicht. Und ökonomisch?
Die Militärs haben es ausgeraubt und ruiniert.
Argentinien ist ein Land, dessen Bewohner
nicht einmal ihre eigene Währung akzeptieren."
(Jorge Luis Borges, 1986)

Impressum

Carl D. Goerdeler
KulturSchock Argentinien

erschienen im
Reise Know-How Verlag Peter Rump GmbH
Osnabrücker Str. 79
33649 Bielefeld

2., komplett neu gestaltete Auflage 2008

Gestaltung
Umschlag: Günter Pawlak (Layout)
Inhalt: Günter Pawlak (Layout), Klaus Werner (Realisierung)
Fotos: der Autor (cg), Argentinische Botschaft (S. 118, 185)

Lektorat: Klaus Werner
Lektorat (Aktualisierung): Dhaara P. Volkmann

Druck: Fuldaer Verlagsanstalt GmbH & Co. KG

ISBN 978-3-8317-1268-7
Printed in Germany

Dieses Buch ist erhältlich in jeder Buchhandlung Deutschlands, der Schweiz, Österreichs, Belgiens und der Niederlande. Bitte informieren Sie Ihren Buchhändler über folgende Bezugsadressen:

Deutschland
Prolit GmbH, Postfach 9, D-35461 Fernwald
sowie alle Barsortimente
Schweiz
AVA-buch 2000
Postfach, CH-8910 Affoltern
Österreich
Mohr Morawa Buchvertrieb GmbH
Sulzengasse 2, A-1230 Wien
Niederlande, Belgien
Willems Adventure
www.willemsadventure.nl

Wer im Buchhandel trotzdem kein Glück hat, bekommt unsere Bücher auch über unseren
Büchershop im Internet:
www.reise-know-how.de

Wir freuen uns über Kritik, Kommentare und Verbesserungsvorschläge.

Alle Informationen in diesem Buch sind vom Autor mit größter Sorgfalt gesammelt und vom Lektorat des Verlages gewissenhaft bearbeitet und überprüft worden.

Der Verlag sucht Autoren für weitere KulturSchock-Bände.

Carl D. Goerdeler
KulturSchock
ARGENTINIEN

Inhalt

Vorwort 8

Weltsicht und Selbstverständnis 11

Ein Versuch, Argentinien zu verstehen 11
Ein Land auf der Couch 13
Ein Gang durch die Geschichte 21
Der Mythos der Gauchos 36
Das Gesicht des Landes 38
Physische Geografie 44
Bewegte Luft, bewegte Erde 47
Jurassic World 48
Der Nabel, die Stadt 50

Exkurse zwischendurch

Argentiniens Name .20
Folterpriester .31
Die Schafsinseln .32
Königin Cristina .35
Patagonische Possen .42
Feuerland .46
Durch die Stadt .51
Abstürzende Balkone .58
Die Flucht .65
Karteileichen .68
Hunger .84
„Doing Business“ .90
Die Tochter der Mumie .95
Genossin Tamara .105
Argentinien sportiv .114
Don Erico .128
Punta del Este, ein Sylt in Südamerika .144
Papierkrieg am Río de la Plata .146
Argentinien und Chile – wie Katz und Hund .149
Dulce de leche .157
Zwergschule am Südpol .165
Mafalda .181
Atomträume .184

Die kulturelle Landkarte 63

Post-Peronismus 63
Recht und Unrecht – die Krankheit Korruption 67
Aristokraten 75
Welt der Arbeit 82
Wirtschaftsprofil 88
Santa Evita 91
Carlos Gardel und der Tango 97
Ernesto Ché Guevara 103
Jorge Luis Borges, der blinde Poet 107
Maradona und der Fußball 111
Fluchtpunkte 117
Das Café 121
Schwarze, Juden, Indianer und Deutsche 124
Der liebe Gott und der Tod 129
Mamas, Modepuppen und Machos 135
Kranke Seelen 140
Das andere Ufer: Uruguay 143

Leben im Alltag 151

Essen und Trinken 151
Lebenslauf eines Argentiniers 158
Schule und Universität 164
Stimmungen und Haltungen 166
Kulturgenuss 180
Technische Denkmale 183
Festkalender 185
Als Gringo im Lande 189

Anhang 197

Vulgärsprache Lunfardo 198
Argentinien im Internet 199
Lesetipps 200
Register 208
Übersichtskarte Argentinien 214
Der Autor 216

Vorwort

Wer das Wort „Kulturschock“ erfunden hat, bleibt offen. Wahrscheinlich ist das Wort eine Übertragung aus dem Englischen, dem „cultural shock“, den die feinen Damen der Kolonialgesellschaft angesichts der „schockierenden“ Sitten und Gebräuche der Eingeborenen empfunden haben. Insofern klebt an diesem Wort ein wenig koloniale Arroganz und Ignoranz. Das Substantiv „Kultur“, das darin steckt, ist allerdings viel älter und aus dem Lateinischen „cultura“ abgeleitet, was so viel wie „Bebauung“, „Bestellung“ und „Pflege“ im Sinne der Agrikultur bedeutet und sich später auf Geist und Sprache bezog.

Witzigerweise hat das Wort „Schock“ im Mittelhochdeutschen noch eine andere Bedeutung als der „Aufprall“ oder das „Entsetzen“. Gemeint ist damit ein Bündel, eine unbestimmte Menge oder auch ein Getreide- und Heuhaufen, eine Garbe unterschiedlicher Halme und Pflanzen. Und eigentlich passt dieser Aspekt auch viel besser zur Kultur – die Kultur als ein Bündel von Sprossen, Früchten und Blüten, die durch eines oder mehrere Bänder zusammengefasst sind.

Jedenfalls soll in diesem Buch der hier angedeutete positive Aspekt des Kulturschocks nicht zu kurz kommen. Es geht ja nicht darum, sich durch andere Kulturen erschrecken zu lassen, sondern ganz im Gegenteil eine Bereicherung zu erfahren, sich einzulassen auf das Fremde und am Ende etwas dabei zu lernen – und sei es auch nur, die eigenen Gewohnheiten in einem neuen Licht zu sehen.

Eine traurige Gestalt ist derjenige, der die Welt nur mit seiner Elle misst. Kulturelle Eigenisolation führt zum Untergang. Wer etwa glaubt, das Glück der Menschheit liege einzig und allein im American Way of Life, der wird dafür teuer bezahlen müssen, auch als Reisender. Verständnis für andere Kulturen und Toleranz gegenüber andersartigen Traditionen sind wirksamere Methoden der Selbstbehauptung als Abwehr und Regression. Der fatale „Zusammenprall der Zivilisationen“ („The Clash Of Civilisations“), den der amerikanische Historiker *Samuel Huntington* an die Wand malt, ist eine Gruseltheorie, die sich selbst reproduziert, aber nicht beweisen lässt.

In Deutschland hat es unter *Bismarck* einst den „Kulturkampf“ gegeben, eine Politik gegen den Einfluss der katholischen Kirche. So sollte der preußische Weihnachtsmann das Christkind und den Nikolaus verdrängen. Aber dort, wo der Katholizismus tief verwurzelt war, konnte der Weihnachtsmann nie die Oberhand gewinnen. Der Kulturkampf endete mit einem Konkordat, der die Rechte der römisch-katholischen Kirche sicherte.

Kultur und Kampf sind genau genommen Gegensätze. Der Begriff „Kulturschock“ hat seine Berechtigung nur dann, wenn es um die psychologische Beschreibung der Wahrnehmung geht, um menschliche Reaktionen und Gefühle wie Erstaunen und Erschrecken. Der Kulturschock braucht nicht weh zu tun. Im Gegenteil: Wenn man den richtigen Schlüssel in der Hand hält, öffnet sich so mancher Schatz, der einem sonst verschlossen bliebe. Die Bücher der KulturSchock-Reihe möchten dem Leser solche Schlüssel in die Hand geben.

Der vorliegende Band hat Argentinien zum Thema. Was bewegt diese Nation? Wie kann man Argentinien verstehen? Wie leben die Argentinier? Wie verhält man sich als Besucher in diesem Land? Was kann man von früheren Reisenden lernen? Wer Verwandte in Argentinien besucht, wer in einer Familie unterkommt, wer geschäftlich unterwegs ist oder auf Urlaub, wer für ein paar Tage nur im Lande weilt oder mehr als ein Jahr – jeder wird ganz unterschiedliche eigene Erfahrungen machen und beisteuern können.

Strenge Vegetarier werden sich in Argentinien ganz anders bewegen als Fleischesser, die sich im Pampaland mit seinen saftigen Rindersteaks im kulinarischen Himmel wähnen. Und auch die Unterschiede zwischen Mann und Frau sind nicht so eingeebnet wie in Mitteleuropa. Argentinien ist nicht androgyn, beileibe nicht. Es ist aber auch nicht so übersichtlich wie Holland und so durchgenormt wie die USA. Die regionalen Unterschiede sind ebenso bedeutend wie in Deutschland, wenn auch das argentinische Spanisch von Nord nach Süd und Ost nach West weit weniger Differenzierungen aufweist als das Deutsche im kleinen Geviert von Oder und Erft, Belt und Bodensee.

Gleichwohl wird ein Europäer in Argentinien sozusagen seine Heimat wiederfinden – aber eine Heimat, die eher an ein durchgewühltes Hotelbett erinnert als an den Ohrensessel daheim. Das fängt schon mit den Jahreszeiten an, die in Argentinien so deutlich ausgeprägt sind wie in Europa, nur dass sie auf dem Kopfe stehen. Argentinien als Antipode zu Europa – das ist geografisch nicht korrekt, im übertragenen Sinne aber doch. Argentinien lässt sich ohne Europa auch gar nicht denken. Wie und warum, das soll dieses Buch ein wenig erläutern.

Carl D. Goerdeler

017ar Foto: cg

WELTSICHT UND SELBSTVERSTÄNDNIS

Ein Versuch, Argentinien zu verstehen

Argentinien – ein Außenseiter in Südamerika. Es nimmt praktisch den gesamten Südteil des Kontinents ein und ist nach Brasilien das größte Land – immerhin mit einer **räumlichen Ausdehnung,** die in etwa derjenigen Indiens entspricht. Es reicht von den Anden im Norden über die fruchtbare Pampa bis hinunter zur Eiswelt Feuerlands im fernen Süden. Aber es sind weniger seine landschaftlichen Extreme als seine Bewohner, die Argentinien zu einem ganz besonderen Land machen.

Wer, aus welchen Gründen auch immer, nach Argentinien kommt, der wird sich nicht ausgeschlossen fühlen. Dieses Land ist eines der **Zuwanderer und Immigranten,** was zu einer ungewöhnlichen Verbindung aus vielfacher europäischer Herkunft und lateinamerikanischem Temperament geführt hat. Jeder dieser Zuwanderer hat ein kleines Stückchen seiner traditionellen Kultur mitgebracht, beispielsweise ein Stück italienischer Pizza oder das englische, aristokratische Polo. Und daraus ist eine einmalige Mischung entstanden – kein Eintopf, sondern ein Gericht, in dem noch alle Zutaten zu unterscheiden sind. Selbst im *Lunfardo,* der Gaunersprache der Vorstadt und der Unterwelt von Buenos Aires, selbst im erotischen Wiegen des Tangos und selbst im unnachahmlichen Genuss eines Steaks vom Grill – all dies ist deutlich mit einer Prise Europa vermengt.

Spätestens wenn man ins Taxi fällt, das zum Hotel fährt und bald darauf im Stau steckt, wenn der Fahrer wild gestikulierend und ungeduldig in einem seltsamen Kauderwelsch flucht, wenn man in einem der schwankenden Fahrstühle mit den rostigen Spiegeln und messingbeschlagenen Gittern hochfährt, wenn man die schwere, feuchte Luft des Río de la Plata atmet – spätestens dann wird man **von Argentinien vereinnahmt.** Und natürlich wird der Taxifahrer schon gefragt haben, wie einem dieses Land gefällt, das man gerade erst vor ein paar Minuten betreten hat.

Und er wird zu verstehen geben, dass in Argentinien die schönsten Frauen leben, die besten Steaks brutzeln, die besten Fußballer spielen und dass es überhaupt kein besseren Platz auf der Erde gäbe, wenn nicht die Politiker alle Diebe wären. Also stimmt es doch, dass die Argentinier in einem solchen Maße von sich überzeugt sind, dass sie als **arrogant** gelten. Zum Stolzsein haben die Argentinier aber auch Grund genug, nicht nur wegen der generösen Natur, die ihnen nach dem Himalaja die höchsten Berge geschenkt hat. Auch kulturell kann sich das Land mit Höchstleistungen schmücken, vom Tango ganz abgesehen, der bekanntlich „ein trauriger Gedanke ist, den man tanzt".

Argentinier sind weder bescheiden noch leise. Ein permanenter **Lärmpegel** liegt über den großen Städten. Die bemitleidenswerten Motoren werden auf höchste Drehzahlen getrieben. Man lässt die Bremsen kreischen, den Fernseher mit der Fußballspielübertragung für das ganze Viertel spielen, vor allem aber die Nachbarn im Restaurant an der lauten Unterhaltung teilhaben. Jeder spricht zugleich, und das immer lauter, ja man schreit sich geradezu an. Geschnatter, Geklapper, Gewisper – keine andere Nation scheint so **mitteilungsbedürftig** zu sein, geradezu leidenschaftlich dem Klatsch, dem Tratsch, der Lästerei zu frönen wie die Argentinier – was übrigens insbesondere auf die Herren der Schöpfung zutrifft.

In Argentinien will man nicht nur plappern und gehört werden, sondern vor allem auch **sehen und gesehen werden.** Ausgehen und flanieren, als ginge es über einen Laufsteg, eine gute Figur machen, was hergeben, sich darstellen – das ist das Lebenselixier eines jeden Argentiniers. The show must go on. Argentinier sind keine Mauerblümchen, ganz im Gegenteil. Und: Dem Glücklichen schlägt keine Stunde. Wenn in anderen Teilen der Welt die braven Bürger längst im Tiefschlaf schlummern, machen sich die Argentinier zum **Ausgehen** fein. Die wichtigsten gesellschaftlichen Verabredungen beginnen eigentlich alle erst nach Mitternacht. Und nachts um Drei sind die Avenidas der Innenstädte stärker bevölkert als nachmittags zur Siesta. Mit Sicherheit schlafen Argentinier weniger als alle anderen Weltbürger. Man sieht es ihnen an den aschfahlen Gesichtern und den Augenringen an. Nach einer Analyse der „Lateinamerikanischen Gesellschaft für Schlafforschung" aus dem Jahr 2003 leiden siebzig Prozent der *porteños* (die Bewohner von Buenos Aires) unter Schlafstörungen und an zu wenig nächtlicher Ruhe.

Im „Paris Südamerikas", in Buenos Aires also, leben der Geldadel und die Boheme trotz aller Pleiten weiter, als wenn die argentinische Belle Époque nicht längst geendet hätte. Trotz der Dauerkrise, trotz der allgemeinen Dekadenz – die *porteños,* die etwas auf sich halten, eilen von einem Treffen zum anderen, so als ob es darum ginge, jeden Tag in die Sozialspalte der Regenbogenpresse zu kommen. Außerhalb des Molochs am Río de la Plata, **auf dem Lande,** geht es weit ruhiger zu, zuweilen gar totenstill. Aber vielleicht ist das platte Land da draußen ja gar nicht wirklich Argentinien ...?

Wie auch immer, der Reisende findet in Argentinien ein relativ sicheres und wohl organisiertes Land vor. Vor Speiseeis und Feldsalat braucht sich kein Mensch zu fürchten, das Leitungswasser ist trinkbar, wenn auch stark gechlort. Und jedermann flaniert durch die Straßen, selbst tief in der Nacht, weil er sich nicht vor Übergriffen fürchten muss. Die **Gewaltkriminalitätsrate** in Buenos Aires und den anderen großen Städten liegt nicht weit höher als in Europa.

Doch die tiefer liegenden Schichten Argentiniens, die Tragik und Tristesse ebenso wie auch die Stärken dieses Landes erschließen sich dem Besucher erst mit der Zeit. Argentinien ist und bleibt ein **Rätsel** – vor allem für die Argentinier selbst.

Ein Land auf der Couch

Es gibt arme und reiche Länder und es gibt Argentinien. Vor einem Jahrhundert lebte das „Silberland" in Saus und Braus – dieser Tage ist es arm wie eine Kirchenmaus. Keine andere Nation hat in einem Jahrhundert so gründlich ihren **Reichtum** ruiniert. Und das aus freien Stücken und (fast) ohne Krieg. Jedes Kind kennt das Märchen vom Hans im Glück. Wie der Märchen-Hans mit seinem Goldklumpen heimzieht und am Ende mit leeren Taschen ankommt: Das ist auch die Story Argentiniens.

002ar Foto: cg

„Reich wie ein Argentinier", das war um 1900 eine gängige Redewendung. Durch Buenos Aires ratterte die Metro, knapp nachdem man sie in London und Paris gebaut hatte. Der Peso wurde mit Gold aufgewogen. „In Argentinien spuckt man auf den Boden, und schon wächst eine Blume". Jeder konnte reich werden, wenn er nur wollte, hieß es.

Das Geld hatte Millionen Hungerleider aus Südeuropa an den Río de la Plata getrieben, nicht etwa die Verheißung von Freiheit. Ihre Muskelkraft war gefragt, doch ihre Seele war zu Hause in Sizilien, Andalusien und im Baskenland geblieben. Auf drei Männer in Buenos Aires kamen damals nach der Statistik zwei **Gastarbeiter** mit Fremdenpass. Sie verschwendeten keine Gedanken über die Nation, die Verfassung, die Flagge. Gesetze, Vorschriften, Papiere – lästiges Zeug, die Obrigkeit hielt man sich besser vom Leibe. „Die Mexikaner kommen von den Azteken, die Peruaner von den Inkas – die Argentinier von den Schiffen", scherzt bissig der mexikanische Autor *Octavio Paz*.

Ein **Staatsvolk** waren die Argentinier also (noch) nicht. „Regieren bedeutet besiedeln" urteilte der Staatsrechtler *Juan Bautista Alberdí*. Das Land war ja leer, wenngleich voller goldener Kälber. Mit Fleisch, Leder und Korn wurden über Nacht Vermögen gemacht – und ausgegeben. Die *Fortabads* und *Thornquists*, die *Bullrichs* und die *Bunges* legten ihr Kapital in prächtige Villen, ein paar Fabriken, in Abgeordnete und Richter und auch in edle Pferde an. Hans im Glück hatte seinen Goldklumpen als Belohnung für seine treue Dienerschaft erhalten. Statt seinen Schatz gegen gute Zinsen zu verleihen, sein Pferd vor den Pflug zu spannen, seine Kuh zu melken oder sein Schwein zu verwursten und damit Geld zu machen, tauscht er alles ein. Den Mühlstein zuletzt nimmt er nicht zum Mahlen. Er ist ihm zu schwer, er schmeißt ihn weg. Hans im Glück hat sein Kapital in Windeseile vernichtet.

Genauso machten es viele **reiche Argentinier:** Sie legten das Geld im Ausland auf die Bank oder unter ihre Matratze, wenn sie es nicht für Statussymbole und Luxus ausgaben. Geld im Schweiße des Angesichts zu verdienen, das brauchten die *estancieros* (Großgrundbesitzer) nicht. Das Kapital wuchs in der fetten Pampa auf vier Hufen von alleine. Und der gekaufte Staat hielt den Fabrikanten die Konkurrenz vom Leibe.

Hans im Glück wird vom Pferd abgeworfen. In Argentinien besorgte das **Oberst Juan Domingo Perón.** Der alte Geldadel hatte nun kaum noch bei den Staatsgeschäften mitzureden. Der neue Patron Perón ließ sich von den *descamisados,* den Hemdlosen, inthronisieren. **Evita Perón,** der „Engel der Armen", verprasste das Volksvermögen. Alles sollte nun dem Volk gehören, auch die Eisenbahn. Die hatte Perón den Engländern abgekauft und sich damit teuren Schrott eingehandelt. Seither lebt Argentinien über seine Verhältnisse, insbesondere die Regierung. Selbst unter *Carlos Menem,* der die defizitären Staatsbetriebe gegen ein Linsengericht an seine Freunde verschenkte, stiegen die Staatsausgaben von 1992 bis 1999 um 50 Prozent.

Seit vielen Jahren werkelt Argentinien nun **auf Pump** dahin. Aber die Argentinier glauben im Grunde, sie seien der Welt von großem Wert. Nicht sie selber, sondern der Norden müsse sie retten. Was aber ist ein Land wert, in dem die Arbeit nicht geehrt, das Sparen nicht gepflegt und die Gesetze konsequent gebeugt werden? Der Argentinier *Marcos Aguinis* hat in seinem Buch „El atroz encanto der ser argentino" („Das schreckliche Vergnügen, Argentinier zu sein") der stolzen Nation einen Spiegel vorgehalten, in den sie ungern schaut. Nicht wenige Argentinier, die etwas auf sich halten, wären gerne Hanseaten: Sie geben sich als Engländer aus, aber sie sind weder Gentlemen noch Hanseaten. Sie sind die Nachkommen von Don Quijote, meint *Marcos Aguinis.*

„Wir kultivieren Defekte, die uns um Kopf und Kragen bringen", klagt *Aguinis.* „La cultura de la renta" zum Beispiel. Man kann das als „Kupon-

Galeria Pacifico: Der Prunk des einstigen Reichtums ist überall zu sehen

schneiderei" übersetzen. Die Argentinier würden immer nur nach **Schnäppchen** schauen, nach dem schnellen Gewinn. Nicht durch harte Arbeit und geduldiges Sparen käme man zu Wohlstand, sondern durch gewitztes Spiel, durch Beziehungen, durch Spekulation und auch durch Schuldenmachen.

„Deudas" (Schulden) sind ja nur Engpässe. Sie sind nicht das gleiche wie „Schulden". In dem deutschen Wort steckt die „Schuld", die Sünde, die Unmoral. Im spanischen steckt das Wort „teilen", „dividire". Wer also in Argentinien **Schulden** hat, ist sich keiner Schuld bewusst, er ist höchstens „klamm" (*„duro"*). Er wird versuchen, die Schlinge mit der berühmten *„viveza criolla"* (der Bauernschläue) zu lockern. „Renegociar la deuda", die Außenstände neu „verhandeln" – Argentinien unternimmt seit Jahren nichts anderes, als Schulden neu zu „verhandeln", also zu strecken. Beispielsweise durch neues Schuldenmachen.

Die Argentinier und das liebe Geld, das wäre ein Thema für Sigmund Freud. Die Sprache verrät es schon: Von *„plata dulce"*, vom „süßen Geld" also, ist die Rede. Das ist das Kapital, was man im Schlaf verdient. Bargeld heißt *„efectívo"*, also „wirkliches Geld". Daraus darf man wohl schließen, dass Schecks, Wechsel, Guthaben u.Ä. „unwirkliches Geld" sind. Mit anderen Worten: Nur das Geld, das man in der Hand hält, ist wirkliches Geld. Alles andere steht auf dem Papier und löst sich des Öfteren in Luft auf. Szenen aus dem Alltag: Jorge hat ein paar Schuhe gekauft, nur acht Peso hätten sie gekostet, erzählt er freudestrahlend. Nur acht Peso – und sonst nichts? Naja, acht Peso als Anzahlung, der Rest in sechs Monatsraten von ebenfalls je acht Peso. Ein anderes Beispiel: Vier Argentinier spielen Karten. Einer verliert am laufenden Band. „Was heißt hier verloren? Das Geld ist bloß im Moment bei den anderen!", gibt dieser zum Besten und nimmt erst einmal Schulden auf.

Geld ist flüssig und flüchtig. Und es geht ja nicht nur ums Kapital. Es geht um die **persönlichen Beziehungen,** um Einfluss, Ansehen und auch um Macht. Wer eine Million auf dem Konto hat, der ist ein armer Wicht. Wenn er aber goldene Kettchen trägt, einen Importwagen fährt, mit der Rolex spielt und rauschende Feste gibt, dann gilt er als feiner Mann – mag er noch so hoch verschuldet sein. Mehr Schein als Sein.

„Dame dos!": Die **argentinischen Touristen** hatten, so lange sie noch in Brasilien zum Shopping einfielen, den Spitznamen „Gib mir zwei!". Über ihre Angeberei, ihre Arroganz und Überheblichkeit reißt man in

003ar Foto: cg

ganz Lateinamerika Witze. „Argentinien ist ein Land, das seine Millionen Menschen versenken möchten, es ihnen aber nicht gelingt", foppt der TV-Tölpel *Cantinflas (Mario Moreno)* in einer mexikanischen Endlosserie. Schon *Albert Einstein* hatte sich bei seinem Besuch 1925 gewundert: „Wie kann ein solch desorganisiertes Land vorwärts kommen?"

Bereits zu Anfang des vorigen Jahrhunderts waren die öffentlichen Dienstleistungen in Buenos Aires doppelt so teuer wie in London. Ein Drittel der Staatsausgaben ging für **Bestechungen** drauf, behauptet *Marcos Aguinis*. Ein spanischer Finanzbeamter klagte schon 1923 über die argentinischen Zustände: „Es gibt einen tiefen Graben zwischen der Prosperität des Landes und dem Zerfall der öffentlichen Finanzen, die ein Dauerelend sind". Unter *Perón* und seinen Nachfolgern hätte so gut wie jeder dritte Argentinier, Rentner oder nicht, am Tropf von Vater Staat gehangen.

Dabei ist der argentinische Nationalheld ein Freibeuter zu Pferde. Jeder Abiturient kann Verse aus dem romantischen Epos „Martín Fierro" zitieren, das ein gewisser *José Hernández* 1879 verfasste. Hier wird den Gauchos ein Denkmal gesetzt. Die **Gauchos** verachten den Tango, sie spucken auf Buenos Aires und das gelackte Gesindel der Großstadt. Sie lieben den Himmel, die Erde, die Pampa, deren Herren sie einst waren. Die Gauchos gleichen den Potros, den wilden Pferden, die sie zureiten.

Einen Gaucho kann keiner zähmen. Jeder Argentinier möchte ein Gaucho sein. Aber das ist Illusion. Denn die Pampa ist längst parzelliert.

Die Argentinier sind im Grunde **Anarchisten,** meint *Marcos Aguinis.* Dem Staat ist man nichts schuldig, der Staat ist einem selber etwas schuldig. Vor allem, wenn man zu seiner Familie gehört. Eigentlich ist der Staat ein Patron, ein guter oder ein böser. Der böse Patron ist ein Blutsauger, den es zu betrügen, der gute aber eine Kuh, die es zu melken gilt. Wo sonst auf der Erde lassen sich die Hausmeister der staatlichen Schulen noch das Pausenbrot vom Staat bezahlen? Welche andere Regierung gibt so viel Geld aus dem Haushalt für die „Rechtspflege" aus?

Ein Staat, der so viele **Gesetze** wie in Argentinien erlässt, hält seine Bürger für dumm oder kriminell. Beides trifft sicher nicht zu. Die Gesetze werden gemacht, damit die Bürokraten ein Auskommen haben. Je mehr Gesetze, desto mehr Gesetzesbrecher. Die Obrigkeit zu betrügen ist keine Sünde, sondern eher eine Tugend, die von Bauernschläue und Pfiffigkeit zeugt. „Sie haben mich wegen Diebstahl geschnappt, aber nicht wegen Blödheit", brüstet sich der Delinquent. „Zafar" – sich vor der Verantwortung drücken, „El vivo", der Schlaumeier, der hat den Trick raus, wie man die Probleme umgeht, sich aus der Schlinge zieht. Die Tangotexte und das „Lunfardo", die Gaunersprache, sind voller Vokabeln, die jene *viveza criolla,* die **Philosophie des Durchmogelns,** anklingen lassen.

„Mein Vater", so schreibt *Marcos Aguinis,* „landete wie alle am Dock Sud und schuftete sein Leben lang. Er gründete eine Familie und war stolz darauf, seinen Sohn auf die Universität zu schicken. Das ist das Modell, dem wir folgen müssen!" Die meisten Argentinier würden den Autor wohl als Nestbeschmutzer anklagen, würden sie ihn lesen. „Ich habe versucht, mein Land zu verstehen – es ist mir nicht gelungen", resigniert *Aguinis.*

Es gibt kein anderes Land der Erde, das sich so sehr mit sich selbst beschäftigt. Wer kann schon die Anzahl der Publikationen überblicken, die in Argentinien um die Frage kreisen „Wer sind wir?" Fast jeder kennt die wunderbare Karikatur von Saul Steinberg über die geistige Landkarte der New Yorker. Würde man eine ähnliche **geistige Landkarte** der Argentinier zeichnen, wäre das Ergebnis eindeutig. Vorne im Mittelgrund steht Buenos Aires, südlich davon liegt Mar del Plata, das Ferienparadies und östlich davon, auf der anderen Seite des Río de la Plata, Montevideo, die kleine Schwester von Buenos Aires (in Uruguay). Sonst wird man von Ar-

Demonstration in Buenos Aires: „Die Argentinier sind im Grunde Anarchisten ..."

gentinien nichts weiter auf der Karte finden, von Südamerika nur einen weißen Fleck, von Nordamerika die USA, also Washington, New York und Miami. Afrika, Ozeanien und Asien fehlen auf dem Bild völlig, hingegen wird der Atlantik ein schmales Rinnsal und an seinem anderen Ufer liegen strahlend jene Städte Westeuropas, zu denen jeder Argentinier eine Liebesbeziehung hat: London und England, seit dem Krieg um die Malvinas/Falklands vielleicht eine Hassliebe, aber unersetzlich für jene, die sich als „kultiviert" bezeichnen. Gleich neben London: Paris, keine Frage das Mekka aller, die ihr Geld ausgeben wollen. Und dann haben wir noch Rom (der Papst), Madrid (Sprache, Kultur und bevorzugtes Exil) sowie, je nach Herkunft, die Dörfer Kalabriens, der Normandie oder des Baskenlands. Der Rest Europas verschwimmt im Nebel.

Alle großen Denker Argentiniens haben **Europa als das Modell und Vorbild** gesehen. Argentiniens Zukunft, das stand außer Zweifel, lag darin, so wie Europa zu werden, denn: „Europa ist das Zentrum der Zivilisation und steht für den Fortschritt der Menschheit. Wir haben keine andere Wahl, uns nach Europa zu orientieren, ohne allerdings alle Moden sklavisch zu übernehmen", schrieb der Präsident und Lehrmeister der Nation, *Domingo F. Sarmiento*. Keiner seiner Zeitgenossen dachte auch nur im Entferntesten daran, die Vorbilder anderswo zu suchen (zum Beispiel in den jungen USA) oder sich gar mit den Ureinwohnern Amerikas

004ar Foto: cg

Argentiniens Name

Das Wort „Argentinien" stammt von „argentum" ab, dem lateinischen Wort für Silber. Der Ursprung dieser Bezeichnung geht auf die Reisen der ersten spanischen Eroberer zum Río de la Plata zurück. Die Schiffbrüchigen der Expedition von *Juan Díaz de Solís* stießen in dieser Gegend auf Eingeborene, von denen sie mit Silbergegenständen beschenkt wurden, die sie nach Spanien mitnahmen. Um das Jahr 1524 wurde über die sagenumwobene Sierra de la Plata berichtet, ein Berg mit reichen Vorkommen an diesem Edelmetall. Ab dieser Zeit wurde der Fluss von den Portugiesen „Río de la Plata" genannt. Zwei Jahre später übernahmen auch die Spanier diese Bezeichnung. Seit 1860 wird der Name „Republik Argentinien" als offizielle Bezeichnung des Landes geführt. Genau genommen stimmt das aber nicht, denn die ganz korrekte Übersetzung wäre „Argentinische Republik". Und das hat mehr als nur semantische Bedeutung. (Wir erinnern uns an die „Deutsche Demokratische Republik"/DDR: Da war das Deutsche auch vom Substantiv zum Adjektiv verdünnt, und zwar ganz bewusst.) So gesehen gibt es Argentinien also gar nicht. Es gibt nur eine argentinische Republik. Und da wird es kompliziert. Wie in Argentinien so manches.

zu beschäftigen. In Mexiko war man bald stolz auf die altamerikanischen Hochkulturen, die man erst zwei Jahrhunderte lang zerstörte. Dort trugen bald die Söhne und Töchter der Oberschicht aztekische Namen. Kein Mensch in Argentinien wäre darauf verfallen, indianische Wurzeln freizulegen. *Alberdi,* der Staatsphilosoph, machte unmissverständlich klar: „In Amerika ist alles, was nicht europäisch ist, barbarisch. Es gibt also keinen Zweifel: Zuerst waren da die Indios, also die Wildheit. Und nun der Europäer, also sind wir dran". „Europa nach Amerika bringen" – darauf musste sich die politische Klasse verständigen. Denn mit den Indianern, den Halbbluts und den wilden Gauchos war nichts zu machen. „Aus einem Gaucho macht man in hundert Jahren keinen englischen Arbeiter", klagt Alberdi.

Argentinien wollte also nie und nimmer die Nabelschnur zu Europa abschneiden. Und das bedeutete, um im Bild zu bleiben, dass die Nation niemals erwachsen wurde, sich **emanzipierte,** ihren eigenen Weg suchte, sich in Amerika einrichtete. „Es war ein schwerwiegender Fehler, dass die argentinischen Denker niemals auch nur wenigstens das ‚Anderssein' der Ureinwohner akzeptierten, sondern in ihnen nur menschlichen Abschaum sahen", konstatiert der Soziopsychologe *Julio Mafud.*

Argentinien – wo liegt es? Wer ist eigentlich Argentinier? Man kennt ja die **Klischees** zu genüge: Tango, Brilliantine im Haar und arrogantes Benehmen. Und dazu dieses verwaschene, gesungene Spanisch. „Ein Argentinier ist ein Italiener, der Spanisch spricht und glaubt, er sei ein Engländer“ – noch so ein griffiger Slogan.

Möglicherweise ist es fruchtbarer zu fragen: Woran erkennt ein Argentinier einen Landsmann? Vielleicht daran, dass der/die andere seinen/ihren eigenen Träumen nachhängt. Er erkennt ihn an seiner gespaltenen Seele. Sie ist gespalten zwischen hier und dort und jetzt und gestern. Argentinier zu sein bedeutet, in einem **Zustand der Heimatlosigkeit und der Zeitlosigkeit** zu leben. Das macht Argentinien so faszinierend. Es ist ein Land, das sich selber nicht kennt, eine Nation, die sich selber nicht mag. Die Argentinier sind laut und zugleich in sich verschlossen, sie sind arrogant, weil sie unsicher sind, sie sind nicht dort angekommen, wo sie zu einem gewissen Grad gar nicht hinwollen. Mit einem Wort: Argentinier sind kompliziert und von einer kindlichen Hilflosigkeit und Reinheit, die sich unter der Brilliantine und dem Macho-Gehabe versteckt. Sie sind ein Fall für Freud. Man muss sich auf sie einlassen.

Ein Gang durch die Geschichte

Der erste Zweifel, der sich einem Besucher in Argentinien also verständlicherweise aufdrängt, ist folgender: Sind die Argentinier nun Lateinamerikaner oder Europäer, die durch Zufall in diesem entlegenen Teil der Welt gelandet sind? Dieses Dilemma beschäftigt die Argentinier selber zutiefst. Und die **Unsicherheit** darüber, wer sie nun eigentlich selber sind, ist vielleicht der archimedische Punkt, um den sich in Argentinien alles dreht.

Es gibt den Spruch: Argentinien ist **das europäischste Land** Lateinamerikas, weil die Bewohner aus den lateinischsten Regionen Europas stammen. Tatsächlich stammen die Vorfahren der meisten Argentinier aus Spanien, Italien und Frankreich – in dieser Reihenfolge. Buenos Aires sieht ja auch so aus, als hätten hier heimwehkranke Europäer ihre Paläste erbaut. Irgendwie kommt einem alles aus Paris, Rom und London bekannt vor: die breiten Boulevards, die grünen Parks und vor allem die verschnörkelte, bombastische Zuckerbäcker-Architektur der Gründerjahre. In jedem Viertel befindet sich eine Spaghetti-Fabrik, die Speisekarten könnten aus Mailand sein, die Polospieler aus England und die Bücherläden und Boutiquen aus Paris. Argentinien schaut nach Europa und will von Europa anerkannt werden. Erst wenn in Europa argentinische Künstler Anerkennung finden, sind sie auch in der Heimat geachtet. Die mentale Verankerung in der Alten Welt ist die Paranoia Argentiniens.

In den Zeiten der Krise und der Nachdenklichkeit wird vielen Argentiniern dann plötzlich doch bewusst, dass sie am Ende der Welt leben, abgeschrieben, marginalisiert, bedeutungslos. Der Argentinier ist ein Europäer, dem keiner mehr schreibt. Das ist die Stunde der **Melancholie** und des fast grenzenlosen **Selbstmitleids.** So gut wie jeder *porteño* kennt dieses Gefühl. Doch wer hinausfährt aus dem Moloch Buenos Aires, hinaus in die Weite der Pampa, weit hinein ins Hinterland, wo die Pferdekutscher über staubige Pisten klappern, die Männer Sombreros tragen und die Frauen bauschige Röcke bis an die Knöchel, wo mittags die Dörfer in apathischen Schlaf verfallen – da gibt es dann keinen Zweifel für den Besucher, dass er sich in Südamerika befindet, mittendrin.

Die Unsicherheit über den eigenen kulturellen, emotionalen und ethnischen Standort ist das Ergebnis der **Geschichte** Argentiniens, die genau genommen kaum mehr als dreihundert Jahre in die Vergangenheit reicht. Der argentinische Nationalstaat ist kaum älter als Deutschland, das 1871 gegründet wurde.

Das Grasland um den Río de la Plata, die gesamte Ebene im südlichen Südamerika, war für die **spanischen Eroberer** leeres, nutzloses Land. Kein Gold, keine Schätze, keine Siedlungen, die man hätte plündern können (im Gegensatz zu den Städten vorkolumbianischer Hochkulturen in den Anden). Außer einigen steinzeitlichen Indianerhorden und Gürteltieren fanden die „Conquistadores" nichts in dieser Steppe, das sich irgendwie zur Mehrung des eigenen Reichtums hätte eignen können. Deswegen blieb die Zahl der spanischen Söldner und Abenteurer recht begrenzt. Anno 1570 hausten gerade mal 2000 Desperados an den Ufern des Río de la Plata.

„Buenos Aires te mata" – „Buenos Aires macht dich fertig": Dieser gängige Ausdruck der gestressten Millionendörfler von heute hatte im 16. Jahrhundert eine ganz andere Bedeutung. Entweder fielen die letzten Mohikaner der spanischen Nachhut dort unten im Kampf gegen wilde **Indianer** oder sie erlagen dem Sumpffieber. Der erste Europäer, der das Delta des Río de la Plata 1516 ausgekundschaftet hatte, der Portugiese *Juan Díaz de Solís,* wurde von Querandi-Indianern verspeist. Und als sich 20 Jahre später der Spanier *Pedro de Mendoza* in die Gegend verirrte, ließ er ein Dutzend spanische Gefangene zurück, die an Hunger starben. Ein permanenter spanischer Posten wurde erst 1580 durch *Juan de Garay* errichtet. Der wurde zwar auch ein Opfer der Querandi-Indianer, aber Buenos Aires blieb.

Buenos Aires war die einzige Gründung, die von der See her erfolgte. Alle anderen alten Städte Argentiniens, darunter Córdoba, Salta, Jujuy oder Tucumán, wurden als **Außenposten** des Vizekönigreiches Peru und seiner Hauptstadt Lima gegründet. Das koloniale Argentinien war im Grunde eine Provinz dieser spanischen Andenkolonie, deren Reichtum zum großen Teil auf den Silberminen von Potosí (Bolivien) beruhte. Die Silberbarren ins Mutterland Spanien zu verschiffen, war eine ungeheure logistische Aufgabe. Maultiere schleppten die Fracht über die Andenketten hinunter an die pazifische Küste, was mehr als sechs Wochen dauerte. Und dann mussten die geraubten Schätze ja auch noch über den Pazifik hoch nach Norden gefahren werden, über den Isthmus von Panama und durch die piratenverseuchte Karibik. Der Weg über die staubigen Weiler des Gran Chaco und der Pampa, den Río de la Plata hinunter bis nach Buenos Aires war unbeschwerlicher und schneller. Die Landestelle und später der Hafen waren das Herz der Stadt, deren Bewohner bis heute „porteños", also Hafenbewohner, genannt werden.

Der zweite **Wachstumsfaktor** der späteren argentinischen Metropole stand auf vier Hufen. Die ersten Siedler hatten das aus Europa mitgebrachte Vieh sich selber überlassen – und es gedieh auf den wilden Weiden der tischebenen Pampa prächtig und vermehrte sich in Windeseile. Wolle und Leder wurden die wichtigsten Waren, mit denen man in Buenos Aires schon im 18. Jahrhundert reich werden konnte. Und deshalb gestattete auch Madrid, dass die Provinz Río de la Plata sich 1776 als eigenes Vizekönigreich bezeichnen durfte.

Die napoleonischen Kriege hatten Europa durchgeschüttelt und die alten Kolonialmächte Portugal und Spanien geschwächt. Im Windschatten der europäischen Kriege versuchten englische Freibeuter mehrfach, den Hafen Buenos Aires und die Provinz Río de la Plata zu rauben. Doch in Buenos Aires stießen die Seelords auf den erbitterten **Widerstand** der Bürger, welche die Briten vertrieben.

Das gab den *porteños* genug Selbstbewusstsein, sich nun ihrerseits auch gegen die Bevormundung der spanischen Kolonialverwalter zu richten. Die selbstbewussten Bürger der Stadt (es waren nicht mehr als knapp 500 Männer) proklamierten deshalb am 25. Mai 1810 die **Unabhängigkeit** von der Krone und wählten eine regierende Junta.

Spanien war viel zu geschwächt, um auch noch dort unten am Ende der Welt die alte Ordnung wieder herzustellen – die **Kriege** in den kolonialen Kernländern an der karibischen Küste und in den Anden gegen die **Freiheitshelden** *Simon Bolívar* und *José de San Martín* beanspruchten ihre ganze Kraft. Dieser General *José de San Martín* hatte den ungewöhnlichen Mut, mit seinen Truppen aus Córdoba kommend rund eintausend Kilometer in westlicher Richtung nach Mendoza zu marschieren und dann die Andenpässe in vier- bis fünftausend Metern Höhe zu überqueren – bloß um die spanischen Truppen in Chile und später in Peru in die Zange zu nehmen und zu schlagen. Sein „Gipfeltreffen" mit *Simon Bolívar* am Äquator (im heutigen Guayaquil, Ecuador) blieb mysteriös bis heute – *San Martín* aber zog sich ganz zurück und überließ den Ruhm, die Spanier aus Lateinamerika vertrieben zu haben, *Simon Bolívar,* der von den „Vereinigten Staaten Südamerikas" träumte, aber noch auf dem Todeslager resignierend erkannte, dass Südamerika zu regieren dem Pflügen eines Ozeans gleiche.

Nach den Befreiungskriegen zerfielen die Ex-Kolonien Lateinamerikas in zahlreiche (Bananen-)Republiken. Es vergingen noch einige Jahrzehnte, bis Argentinien ein geschlossenes Staatengebilde wurde. Immerhin, in Tucumán schwor man am 9. Juli 1816 erneut den Eid auf Unabhängigkeit. Argentinien hat also gleich zwei **Gründungstage,** den 25. Mai 1810 und den 9. Juli 1816. Und das ist kein Zufall, denn das erste Datum steht ja in erster Linie für Buenos Aires, die Stadt, und das zweite für Argentinien, das Land. Diese Doppeldeutigkeit hatte für die Geschichte der werdenden Nation blutige Konsequenzen. Und noch heute kann man sich völlig zu Recht fragen: Was wäre Argentinien ohne Buenos Aires und was wäre Buenos Aires ohne den Rest? Keine andere Nation der Welt ist so von Stadt und Land geschieden. In Buenos Aires lebt jeder dritte Argentinier und viele *porteños* sind noch nie über die Grenzen der Stadt oder der gleichnamigen Provinz hinausgekommen.

José de San Martín – das war der argentinische Beitrag zur Unabhängigkeit Lateinamerikas und der Kolonialprovinz Río de la Plata. Jeder Ort in Argentinien führt eine Straße oder einen Platz mit dem Namen „San Martín", meist an zentraler Stelle. Die **Unabhängigkeit** von den Spaniern brachte aber keineswegs Ruhe in die Region, im Gegenteil: Die Konflikte brachen nun erst recht mit aller Wucht auf.

Wenn ein *porteño* behauptet, er stamme aus dem Norden, dann meint er im Zweifelsfall nicht etwa das Indio- und Andenland an der Grenze zu Bolivien, sondern er meint die nördlichen Vororte von Buenos Aires. Für die *porteños* ist **Buenos Aires der Nabel der Welt.** Alle anderen, die Mitbürger aus Córdoba oder Rosario etwa, immerhin bedeutende Millionenstädte, gelten als Provinzler, als Leute aus dem Hinterland. Aber umgekehrt schaut auch ein Gaucho, also ein Bewohner der Pampa, oder ein Mann aus Patagonien auf die arroganten Hauptstadtbewohner in Bu-

Siegerkranz und heroische Geschichte? – Wenn man den Denkmälern glaubt

enos Aires herunter. Bis heute verläuft eine unsichtbare Grenze zwischen der überbevölkerten Metropole Buenos Aires und dem Rest des beinahe menschenleeren Landes.

005ar Foto: cg

Diese unsichtbare Grenze aber war ein Jahrhundert lang ein blutiger Schützengraben. Auf der einen Seite kämpften die **„Unitarier“,** diejenigen, die am liebsten bloß einen Stadtstaat Buenos Aires gehabt hätten oder Buenos Aires als Zentralgestirn, nach dem sich alle anderen zu richten hatten – so ähnlich wie die französischen Departements gegenüber Paris. Auf der anderen Seite fochten die **„Föderalisten“,** die sich gegen die Übermacht von Buenos Aires auflehnten und sich allenfalls einen lockeren Zusammenschluss gleichberechtigter Provinzen vorstellen konnten.

Der blutige Kampf der Unitarier gegen die Föderalisten wogte hin und her. Bis 1829 ein Caudillo, also einer der reitenden Warlords aus der Pampa, **Juan Manuel de Rosas,** alle anderen Konkurrenten ausstach und sich in Buenos Aires als grausamer Diktator niederließ, um Angst und Schrecken zu verbreiten. Ausgerechnet der Caudillo, der mit dem Ruf „Lang lebe die Förderation und Tod den ruchlosen Unitariern!“ eingeritten kam, entpuppte sich mit seinen gedungenen Spitzeln und Mördern als der größte Zentralist Argentiniens. Wenn er nicht regierte, so jagte er Indianer in der Pampa. Bereits Mitte des 18. Jahrhunderts hatten die Eroberer die nomadisch lebenden Ureinwohner der Pampa bis auf wenige Hungerleider ausgerottet oder in den tiefen Süden vertrieben. *Rosas* scheute sich nicht, selber mit Hand anzulegen und auch die Sklaverei wieder einzuführen. Doch 1852 hatten die Honoratioren genug von dem Rambo im roten Tuch. Sie entmachteten *Rosas* und schickten ihn auf einem englischen Dampfer nach Southampton.

Jetzt kehrten endlich geregeltere Verhältnisse ein: Man schwur den Eid auf eine föderale **Verfassung** und mit General *Bartolomé Mitre* wurde anno 1862 auch der erste Präsident dieses Bundesstaates Argentinien gewählt. Argentinien war nun eine Nation. Spät wie Deutschland trat es auf die Landkarte, aber seine Grenzen umschlossen ein leeres Territorium. Das Land wartete darauf, unter den Pflug oder wenigstens in Besitz genommen zu werden.

„Regieren heißt besiedeln!" – auf diese Formel brachte es der Staatsrechtler *Juan Bautista Alberdi*. Das beherzigten so gut wie alle Regierungen. Von der Mitte des 19. bis zur Mitte des 20. Jahrhunderts brach der Strom von Menschen und Kapital aus Europa kaum ab. Argentinien wurde das **Einwandererland** par excellence – und alle diese Einwanderer kamen durch einen Hafen, durch den von Buenos Aires.

Zwischen 1857 und 1924 wanderten mehr als 5,5 Millionen Menschen ein, von denen die meisten blieben. Die Immigranten kamen aus aller Herren Länder, aber der Löwenanteil entfiel auf Italien (die Hälfte) und Spanien (ein Viertel). Größere Kontingente kamen aus Frankreich, Deutschland, Großbritannien (Wales und Irland), Russland, Polen und der Levante. Unter ihnen waren Glücksritter und Abenteurer, einige Unternehmer – aber fast alle waren bettelarme, halb verhungerte Europäer, die nach einer **Chance** suchten. Männer, Männer und nochmals Männer, die ihr „Amerika machen" wollten, die ihr Glück suchten und nicht daran dachten, sich dauerhaft niederzulassen – Gastarbeiter ohne Familien.

„Die Geschichte Argentiniens ist im Telefonbuch zu finden", schreibt *Bruce Chatwin* in seinem Reisebuch „In Patagonien". Unter „R" tauchen auf: *Romanov, Rommel, Radziwil, Rose* und *Rothschild*. Und diese **Namen** gehen nicht unter – sie sind so argentinisch wie die von Piazola, Pellegrini oder Sánchez. Zu den „echten" Südamerikanern will sich kein Argentinier zählen. Die Wahrheit sei, sagen die Argentinier, dass der Rest des Kontinents neidisch sei, man sei einfach größer, blonder und reicher.

Dass die Argentinier größer und blonder erscheinen als ihre lateinamerikanischen Nachbarn, berührt eine Reihe von Tabus. So ganz menschenleer war der Südteil des Subkontinents bei der Ankunft der Spanier natürlich nicht. Doch die autochthone **indianische Bevölkerung** wurde so schnell und gründlich **vernichtet,** dass eine Mestizen-Bevölkerung in der ethnischen Mischung von Indios und Eurasiern, wie sie charakteristisch ist für die Andenländer, erst gar nicht entstehen konnte. Die argentinischen Ureinwohner waren Nomaden, kleine Menschengruppen, in einem unermesslichen Territorium verloren. Wie die Indianer in Nordamerika lebten sie nicht in urbanen Gemeinschaften. Sie wurden durch „Strafexpeditionen", also militärische Ausrottungsfeldzüge, vernichtet. In den Augen der Eroberer waren die Indios nur Viehdiebe und Wegelagerer. Die Befehlshaber dieser Totschlagkompanien bekamen als Prämie das geraubte Indianerland zugesprochen. Und aus Generälen wurden Großgrundbesitzer. Der ständige Zustrom arbeitswilliger Menschen aus Europa und deren Ersparnisse machten Argentinien binnen eines Jahrhunderts zu einer der sechs reichsten Nationen der Welt. In Paris galt der Ausspruch „riche comme un Argentin" („reich wie ein Argentinier") dank der neureichen *porteños,* die auf Nostalgietrips in Europa das Geld verprassten. Doch in Wahrheit waren es immer nur sehr wenige Argentinier, die etwas von diesem sagenhaften **Reichtum** ergattern konnten. Die abgerissenen europäischen Gastarbeiter durften auf den *estancias,* den Schlachthöfen, und im Hafen schuften. Das Land gehörte längst einer Aristokratie, die bereits im 18. Jahrhundert die fruchtbare Pampa unter sich aufgeteilt hatte. Darunter waren spanisch-italienische Conquistadoren, Generäle, die sich in den Ausrottungsfeldzügen gegen die Indios ausgezeichnet hatten, Staatsdiener mit guten Beziehungen und Geldquellen wie die Zollinspektoren, später auch reich gewordene Großhändler oder Fabrikanten. Das Land gehörte denen, die es als erste an sich genommen hatten. Und die gaben es nicht mehr her.

Das Heer der Landarbeiter, Schafscherer und Viehtreiber durfte zur Bewirtschaftung zwar Land pachten, aber es zu kaufen war fast unmöglich. Die **Landaristokratie** blieb unter sich und ließ arbeiten. Die nie vollzogene Landreform verhinderte das Entstehen eines bäuerlichen Mittelstandes. Wer auf dem Land hauste, lebte von der Hand in den Mund und besaß in der Regel nicht mehr als das, was er auf dem Leibe trug. Kein Wunder, dass die Gastarbeiter das Leben in der Metropole vorzogen, wo man zwar auch nur Hunger litt, aber wenigstens Gesellschaft hatte.

Buenos Aires explodierte. Wie ein Krebsgeschwür dehnte sich die Metropole in die Pampa aus, legte von Jahr zu Jahr einen weiteren Ring von monotonen Vorstädten zu, in denen das **Proletariat** hauste. Die Mehrzahl der Argentinier blieb fremd im eigenen Lande. Der Staat und seine Institutionen waren Angelegenheit der Aristokratie von hoch besoldeten Beamten und reichen *estancieros.* Die Masse der Proletarier träumte in der ersten Generation noch davon, mit ein wenig Kapital nach Europa zurückzukehren; ihre Nachkommen träumten diesen Traum nicht mehr. Die Nostalgie des Tangos und die **Sehnsucht** nach goldenen Zeiten konnten aber die Hoffnung auf eine bessere Zukunft nicht beseitigen. War der Reichtum nicht für alle da? Es brauchte nur einer zu kommen, der der Sehnsucht nach mehr Gerechtigkeit Ausdruck verlieh. Und dieser eine war *Perón.*

Kein anderer Name bedeutet selbst heute noch in Argentinien so viel wie der von Perón, **Juan Domingo Perón,** der Oberst und seine Geliebte, die kunstblonde Vorstadtlerche *Eva Perón.* Der ehemalige Militärattaché in Mussolinis Italien machte 1943 mit einem Putsch von sich reden. Die Generäle ernannten ihn zum Arbeitsminister, ein an sich bedeu-

tungsloser Job. Doch *Perón* machte aus diesem Ministerium ein Ministerium der Wohlfahrt und ein Instrument der Massenpropaganda. Nun war er der starke Mann der Junta und er riss die Macht ganz an sich.

Als er Eva – Evita, den Engel der Armen – heiratete, fiel der Glanz dieses Mädchens aus billigen Radioshows und Vorstadtrevues auch auf ihn ab. Der Mann in der Uniform war nun ein **Mann des Volkes.** Ein einziger Regen sozialer Wohltaten ergoss sich gerade über alle Argentinier, die bislang als „Hemdlose" und „Criollos" ausgegrenzt waren, die eben nicht zur feinen Gesellschaft und zur politischen Klasse des Landes zählten. Perón regierte bis 1955. Es sollte eine Epoche eines „neuen Argentiniens" werden, ein Land mit sozialer Gerechtigkeit, ein national-sozialistischer Wohlfahrtsstaat mit Massenorganisationen, die auf den Führer eingeschworen waren. Auch wenn die alte Aristokratie schäumte und die konservative katholische Kirche auf Distanz ging – solange *Perón* und seine Evita die Massen hinter sich glaubten, schien alles gut. „Es gibt

Oberst Juan Domingo Perón

zwei Dinge, auf die ich stolz bin", sagte Evita einmal, „meine Liebe zum Volk und mein Hass auf die Oligarchie". Wo es nur irgendwie möglich war, ließ Evita die Reichen ihre Verachtung spüren.

Argentinien ist bis heute geteilt – auf der einen Seite die ewigen **„Peronisten"**, die immer noch davon schwärmen, wie unter Perón die Arbeiter billige Wohnungen bekamen oder eine magere Rente. Auf der anderen das Bürgertum, das sich vom Peronismus angegriffen fühlte und fühlt. Aber war gegen die alte Aristokratie überhaupt Argentinien zu regieren? Tatsache ist, dass mit *Perón* der **Ausverkauf** der argentinischen Staatsschätze begann. Die sozialen Wohltaten, die *Perón* großzügig verteilte, wurden durch die Wirtschaftsleistung des Landes immer weniger gedeckt. So wie Argentinien hundert Jahre lang Reichtümer angehäuft hatte (in den Taschen weniger), so begann nun eine fast ebenso lange Periode des Niedergangs, der zur Jahrtausendwende in den offenen Bankrott des einst so stolzen und reichen Landes mündete.

Perón wurde 1955 von seinen eigenen Kameraden gestürzt, seine Evita war drei Jahre zuvor mit 33 Jahren an Krebs gestorben. Der Präsident musste über Paraguay nach Spanien ins **Exil** fliehen, wo er 17 Jahre lang blieb, bis er am 17. November 1973 erneut nach Buenos Aires zurückkehrte. Freilich, als er unter dem Jubel seiner Anhänger am Flughafen *Ezeiza* eintraf, da peitschten Kugeln durch die Luft, rechts- wie linksradikale Politik-Terroristen gingen sich im Namen von *Perón* an die Gurgel. Der alternde Ex-General wusste selber nicht mehr, was er in Buenos Aires anfangen sollte.

Nicht einmal ein Jahr blieb er noch am Leben, dann übernahm seine junge **Witwe, Isabelita,** das Ruder – sie war ja die Vizepräsidentin. *Isabelita,* eine Nachtclubsängerin aus Panama, war äußerlich ein Evita-Verschnitt: die gleichen gefärbten blonden Haare, das gleiche damenhaft energische Auftreten. *Isabelita* hatte jedoch kein Charisma und vor allem kein Herz für die Armen. Sie umgab sich mit undurchsichtigen Beratern, darunter einem argentinischen Rasputin, und aus ihrem Küchenkabinett kamen obskure Anordnungen. Als es den Militärs erneut zu bunt wurde, jagten sie *Isabelita* davon – das Volk klatschte – und sie regierten von 1976 bis 1983 mit einer Junta.

Die Zeit der **Militärregierung** 1976–83 gehört ohne Zweifel zu den dunkelsten Kapiteln der argentinischen Geschichte. Ganz im Zeichen des „Roll-back", des weltweiten Kreuzzuges gegen den Kommunismus, gegen die „subversiven Elemente" auf dem Kontinent, teilweise aktiv unterstützt aus Washington, wo man die Ansteckung des gesamten Subkontinents durch den kubanischen Fidel-Castro-Bazillus fürchtete, entfalteten die argentinischen Militärs einen blutigen Terror gegen alles, was auch nur entfernt nach Links roch oder eine Brille trug – übrigens im Verbund mit den anderen Diktatoren, mit *Augusto Pinochet* in Chile, *Alfredo Stroessner* in Paraguay und den Militärs in Brasilien.

Es wütete der **kalte Krieg** in Lateinamerika und die Menschenrechte wurden mit den Knobelbechern getreten. Der Vorwand bestand darin, gegen linke Guerilla-Gruppen vorzugehen – doch in Wahrheit waren alle gefährdet, die sich eine eigene Meinung leisteten. Die Militärs schlugen brutal los, rissen Mütter und Väter von ihren Kindern (die sie an regimetreue Bürokraten zur Adoption weitergaben), warfen ihre **Folteropfer** über See aus dem Flugzeug oder verscharrten sie in Massengräbern. 30.000 Argentinier wurden ohne Gerichtsurteil ermordet oder „verschwanden" auf Nimmerwiedersehen, so lauten heutige Schätzungen.

Folterpriester

Dreißig Jahre sind vergangen, seit der **ehemalige Militärkaplan Christian von Wernich,** 69 J., während der Militärdiktatur (1976-1983) Beihilfe zu siebenfachem Mord, zu 31 Fällen von Folter und zu 42 Fällen von Entführung begangen hat. Im Oktober 2007 hat ihn das argentinische Bundesgericht in La Plata wegen dieser Verbrechen **zu lebenslanger Haft verurteilt.** Der Spruch der Strafkammer unter dem Vorsitzenden *Carlos Rozanski* löste Jubel bei den Opfern der Militärdiktatur - besonders bei den bekannten „Müttern der Plaza del Mayo" - aus und Entrüstung beim Episkopat in Argentinien. *Christian von Wernich* zeigte keine Reue, sondern unterstellte in seinen pastoralen letzten Worten vor Verkündung des Urteils den rund 50 Zeugen der Anklage einen „Pakt mit dem Teufel".

Von Wernich hatte zum Zeitpunkt seiner Verbrechen den Rang eines Polizeioffiziers inne. Der deutschstämmige Priester arbeitete direkt mit dem inzwischen verstorbenen Sicherheitschef von Buenos Aires, *Ramón Camps,* zusammen. Dieser galt als einer der Hauptverantwortlichen für die Verbrechen der Militärdiktatur. *Von Wernich* hatte damals öffentlich die **Folter als Methode der Guerilla-Bekämpfung** gerechtfertigt. Er wurde 2002 unter falschem Namen als Priester einer Gemeinde nahe Santiago de Chile enttarnt und im Mai 2003 in Argentinien inhaftiert. Das Verfahren gegen ihn hatte drei Monate zuvor begonnen.

Das Gericht in La Plata hatte bereits früher den Ex-Chefermittler der Polizei von Buenos Aires in einem als historisch eingeschätzten Urteil zu lebenslanger Haft verurteilt. Erstmals war dabei in der Urteilsbegründung die Rede von einem „Völkermord, der zwischen 1976 und 1983 stattfand". Der Prozess war Teil einer ganzen Reihe von Verfahren wegen Verbrechen während der Diktatur. Argentiniens Oberster Gerichtshof hatte im August 2005 die bis dahin geltenden **Amnestiegesetze für nichtig erklärt,** durch die Prozesse über Menschenrechtsverletzungen während der Diktatur verhindert worden waren. Während der Militärdiktatur wurden nach Angaben von Menschenrechtsorganisationen etwa 30.000 Menschen verschleppt, gefoltert und ermordet.

Erst im Jahr 2000, fünfzehn Jahre nach dem Ende der Diktatur, **zeigte das argentinische Episkopat Reue** über die „Duldsamkeit" gegenüber der Diktatur und bat Gott um Vergebung dafür, dass „viele deiner Söhne teil hatten an der Folter, an Verrat und grausamem Tod, der uns mit Blut besudelte". Doch selbst heute noch tun sich die kirchlichen Würdenträger in Argentinien schwer mit der Vergangenheitsbewältigung. Unter dem Playboy-Präsidenten *Carlos Menem* war die dunkle Vergangenheit immer wieder unter den Teppich gekehrt worden. Mit *Nestor Kirchner* ist das anders. Der Mann aus Patagonien tritt für schonungslose Aufklärung ein - und für eine Entflechtung von Kirche und Staat.

Die Verurteilung von *Christian von Wernich* hat einen exemplarischen Charakter. Sie führt den Argentiniern vor Augen, dass selbst Leute im heiligen Rock vor Gericht müssen, wenn ihnen schwere Straftaten nachgewiesen werden.

Die blutige, dunkle jüngste Vergangenheit ist bis heute nicht vollständig dokumentiert und aufgearbeitet. Henker und Folterer des Regimes laufen frei herum und verzehren Staatspensionen, Akten verschwanden und Zeugen verstarben. Die Nation ist auch nach dem Ende der Militärdiktatur nicht mit dieser Vergangenheit fertig geworden. Erst mit Nestor Kirchner, dem seit Mai 2003 regierenden Präsidenten, ist ein **Wandel** eingetreten. Auf seine Initiative hin hat der Kongress die alten Amnestiebeschlüsse aufgehoben. Ob sich nun die Büchse der Pandora öffnet?

Die **Militärs** (und mit ihnen auch die Militärseelsorger) jedenfalls ließen die Existenz von Folterkammern und Konzentrationslager für politische Gefangene immer dementieren. Über die Personen, die „verschwunden" waren, führe man keine Akten. Tatsächlich kamen jeden Tag Personen nicht wieder heim, die man auf das Revier geschleppt hatte, bloß weil ein Nachbar sie denunziert hatte. Und alle diese Personen wurden so gut wie ohne Ausnahme gefoltert und getötet. Die Militärs witterten überall den Feind. Und für den Feind dachten sie sich **perverse Foltermethoden** aus, bis hin zu simulierten Exekutionen, Elektroschocks und Begräbnissen bei lebendigem Leib. Nicht wenige mussten mit ansehen, wie ihre Familienangehörigen gemartert wurden.

Die Schafsinseln

„Las Malvinas son nuestras!" – „Die Falklandinseln gehören uns!" Solche Schilder weisen den Besucher in Buenos Aires schon auf der Fahrt vom Flughafen in die Stadt darauf hin, wie die Inseln nach argentinischer Auffassung heißen und wem sie gehören. Am liebsten würde man den 10. Juni 1982 vergessen: Als der Union Jack über Port Stanley/Puerto Argentino wieder wehte und die Britische Flotte nach einem 10-Wochen-Krieg die Argentinier wieder vertrieb. Dabei kamen mehr Menschen um, als auf den Inselchen je gelebt hatten.

Aus und vorbei? So einfach ist das nicht. Denn die argentinische Verfassung postuliert die „unveräußerliche" Hoheit Argentiniens über die Inseln, die ein „integraler Bestandteil des nationalen Territoriums" seien. Der 10. Juni ist daher Staatstrauertag.

In den Cafés von Buenos Aires aber sind die Malvinas und der Krieg um sie kein heißes Thema mehr. Die Jüngeren kennen den Feldzug von 1982 nur aus den Fernsehkonserven oder den Büchern, die jetzt reihenweise auf dem Markt erscheinen. Das öffentliche Interesse kreist im Wesentlichen um die Frage, worauf die katastrophale Fehleinschätzung der damaligen Militärjunta über die englische Haltung zurückzuführen ist und warum die verantwortlichen Generäle so glimpflich davonkamen. Noch vor zehn Jahren wäre es undenkbar gewesen, dass ein Massenblatt wie „La Nación" den Artikel eines prominenten Engländers druckt, der nüchtern schildert, wie wenig die Inselbewohner, die „Kelpers", von einer argentinischen Einmischung in ihre Belange halten.

Wegen dieser lächerlichen Felsbrocken da draußen im eisigen Atlantik will kein Argentinier mehr sein Leben riskieren. Beim Fahnenappell auf dem Schulhof wird der Malvinen gedacht, auf den offiziellen Landkarten reicht Argentinien sogar bis zum Südpol. Aber solche nationalistischen Manifeste sind so wenig ernst zu nehmen wie etwa die erste Strophe des Deutschlandliedes („Von der Maas bis an die Memel").

Das wüste Treiben der Militärs in dieser bleiernen Zeit wurde 1978 kurz unterbrochen weil Argentinien die Fußballweltmeisterschaft ausrichtete und gewann. Doch beliebter wurde das Militär nicht. Als die Junta glaubte, England und der „Eisernen Lady" *Margaret Thatcher* die (politisch-historisch durchaus umstrittenen) **Falkland-/Malvinen-Inseln** abnehmen zu können, da brandete eine patriotische Welle durchs Land.

Aber die Generäle hatten diesen Krieg stümperhaft vorbereitet. Vor allem waren sie überrascht vom Willen der Engländer, die entlegenen, stürmischen Inseln mit ihren hunderttausend Schafen und 250 Untertanen Ihrer Majestät wieder zurückzugewinnen. Nach wenigen Wochen hatte die britische Marine das Heft in der Hand und bereitete Argentinien eine erbärmliche **Niederlage:** 10.000 frierende argentinische Soldaten gingen in britische Kriegsgefangenschaft. Die Blamage für die Generäle in Buenos Aires hätte nicht schlimmer ausfallen können. Doch statt die Niederlage einzugestehen, genehmigten sie sich noch schnell eine Generalamnestie vor der **Flucht** aus dem Amt.

Mit **Raúl Alfonsín,** dem Radikalen, der aus der Wahl von 1983 als Sieger hervorgegangen war, begann eine **neue Epoche.** Aber sie begann mit dem schweren Erbe der Vergangenheit. Gegen die Verantwortlichen in Uniform wurde der Prozess gemacht, nicht wenige von ihnen kamen hinter Schloss und Riegel (oder in komfortablen Hausarrest). Doch bei der Truppe murrte man und unter dem Druck mehrerer Offiziersrevolten, zuletzt 1987, musste *Alfonsín* die **Vergangenheitsbewältigung** abbrechen. Mit der Aufarbeitung der dunklen Vergangenheit war es spätestens 1989 gänzlich zu Ende, als der neu gewählte peronistische Präsident *Carlos Menem* das „Schlusspunktgesetz" erließ und General *Jorge Videla,* den ersten Militärpräsidenten, wie auch andere hohe Militärs begnadigte.

Carlos Saúl Menem, Nachkomme syrischer Einwanderer, versuchte mit dem raschen Austausch seiner Finanzminister die Inflation zu stoppen – vergeblich. Erst mit *Domingo Cavallo* gelang ihm das. Dieser eher introvertierte Fachmann und Ökonom setzte auf eine ganz unperonistische Philosophie, nämlich auf **Freihandel, Marktwirtschaft und staatliche Sparpolitik.** Die „produktive Revolution" (so *Menem*) sollte jetzt beginnen. Und als die Pferde wieder soffen, da war aus dem Playboy-Peronisten **Carlos Menem** auf einmal ein knallharter Neoliberaler geworden.

Argentinien schien auf dem besten Weg, sich selbst am Schopf zu packen und aus dem Sumpf zu ziehen. Schärfere Gesetze gegen Steuerhinterziehung, Abbau der Bürokratie, Verschlankung der öffentlichen Verwaltung und ein gigantisches Privatisierungsprogramm wurden propagiert. Bis hin zu den Straßenämtern, der Post, den Pensionsfonds und natürlich der Telefongesellschaft wurde das gesamte staatliche Tafelsilber versteigert. Ganz koscher lief das naturgemäß nicht ab: Die *amigos* des Präsidenten bekamen die Filets, was freilich erst einige Zeit später zum Vorschein kam.

Als „Pizza mit Champagner" für *Menem* und seine syrische Sippschaft sowie das gesamte Establishment und Pizza für „die da unten" ging die Epoche *Menem* in die Annalen ein. Zum Ende seiner zehnjährigen Regierungszeit (1989–99) zeichnete sich der **Staatsbankrott** bereits deutlich ab – die Kapitalflucht setzte massiv ein. Wer wollte schon an die ewige Bindung des Peso an den Dollar glauben? Die **Arbeitslosigkeit** stieg auf Rekordhöhen, denn so gut wie jeder Zweite im arbeitsfähigen Alter hatte keine feste Arbeitsstelle mehr. Und die Staatsschulden schossen steil in die Höhe. *Carlos Menem* hinterließ einen Scherbenhaufen. Der Peronist hatte sich als ein gelehriger Schüler seines Idols erwiesen und das Volksvermögen – anfangs noch unter dem Jubel des Volkes – verschleudert.

Nachfolger **Fernando de la Rúa,** ein Radikaler wie *Raúl Alfonsín,* wusste nicht, was er da geerbt hatte und als der Zauderer und Zögerer es zu ahnen begann, Ende 2001, da war es zu spät. Unter einer Woge des Protests und des Aufruhrs musste der Präsident die „Casa Rosada", den Regierungspalast, durch die Hintertür verlassen. Sein verzweifelter Versuch, durch eine **Konfiszierung der Konten** aller Bürger die Kapitalflucht zu stoppen, hatte sich als finanziell wirkungslos und politisch kontraproduktiv erwiesen.

Erst mit der Wahl von **Nestor Kirchner,** der sein Amt im Mai 2003 antrat, geriet Argentinien wieder in ruhigeres Fahrwasser. „El Pinguin" (so sein Spitzname) zeigte schnell Muskeln. Die internationalen Anleger von Argentinienbonds speiste er mit einer symbolischen Summe ab und verschaffte den Staatsfinanzen dadurch Luft. Sein asketischer Regierungsstil war das Gegenteil der Playboyperiode unter *Carlos Menem.* Langsam fassten die Argentinier wieder Vertrauen zu ihrem eigenen Land, obgleich die sozialen Proteste anhielten. Aber *Kirchner* ließ sich nicht beirren, vor allem nicht in seiner **Politik der restlosen Aufklärung** über die dunkle Vergangenheit.

Beinahe vier Jahre im Amt, liebäugelte der erfolgreiche und nun sehr beliebte *Nestor Kirchner* mit einer Wiederwahl – doch stattdessen schickte er im Sommer 2007 seine Gattin, die Senatorin, als Kandidatin vor – mit dem Hintergedanken, sie nach weiteren vier Jahren zu beerben. Tatsächlich gelang der erste Teil dieses Schachzuges – **Cristina Kirchner** wurde im Oktober 2007 zur ersten Präsidentin in der Geschichte Argentiniens gewählt.

Königin Cristina

Cristina Ferndandez de Kirchner, 54 J., die erste Präsidentin der Argentinischen Republik – sie folgte dem Gatten *Nestor* im Dezember 2007 in die „Casa Rosada". Zwar profitierte sie von den wirtschaftspolitischen Erfolgen ihres Mannes und dem Einsatz des Staatsapparates für ihren Wahlkampf. Jedoch gilt sie als **erfahrene Politikerin** und ihr wird ein unbedingter Wille zur Macht nachgesagt. Bei ihren politischen Gegnern und auch bei Mitarbeitern ist sie wegen ihrer Scharfzüngigkeit und manchmal aufbrausenden Art gefürchtet. Als ihre Hauptaufgaben bezeichnete sie die Festigung der Demokratie, weiteres Wirtschaftswachstum und die Überwindung der krassen sozialen Unterschiede.

Man muss sich *Cristina* etwa so vorstellen wie die Tante, die fast jeder in der Familie hat: sie kommt im Sauseschritt, verteilt Küsse an die Verwandten, Schokolade an die Kleinen, reißt die Unterhaltung an sich, telefoniert hektisch mit dem Handy, gleichzeitig zieht sie den Lidstrich nach – und wenn das Essen auf den Tisch kommt, ist sie schon wieder verschwunden, denn sie macht gerade eine Diät und geht wichtigen Geschäften nach: Tschüss, ihr Lieben!

Ihre Biografin *Olga Wornat* nennt sie „Königin Cristina" und erst kürzlich habe sie sich einen ganzen Nachmittag mit *Cristina* über das Anti-Falten-Mittel „Botox" unterhalten. Früher hätte sich *Cristina* zwar mit Pelzen bis zur Fußspitze behangen – doch der **Vergleich mit Evita Peron** (der charismatischen Gattin des Oberst *Domingo Perón* der 1950er-Jahre) sei völlig abwegig. *Cristina Kirchner* ist keine Vorstadtlerche, sondern Anwältin, und sie hasst diese Heilige der proletarischen Peronisten. *Cristinas* Forum ist der gepflegte Club, das Audimax und der Salon – aber doch nicht die Straße!

Dass *Cristina Kirchner* ihren weitgehend beratungsresistenten Gatten *Nestor* beeinflusste, ist schon lange bekannt. Dass die beiden kräftige Dispute führen, weniger. Das **Küchenkabinett der Kirchners** funktioniert angeblich so: Er hasst öffentliche Auftritte, Flugreisen und internationale Konferenzen; sie liebt den roten Teppich über alles. Und so dürfte denn auch ihre Arbeitsteilung aussehen: *Cristina* repräsentiert Argentinien nach außen und *Nestor* zieht die Fäden. Vor allem muss sich *Nestor* mit den Schattenseiten der Politik und der Peronisten abgeben – zum Beispiel mit den Gewerkschaften, dem Lumpenproletariat und den Barrikadenkämpfern in der Vorstadt.

Denn es ist nicht alles Gold, was glänzt. Die Preise galoppieren dem Wachstum davon. Die **hohe Inflationsrate** trübt die wirtschaftspolitische Bilanz der Regierung *Kirchner.* Dabei hatte der weitgehend unbekannte peronistische Provinzherrscher aus Patagonien das Land mit sicherer Hand aus dem Staatsbankrott von 2001 geführt. Die Wirtschaft wuchs seit seinem Amtsantritt vor vier Jahren bis zu neun Prozent jährlich, die Argentinier kaufen so viele Autos und Häuser wie noch nie. Das Nachtleben von Buenos Aires brummt, Restaurants, Kinos und Theater sind voll wie seit Jahren nicht. Auf den weltweiten Finanzmärkten ist Argentinien weitgehend rehabilitiert. Doch auf dem Markt nebenan sind Obst und Gemüse teuer wie Delikatessen – und die geliebten Steaks kommen nur noch sonntags auf den Tisch.

Die Regierung *Kirchner* hat die Preissteigerungen kaschiert – und sie durch das dirigistische Eingreifen in den Markt teilweise selbst hervorgerufen. Die große Frage, die sich potentielle Investoren stellen, bleibt bislang unbeantwortet: Wird die Politik nach Gutsherrenart fortgesetzt? Oder sucht Argentinien wieder **Anschluss an die Marktwirtschaft?**

Cristina Kirchner hat sich bislang um solche Fragen herumgedrückt ...

009ar Foto: cg

Der Mythos der Gauchos

Gauchos sind frei; sie verachten das gelackte Gesindel der Großstadt. Niemand vermag, einen Gaucho zu zähmen, denn sie gleichen den wilden Pferden, die sie zureiten. Sie lieben den Himmel, die Erde und die Pampa, deren Herren sie waren.

In San Antonio de Areco, im Herzen der Pampa Húmeda, traben sie in der „Woche der Tradition" zu Hunderten durch die Gassen und die Häuser ducken sich vor dem Ansturm der Gauchos noch tiefer in den Lehm. Sie kampieren da draußen bei der ehrwürdigen Backsteinbrücke über den Río Areco, entzünden ein Lagerfeuer und lassen die Schnapsflasche kreisen. Finsteres, fahrendes Volk, raubärtige Männer, Viehtreiber, Rosshändler, Landarbeiter, Schlächter und Desperados. **Kentauren der Pampa,** die auf ihren Säbelbeinen kaum gerade gehen. Aber reiten, reiten muss man sie sehen!

Die wilde Mähne folgt ihm wie ein Schatten. Der Gaucho reitet, ja fliegt, mit dem Zügel, Schenkeldruck und Sporen braucht er nicht. Und sein Sattel ist kein Thron. Der Gaucho legt ein Schweißtuch auf den Gaul, darüber eine Wolldecke, eine Filzmatte noch, worauf er unter den Sternen die Nacht verbracht haben mag. Dann erst kommt das Sattelzeug drüber: zwei mit Stroh gestopfte Lederwülste, von Riemen zusammengebunden, darüber ein Lammfell und als letztes die Haut eines Wasserschweins. Das ist die *montura* des Gauchos, das mag am Ende gar seine ganze Habe sein.

Sie sind das **reitende Fußvolk** der Pampa, ledergegerbt, wild und im Räuberzivil. Ausgeputzt sind nur die Patriarchen. Die Señores der Pampa kommen im Pick-up vorgefahren. Sie tragen stolz die handgearbeitete Tracht: Stulpenstiefel aus feinstem Stutenleder, weite Pluderhosen, die an ledernen Prachtgürteln hängen, über und über mit Silbermünzen beschlagen; den Wams, die Joppe, das rote Halstuch, die Baskenmütze oder den Tellerhut. Und im Gürtel steckt am Steiß der silberziselierten Dolch, mit dem man einen Stier abstechen kann.

So lassen sich denn die *estancieros,* die Herren der Herden, in voller Montur herab, um auf das Pferd zu steigen und würdevoll die halsbrecherischen Darbietungen ihrer Leute Revue passieren zu lassen. Die *doma,* das **Abrichten wilder Pferde,** ist eine gefährliche Knochenarbeit. Gerade deshalb reizt es die Teufelskerle, auf den bockenden Biestern durch die Luft zu wirbeln. Bei der *tropilla,* dem Figurenreiten, scheint alles so federleicht zu laufen wie beim Ballett. Wie viel Arbeit darin steckt, kann nur ein Pferdenarr ahnen. Und selbstverständlich zeigen die Gauchos auch, wie sie mit ihrem Lasso stürmende Kälber im Handumdrehen zu Boden bringen und mit glühenden Eisen markieren.

Die Arbeit der Gauchos unter dem freien Himmel mag prosaisch sein: Pferde zureiten, Kälber kastrieren und markieren, Herden trennen und treiben. Das ganze Jahr über arbeiten sie draußen in der freien Natur, vom glutheißen Sommer über den eiskalten Winter bis hin in den Frühling, wenn die Pampa unter Regenfluten ersäuft. Für **Romantik** bleibt da kein Platz.

Man **bewundert und verachtet** sie bis heute, diese Gauchos. Bastarde, *Criollos,* Halbblut der *hidalgos.* Wenn sie der Hunger überfiel, schlachteten sie ein herrenloses Rind, davon gab es in der Pampa genügend. Die Reste überließen sie den Kojoten und Geiern.

Draußen in der Pampa wuchs der **Reichtum** auf vier Beinen. Man musste ihn nur fangen, schlachten, salzen und verschiffen. Aus bretonischen, schottischen, italienischen und spanischen Pionieren wurden argentinische Viehbarone und Getreidekönige. Die Gauchos aber besorgten die **Drecksarbeit.** Dafür wurden sie in den Stand der Helden gehoben. Als man sie besang, als ein gewisser *José Hernández* mit „Martín Fierro" 1879 das Nationalepos Argentiniens schuf und den Gauchos ein Denkmal setzte, da waren die meisten im Grunde nur noch Tagelöhner, allerdings ohne Acht-Stunden-Tag.

Das Gesicht des Landes

In Argentinien findet sich alles: von den heißen Tropen bis zum ewigen Eis, von sattem Tiefland bis zur Steinwüste. Alles ist da, aber auch geschieden durch Tausende von Kilometern. Argentinien ist das **achtgrößte Land** der Erde, es ist nur wenig kleiner als Indien, obgleich auf seinem Territorium nicht eine Milliarde, sondern lediglich 37 Millionen Menschen leben und es ist nach Brasilien das zweitgrößte Land Südamerikas. Der Nationalstaat ist in **23 Provinzen** plus Hauptstadtdistrikt Buenos Aires aufgeteilt und diese Provinzen können unterschiedlicher kaum ausfallen. Beispielsweise die Provinz Buenos Aires: In ihr lebt fast die Hälfte (genau 40 Prozent) aller Argentinier. Auf der anderen Seite gibt es Provinzen wie Chubut oder Santa Cruz, in denen nicht einmal eine halbe Million Menschen haust.

Das Klima, die Landesnatur, die Menschen und ihre Arbeit – ein Spektrum, das in fast allen Farben leuchtet. „Gracias a la vida" – „Dank dem Leben!" singt die Sänger-Matrone *Mercedes Sosa,* unverkennbar mit ihren indianischen Gesichtszügen und dem dunklen Timbre, über den **Reichtum** des Landes: „Du hast mir so viel gegeben, Städte und Seen, Strände und Wüsten, Berge und Senken."

Argentinien ist so groß, aber einige Argentinier haben offenbar nicht genug und beanspruchen **zusätzliche Gebiete.** Auf den Schulkarten ist ein dickes Kuchenstück der Antarktis als „argentinisches Territorium" eingezeichnet und natürlich gehören die sturmumtosten Inseln der Falklands/Malvinen ebenso dazu wie die South Sandwich Inseln, die South Shetland Inseln und Südgeorgien. Allesamt handelt es sich um so gut wie unbewohnte Felsbrocken in der Südpolarzone, die auf unseren Atlanten als „britisch" gekennzeichnet sind. Aber nicht nur mit der Queen gibt es hin und wieder Probleme, auch mit dem Nachbarn Chile hat sich Argentinien lange genug über ein paar Andenpässe und drei Inselchen im Beaglekanal, der Feuerland von Patagonien trennt, gestritten. Erst der Papst konnte 1985 da ein Machtwort sprechen.

Für den gewöhnlichen Argentinier sind das bloß Dinge, die er in der Zeitung liest, und der *porteño* ist fast schon stolz darauf, kaum je über die Stadt- oder Provinzgrenze hinausgekommen zu sein. Und wenn er seine Stadt verlässt, dann nur für Paris oder London, niemals aber für Tucuman oder Ushuaia. Aber halt! Jeden Sommer ziehen, Lemmingen gleich, die *porteños* mit Kind und Kegel knapp 500 Kilometer gen Süden, nach Mar del Plata **an den Strand.** Diese Halbmillionenstadt liegt fast das gesamte Jahr über im Winterschlaf, nur zwischen November und März erwacht das Seebad aus seiner Starre. Dann folgen Millionen Argentinier einem Urtrieb und breiten ihre Handtücher auf schütteren Stränden aus. Je mehr Familien pro Quadratmeter diese menschliche Vogelkolonie besetzen, desto besser! Argentinier glauben zwar, sie seien Nonkonformisten, aber das Gegenteil ist wohl eher der Fall. So also sind sie wild entschlossen, ihr Erspartes in wenigen Wochen Urlaub gegen Wucherpreise am Strand auf den Kopf zu hauen.

Seit unter *Perón* der organisierte **Arbeitertourismus** mit gewerkschaftlichen Ferienheimen in Gang gekommen ist, werden jedes Jahr zigtausend Argentinier an den Strand gekarrt. Ein bisschen DDR-Ferienorganisation schimmert überall durch, obgleich es in Argentinien nicht nach Lysol und Minol riecht, sondern eher nach geklontem Chanel Nr. 5 aus Paraguay.

Die **Reichen** des Landes meiden natürlich auch im Urlaub den Pöbel und ziehen sich entweder in ihre „Countries" zurück oder mieten (wenn sie keine besitzen) eine Villa für einige tausend Dollar in Punta del Este im Nachbarland Uruguay, wo sie wegen der großzügigen Bankgesetze sowieso ihre **Schwarzgelder** gebunkert haben. Einmal im Jahr an den Goldbarren riechen und dabei noch in die eiskalten Fluten steigen, das ist das Privileg der besseren Gesellschaft. Echte Businessmen lassen nach ein, zwei Wochen die Familie samt Hund im Seebad für den Rest der Saison allein zurück und reisen flugs wieder zurück nach Buenos Aires, der Geschäfte wegen oder weil sie Trost am Busen einer Geliebten suchen.

Die geistige **Landkarte** Argentiniens ist zweigeteilt wie die beiden Hemisphären des Gehirns. Buenos Aires auf der einen Seite, der Rest des Landes, von den *porteños* schlicht und einfach das *„interior"*, **Hinterland,** genannt, auf der anderen Seite. Man könnte Dutzende Geschichten erzählen, die belegen, wie fast unüberwindlich die Kluft zwischen den beiden ungleichen Elementen des Landes scheint. Dazu zählt auch, dass die Provinzen bloß drei Prozent des gesamten Steueraufkommens stellen, gleichwohl aber mehr als 70 Prozent Staatsgelder verschlingen. Wer finanziert hier wen? Wer hält wen aus? Wo genau liegt eigentlich Argentinien? So unsicher wie die eigene Herkunft, so unklar ist die Antwort auf die Frage, wo genau nun der archimedische Punkt Argentiniens liegt. Die *porteños* halten es fast so wie einst die Engländer: „Nebel über dem Ärmelkanal – Europa abgeschnitten".

Mehr als ein Drittel der Argentinier ist im **Großraum von Buenos Aires** zu Hause. Und immer noch zieht der Moloch junge Leute an, die in der Provinz keine Zukunft sehen – obgleich eine Universitätsstadt wie Cordoba, immerhin die Nummer Zwei unter Argentiniens Metropolen, wahrscheinlich viel mehr zu bieten hätte. Doch kein Zweifel: Alles, was Argentinien betrifft, wird in Buenos Aires verhandelt und gestaltet. Hier liegt das **politische Zentrum,** der ökonomische Motor, hier wird die Meinung gemacht, hier sitzen die Medien und nur in Buenos Aires gibt es einen Markt für Kultur und Künste.

Der Moloch, die Krake, der Magnet – die **Zentralisierung** der Zukunft in dieser längst nicht mehr zu kontrollierenden Stadt ist immer wieder ein Stein des Anstoßes für die Provinz, aber auch ein Thema für die Politik. Mehr als eine Regierung wünschte sich, die Entscheidungen lieber weit weg von den Massen und von der Straße treffen zu können. Hat nicht der Nachbar Brasilien 1960 mit dem Umzug der Nationalregierung von Rio de Janeiro in die Retortenstadt Brasilia ein Beispiel gegeben? Der Plan aus dem Jahr 1986, die Regierung und alle nationalen Behörden in die patagonische Grenzstadt Viedma 1000 Kilometer weiter nach Süden umzusiedeln, kam allerdings über ein paar Strichzeichnungen nie hinaus. Die *porteños* hätten rebelliert – aber Geld war ja sowieso keines in der Kasse. Dementsprechend blieb die künftige Hauptstadt Viedma ein Luftschloss.

Buenos Aires hat einen eigenen Rhythmus, denn die *porteños* sind **Nachteulen.** Nachts um drei sind auf den Straßen von Recoleta, auf der Avenida Santa Fé und in allen anderen Vergnügungsmeilen mehr Leute unterwegs als nachmittags um die gleiche Zeit. Buenos Aires ist eine Stadt, die nicht schläft. Die *porteños* sind allesamt Bettflüchter, man sieht es ihnen an den Augenringen und der fahlen Haut an. Geschäftliche Verabredungen sollte man für den Vormittag lieber nicht treffen. Und wer feinfühlig ist, ruft auch privat keinen vor elf Uhr vormittags an. Die Argentinier leben nach ihrem eigenen Chronogramm. Wer glaubt, er müsse gegen sieben Uhr abends in einem Restaurant dinieren, der wird nur mit Glück gedeckte Tische vorfinden. Kein Mensch in Buenos Aires geht um diese Zeit zum Abendessen. Da sitzen noch alle vor den Fernsehnachrichten oder schon seit Stunden vor dem Spiegel. Erst gegen zehn Uhr abends kommt Aufbruchstimmung auf. Um Mitternacht herum wird dann getafelt. Wer nach dem Kaffee gegen zwei Uhr noch nicht nach Hause will (Und wer will das schon?), der macht sich auf in Bars und Nachtlokale oder in die Tanzschuppen, in denen das Licht erst nach dem Sonnenaufgang ausgeschaltet wird. Von da an, einen „cortado" (Milchkaffee) und zwei „media-luna" (Hörnchen) noch als Frühstück, geht es nicht selten direkt ins Büro. Schlafen kann man immer noch nach dem Tod.

010ar Foto: cg

Draußen im Hinterland geht es weitaus weniger hektisch zu. Die ausgedehnte **Siesta** sorgt dafür, dass nichts so heiß gekostet wird wie gekocht. Selbst Supermärkte machen mittags ein paar Stunden zu. In den Provinzstädten kann man gegen ein Uhr mittags eine Nadel fallen hören, gegen acht Uhr abends auch. Der Lärmpegel, der in Buenos Aires ungefähr den eines Flughafens erreicht, liegt in der Provinz bei Null, wenn man von den vielen Fans eines *Emanuel Fangio* absieht, den Machos auf den Motorrädern und in den heißen Kisten, die so lauten Krach machen müssen, weil sie zu Hause oder auf der Arbeit nichts zu sagen haben.

Nach Süden und dann geradeaus. Wer es die ersten 1000 Kilometer durch eine Art gigantisches Schleswig-Holstein (die Pampas) geschafft hat, braucht noch weitere 2000 Kilometer Schotterpiste bis ans **Ende der Welt,** bis nach Ushuaia – und von da geht es zu Fuß nicht mehr weiter. Dazwischen liegt die Steinwüste Patagonien, wo sich die Krüppelbäume neben den Schaffarmen tief in die Furchen abducken, wo der Wind an den Wellblechdächern rüttelt und durch die Telefondrähte jault, wo der französische Postflieger *Saint-Exupéry* („Wind, Sand und Sterne") seiner Einsamkeit durch die Wolken nachjagte und *Butch Cassidy* und *Sundance Kid,* die amerikanischen Schwerverbrecher, wie Wölfe unter den Opfern einfielen, immer auf der Flucht, aber meilenweit zu sehen. Eine

Patagonische Possen

Es war einmal ein französischer Winkeladvokat namens Orelie-Antoine Tounens, der mit 33 Jahren und einem Batzen Geld in Patagonien landete, die Mapuche-Indianer gegen die europäischen Siedler aufwiegelte und sich von ihnen anno 1860 zum „König Araukariens" ausrufen ließ. Das Königreich existierte nur auf dem Pergament – und im virtuellen Raum des Internets geistern die Anhänger des Königs von Patagonien bis heute durch die Gegend.

Es waren einmal Butch Cassidy und Sundance Kid, die amerikanischen Bankräuber, die sich Anfang dieses Jahrhunderts nach Patagonien abgesetzt hatten. Dort fanden sie unter walisischen Schafzüchtern und schottischen Bergleuten Unterschlupf – und gingen gleichwohl weiter ihrem alten Gangstergewerbe nach, bis sie daheim in den USA geschnappt wurden.

Es war einmal Präsident Raúl Alfonsín, der trat sein Amt nach der Militärdiktatur an. Und obgleich schon damals, 1983, die Kassen gähnend leer waren, sprossen mit der Demokratie die Pläne in den Himmel, eine neue Hauptstadt in Patagonien zu errichten, Viedma, an der Mündung des Río Negro, der die Grenze zwischen dem dichtbesiedelten Kernland und dem menschenleeren Süden Argentiniens markiert. Die Pläne einer neuen Hauptstadt sind Makulatur. Kein Mensch in Argentinien kann sich etwas anderes vorstellen, als dass die Nation von Buenos Aires regiert wird.

herbe Landschaft ist das, in der selbst Zaunpfosten zu optischen Stars werden können, so melancholisch horizontal ist dort die Erde.

Im Westen zeigt sich die schneeglänzende Perlenkette der **Anden,** im Osten der bleitrübe **Atlantik,** der zur Brutzeit Heerscharen von befrackten Pinguinen ausspuckt und ganze Backbleche mit bepelzten Fleischrollen, den Robben, feilbietet. Der Südatlantik ist nahrungsreich wie kaum ein anderes Meer, aber die Küste ist leer und unwirtlich und das Hinterland steinig und rau. Nur eigensinnige Schafzüchter, meist Nachkommen von Walisern und Iren, halten sich hier. Erst weiter westlich im Schatten der Anden rund um die Gletscherseen und Wälder gewinnt Patagonien so etwas wie den Charme der Alpen. Genau genommen beginnt dieses „Sibirien" Argentiniens am Colorado-Fluss und dem 39. Breitengrad Süd und es endet am Beaglekanal, der Wasserstraße, die Feuerland von Patagonien trennt.

Vom extremen Süden in den **extremen Norden:** Buenos Aires schwimmt wie ein Fettauge auf der nahrhaften Pampa, doch jenseits dieses Grüngürtels von rund tausend Kilometern Durchmesser beginnt ein anderes Land. Nach Norden zu steigt es sanft an. Cordoba liegt bereits auf 440 Metern Höhe und in seiner Nachbarschaft findet sich sowohl ein riesiger Salzsee (das „kleine Meer") als auch ein Höhenzug („Las Sierras del Córdoba", höchster Punkt der Berg Champaquí mit fast 3000 Metern), in dem es auch schon mal schneien kann. Noch weiter im hohen Norden wird die Vegetation immer karger und geht schließlich in **bergige Steppen** über. Der Gran Chaco, den sich Argentinien und Paraguay teilen, ist eine unwirtliche Buschsteppe, die bis auf einige Mennoniten-Gemeinden (und nomadisierende Indianersippen) der menschlichen Besiedlung getrotzt hat. „El Impenetrable"– der undurchdringliche Chaco – geht im Osten in das fruchtbare „Zweistromland" über, im Westen liegen die Andenprovinzen Argentiniens.

In diesen Andenprovinzen liegen die steinernen **Fundamente der Nation.** Denn die einstige Provinz des Vizekönigreichs Peru wurde von Norden her erschlossen und besiedelt. Die Provinzstädte Salta und La Rioja, selbst Tucumán und Mendoza atmen noch den Geist der kolonialen Epoche. Hier sind die Kirchen sonntags voll, hier hat der Bischof noch ein Wort mitzureden, hier sind die Sitten streng und die politischen Häuptlinge nicht zimperlich, wenn es darum geht, Politik nach Gutsherrenart zu betreiben. Der Norden Argentiniens ist politisch wie kulturell archaisch und ethnisch nicht so ganz verschieden von den Nachbarländern Bolivien und Paraguay. Steinerne Naturdenkmäler, wie die Reste einstiger indianischer Hochkultur, machen den Norden auch für Touristen interessant.

Schließlich, noch höher die Anden hinauf, betritt der Besucher das Dach der westlichen Welt: Salzseen, in denen sich Flamingos spiegeln, Mondlandschaften von erhabener Größe und einer Passhöhe um die 5000 Meter über NN. Eintausend Kilometer weiter östlich liegt **feuchttropisches Tiefland.** Die Provinz Misiones ragt wie eine lange Nase in das Grenzgebiet von Brasilien und Paraguay. Zusammen mit den Provinzen Entre Rios und Corrientes zählt Misiones zum argentinischen „Mesopotamien", dem Land zwischen den beiden Strömen Río Paraná und Río Uruguay, dem alten Siedlungsgebiet der **Jesuiten** (das folgerichtig heute als Provinz „Misiones" bezeichnet wird). Diese gründeten mit den Guaraní-Indianern eigene, blühende Gemeinschaften, die sogenannten „Reduktionen". Die Jesuiten wurden 1777 von den weltlichen Herrschern vertrieben, nicht zuletzt weil man auf ihr Land mehr als ein Auge warf und ihre Konkurrenz fürchtete. Von den Reduktionen finden sich nur noch Trümmer, die den Betrachter erahnen lassen, welche Inseln der Kultur und Prosperität damals im 16. und 17. Jahrhundert in diesem Mesopotamien gelegen haben müssen. Heute ist die Wirtschaft dieser nordöstlichen Provinzen geprägt durch Viehzucht und Mate-Tee-Plantagen – und auch noch durch Holzwirtschaft, obgleich die einst fast unendlichen tropischen Wälder längst auf kleine Areale dezimiert worden sind.

011ar Foto: cg

Argentinien ist ein bunter Fächer der Natur, doch in kultureller Hinsicht außerhalb der Metropole Buenos Aires doch recht provinziell. Das indianische Erbe verfiel zu Staub. Es war jedoch nie sehr stark, denn die Kerngebiete der indianischen Hochkulturen lagen in Peru und Bolivien. Und die eigene **kulturelle Entwicklung** im Hinterland wurde durch die Übermächtigkeit von Buenos Aires ausgebremst; schließlich schauten die Eliten in der Provinz selten weiter als über den Zaun ihrer *estáncias* hinaus. Das *„Interior"* bleibt also den Ornithologen, Pferdenarren und Bergsteigern überlassen.

Physische Geografie

Die **patagonischen Anden,** die eine natürliche Grenze zwischen Argentinen und Chile bilden, gehören zu den niederen Bergketten und erreichen selten eine Höhe von mehr als 3700 Metern. Vom nördlichen Ausläufer dieser Bergkette bis zur bolivianischen Grenze besteht der westliche Teil von Argentinien aus dem Hauptgebirgszug der **Kordilleren** mit zahlreichen Gipfeln über 6400 Metern. Der Aconcagua ist mit 6959 Metern der höchste dieser Gipfel und der höchste Berg der Welt außerhalb Zentralasiens. Andere bemerkenswerte Gipfel sind der Ojos del Salado (6880 m) und der Tupungato (6800 m) an der Grenze zwischen Argenti-

nien und Chile sowie der Mercedario (6770 m). Mehrere parallel verlaufende Bergketten und Ausläufer der Anden ragen tief in das nordwestliche Argentinien hinein. Das einzige andere bedeutende Hochland in Argentinien ist die **Sierra de Córdoba** im Zentrum des Landes. Ihr höchster Gipfel ist der Champaquí (2884 m).

Von der Basis des Gebirgssystems der Anden ostwärts besteht das Terrain von Argentinien aus nahezu flachen oder leicht wellenförmig verlaufenden **Ebenen.** Diese Ebenen fallen allmählich von 610 Metern Höhe bis zum Meeresspiegel ab. Im Norden besteht das argentinische Flachland aus dem südlichen Abschnitt der südamerikanischen Region, die als **Gran Chaco** bekannt ist. Die **Pampa,** eine baumlose Ebene, umfasst den landwirtschaftlich produktivsten Abschnitt des Landes und erstreckt sich über nahezu 1600 km von Gran Chaco aus in südlicher Richtung. Südlich der Pampa, in **Patagonien,** besteht das Terrain größtenteils aus trockener, öder Steppe.

Die Qualität der Böden Argentiniens variieren sehr stark bezüglich **Fruchtbarkeit** und landwirtschaftlicher Eignung. Wasser ist in vielen Ge-

Dorf in den Voranden

Seenlandschaft bei Bariloche

Feuerland

Endstation: Weiter nach Süden stößt man auf dieser Erde auch mit dem Jeep nicht vor. Schneegekrönte Häupter und knorrige Bäume spiegeln sich im kristallklaren Wasser. Dampfschiff-Enten und Seegras-Gänse paddeln schnatternd davon. Das Aroma von Tang und Seesalz, der Duft von Torf und Erde, der Rauch des Lagerfeuers umschmeicheln die Nase. Die Landschaft könnte von *Caspar David Friedrich* gemalt sein.

„Feuerland": Der Weltumsegler Fernando Magellan will an den Fjorden Süd-Südamerikas große Feuer der Wilden gesehen haben. Die letzten Süd-Eskimos, die Onas und Yamanas, beobachtet noch der englische Naturforscher Charles Darwin. Es seien „die elendsten Geschöpfe, die ich irgendwo gesehen habe", schreibt er anno 1833 in sein Tagebuch. Piraten, Robben- und Walfänger, Missionare, Goldsucher und schließlich Schafzüchter vernichteten Lebensraum und Kultur der Ur-Feuerländer. Die letzten Mohikaner starren aus vergilbten Fotos von der Hotelzimmerwand herunter.

Ushuaia da draußen schmiegt sich an die Flanke des Cerro Martial, einem düsteren Klotz, aus dem die Gletscher ihre Zungen nach dem Meer ausstrecken. Die südlichste Stadt der Erde ist im Sommer (also zur Weihnachtszeit) ein freundlicher Flecken. Klatschmohn und Ginster, Margeriten und Rosen blühen in den Vorgärten der Lebkuchenhäuser und die Sonne will nicht untergehen. Die smaragdgrünen Bergflanken sind mit sturmzerzausten, kleinblättrigen Buchen bewachsen. Die Bonsai-Bäume weichen schon bei 400 Metern Höhe den Matten aus Tussock-Gras, Moosen und Flechten. Wie ein blaues Seidenband schimmert der Beaglekanal zwischen den Sahnetörtchen der Berge. Und nun ist auch der Eiswind zu spüren, der von Süden pfeift.

Die „roaring fifties", also die stürmischen südlichen 50er-Breitengrade, die nassen Gräber an Kap Hoorn, die Drakepassage, Seeräuber- und Horrorgeschichten aus der heroischen Zeit der Teeclipper und Walfänger: Das Prunkstück des kleinen, schmucken Heimatmuseums von Ushuaia ist die Galionsfigur der „Princess of Albany", die es vor Kap San Diego erwischte. So weit wagt sich das Ausflugsboot nicht hinaus. „Aber wenn Sie hier ins Wasser fallen, sind Sie nach drei, vier Minuten erfroren", tröstet der Kapitän. Wir steuern die „Isla de los lobos" an die „(See-)Wolfsinsel". Da liegen sie, die raunzenden, braunen Fettklöße, keine zehn Meter weit vom Boot entfernt. Seeelefanten, Pelzrobben (Seebären) und Seelöwen öffnen ihre großen Babyaugen, heben ihre Glatzköpfe aus dem Specknacken und gähnen gelangweilt in die Kameras. Das Höllengekrächze der Albatrosse und Streifenpinguine, stört sie offenbar wenig.

Bleiben die zugigen Pioniersiedlungen teils aus Wellblechhütten, die sich Städte nennen: etwa Rawson, Comodore Rivadavia, Puerto Deseado, Río Gallegos, allesamt Orte der Melancholie. Ushuaia aber gibt sich fröhlich. Bei „Tante Elvira" waren wir schon und hatten uns an Königskrabben und Riesenmuscheln satt gegessen. Zum Nachtisch gab's Freddy Quinn vom Band. Diesmal lassen wir uns auf der Schaffarm „Estancia Rio Pipo" bei Tolkeyen bewirten. Aus dem Schornstein des Gasthofs steigt der Rauch von Buchenfeuer. Flammen schlagen prasselnd aus den Scheiten. Zwei Dutzend Lämmer braten knusperglänzend auf den Eisenspießen, ihr Fett tropft zischend in die Glut. Der rote Malbec lässt sich trinken, fürwahr! Holzbrand, Thymian und Knoblauch würzen die Luft. Draußen vor den Fensterscheiben ziehen die Gipfel blaue Schlafmützen auf.

bieten außerhalb des Nordostens und der feuchten Pampa nur spärlich vorhanden. Die Pampa, die sich größtenteils aus feinem Sand, Lehm und Schlamm zusammensetzt und fast kein Kiesel- oder Felsgestein enthält, ist ideal für den Getreideanbau. Im Gegensatz dazu sind die steinigen Böden in weiten Teilen Patagoniens und im Süden Argentiniens für den Anbau von Getreide ungeeignet. Das natürliche Grasland dieser Region wird vorwiegend als Weideland für Schafe genutzt. Der größte Teil des Vorgebirges der nördlichen Anden eignet sich nicht für landwirtschaftliche Zwecke, verschiedene Oasen ermöglichen jedoch den Anbau von Früchten.

Die wichtigsten **Flüsse** Argentiniens sind der Paraná, der den nordzentralen Teil des Landes durchfließt, der Uruguay, der einen Teil der Grenze mit Uruguay bildet, der Paraguay, der Hauptnebenfluss des Paraná, und der Río de la Plata. Dies ist der große Meeresarm, der aus dem Zulauf des Paraná und des Uruguay entsteht. Das Paraná-Uruguay-System ist auf etwa 3200 Kilometern schiffbar. Eine bekannte Naturattraktion, die **Iguaçufälle,** befindet sich am gleichnamigen Nebenfluss des Paraná. Andere wichtige Flüsse Argentiniens sind der Río Colorado, der Río Salado und der Río Negro. Im Gebiet zwischen dem Río Salado und Río Colorado sowie in der Gran-Chaco-Region enden einige Flüsse in Sümpfen und Marschlandschaften oder versickern im Boden. Hier befinden sich auch viele **Seen,** besonders im Vorgebirge der patagonischen Anden. Die bekanntesten befinden sich in der alpinen Seenlandschaft um den Erholungsort San Carlos de Bariloche.

Bewegte Luft, bewegte Erde

Buenos Aires – der Name sagt es schon: Ungehindert können die Winde aus allen Himmelsrichtungen über die Metropole fegen. Der Flughafen Ezeiza ist von den Piloten wegen seiner gefährlichen, bodennahen Querwinde gefürchtet. Und so richtet sich die Laune der *porteños* auch sehr nach dem Wetterhahn. Die Nordwinde bringen den *Golpe de calor,* den Hitzestau aus Äquator-Gegenden, und wenn sie auch noch von Nordost kommen, sind sie mit der Feuchtigkeit der See aufgeladen. Linderung verschafft in diesem Fall nur der Südwind, der *pampero.* Er trägt antarktische Kälte bzw. Frische heran. Im Winter kann er aber in die Knochen gehen. Vorteilhaft an diesen ständig **wechselnden Winden** ist, dass sich weder stickiges noch eiskaltes Wetter lange hält, denn die Luft wird immer wieder bewegt. Und trotz des automobilbedingten Smogs treten fast nie die gefürchteten Inversionslagen auf, die das Atmen schwer machen. Buenos Aires hat also so etwas wie einen „natürlichen Ventilator". An den östlichen Andenhängen verzeichnen die Orte hingegen oftmals einen dem alpinen **Föhn** ähnlichen Wind, der durch warme Fallwinde über den Andenhauptkamm entsteht. Der *El Zonda* verursacht die gleichen Kopfschmerzen in Mendoza wie der Föhn in München.

Pachamama, die indianische Erdenmutter, rührt sich in der Andenregion mehr als den Bewohnern lieb ist. Christianisierte Indios richten sich aus diesem Grund an den Gekreuzigten, den *Taitacha Temblores,* der die Gewalt über die Erde hat. Ihm sind im Nordosten zahlreiche Kapellen gewidmet. Städte wie Jujuy, Salta und vor allem Mendoza sind bereits mehrfach in ihrer Geschichte durch **Erdbeben** schwer beschädigt worden. 1944 wurde die Stadt San Juan in Schutt und Asche gelegt. Ein weiteres Beben in der Region im Jahre 1978 war so heftig, dass seine Ausläufer noch im 1200 km entfernten Buenos Aires zu spüren waren.

Jurassic World

Die Provinzhauptstadt **Neuquen** („ungestümes Wasser" in der Sprache der Mapuche) liegt am Zusammenfluss zweier Rinnsale, die nach jeder Schneeschmelze tückische Wildwasserströme werden. Aber genauer gesagt liegt Neuquen rechts und links der verrosteten Schienenstränge, die nur noch von nirgendher nach nirgendwo führen. Vor einhundert Jahren hatte man die Nägel in die Schwellen geschlagen und das Eisenbahndepot Neuquen gegründet; wenig später verfiel die Stadt in den tiefen Schlaf des menschenleeren Westens.

Neuquen? Wer wollte da schon hin? Die „Rednecks" von Texaco und Shell waren gewohnt, in Wüsten zu bohren. Und tatsächlich: In den 1950er Jahren fand man unter den Salzpfannen und staubigen Senken **Öl.** Öl! Neben den Araukarien und Silberpappeln, welche die *estancias* der Schafzüchter vor dem rauen Winde schützen, wuchsen nun Bohrtürme in den fahlen Himmel. Der Boom brachte kein Bonanza für Neuquen. Öl und Erdgas werden 1000 Kilometer weit nach Osten an die Küste geleitet. Ein paar Pumpstationen – das ist alles, was den Leuten an Aussicht auf Arbeit bleibt.

Keine Zukunft in Neuquen – aber welche Vergangenheit! Ihre Entdeckung begann im Jahre 1987. Im Tal des Río Limay, nur 50 km südwestlich von Neuquen, in dem Gebiet, das als *El Chocón* bezeichnet wird, stoßen Paläontologen der Universidad Nacional del Comahue (Neuquen) auf **Gebeine,** die stark verwittert und viel zu groß sind, um sie irgendeiner lebenden Art zuzuordnen. Den Forschern wird schnell klar, welchen sensationellen Fund sie gemacht haben: Der *Rebbachisaurus tessonei* erblickt das Licht der Wissenschaft. Lebendgewicht: über 10 Tonnen, Baujahr: 100 Millionen Jahre vor unserer Zeitrechnung.

Saurier gab es also auch in Südamerika! Oder war das bloß ein Ungeheuer à la Loch Ness? Die Paläontologen in Nordamerika und Europa nehmen die Funde da unten aus Argentinien nicht wirklich ganz ernst, gibt es doch ganz andere Ausgrabungen in Kanada und China, selbst in Afrika und Europa, wo reichhaltige Funde gemacht werden und Wissenschaftler mit Harvarddiplomen beteiligt sind und nicht diese Provinzausgräber aus ... woher? Neuquen? Nie gehört.

Aber die Provinzausgräber geben keine Ruhe. Auf dem Grund des im Sommer ausgetrockneten Stausees „Ezequiel Ramos Mejia" buddeln sie immer mehr gigantische Wirbelknochen, Kiefern und Zähne hervor und haben ihre liebe Mühe und Not, alles zu säubern, zu lagern und zu bestimmen. Die Universität von Neuquen richtet ein eigenes **Museum** ein. Im 200 Kilometer weiter westlich gelegenen Nest Zapala folgt man auf dem Fuße, dort graben die Paläontologen noch größere Knochenreste aus dem Schutt hervor. Kaum ein Monat vergeht, in dem nicht Trapper und Schafzüchter mit neuen aufregenden Funden aufwarten. 1995 stößt man auf die Knochen des bislang größten Fleisch fressenden Reptils: *Giganotosaurus carolinii*. Das Raubmonstrum von acht Tonnen Lebendgewicht stellt den *Tyrannosaurus rex* als „Bruder Leichtfuß" weit in den Schatten. Der Giganotosaurus dürfte sich mit seinem 1,53 m messenden Hammerkopf und seinen Sägezähnen in die Fleischberge der friedlichen 100-Tonner vom Typ *Argentinosaurus* gebohrt oder deren Küken verschlungen haben.

Wie muss die Erde damals ausgesehen haben? Geologen behaupten, die Landmasse der Erde habe damals aus einem **Ur-Kontinent** bestanden, dem sogenannten *Gondwanaland*. Erst später seien die Kontinentalplatten auseinander gedriftet. Südamerika habe sich von Afrika gelöst und sei sozusagen nach Westen abgedriftet, Raum für den Atlantik gebend. Die Anden, die längste Gebirgskette der Erde, das Rückgrat von Nord- wie Südamerika, hätten sich erst später aufgefaltet, gewissermaßen als „Bugwelle" in der Westdrift des Kontinents.

Dort, wo sich heute fast unendliche Geröllwüsten und Schuttsteppen erstrecken, müssen damals in den Senken unglaublich vegetationsreiche **Urwälder** mit Schachtelhalmen und Farnbäumen gewuchert haben. Die gewaltigen **Erdöl- und Erdgasvorkommen** in Patagonien zeugen von der Biomasse, die sich einst unter dem damals sicher feucht-heißen Klima gebildet haben muss. Patagonien war zur Zeit der Saurier also ein grüner Schwamm, in dem das Leben kreuchte und fleuchte.

Der Nabel, die Stadt

„Buenos Aires ist die Hauptstadt eines Imperiums, das es niemals gegeben hat."
(André Malraux)

Der Romancier *Julio Córtazar* bestimmte im Jahr 1939 kurz und bündig: „Argentinien – das ist Buenos Aires und der Rest". Man könnte sogar noch weiter gehen und behaupten, Argentinien bestehe eigentlich aus **zwei Ländern:** Aus der Stadt Buenos Aires, die sich bereits 1810 vom spanischen Joch befreite, und aus den Provinzen, die erst 1818 die Spanier herauswarfen und ihre Unabhängigkeit erklärten. Wo gibt es sonst zwei Geburtsurkunden für ein Land?

Auch andere Länder kennen die **Vorherrschaft der Hauptstadt** über das Hinterland. Doch die Diskrepanz zwischen Argentiniens Metropole, einer der bevölkerungsreichsten Ballungen des Globus, und der menschenleeren Weite des *Interior* ist ohne Beispiel. „Die Pampa ist nicht in einem Bilde zu fassen; sie ist eine Reihe geistiger Prozesse. Dasselbe lässt sich von der erdrückenden und fast unsichtbaren Größe von Buenos Aires sagen", schrieb *Jorge Luis Borges* vor einem halben Jahrhundert. Seitdem hat sich die Stadt wie ein überdimensionaler Tintenklecks weiter ausgebreitet. Buenos Aires ist heute eine immense Anhäufung von Gebäuden, Plätzen und Straßen, engen und geräumigen, alten und neuen, armseligen und prunkvollen. Ein **urbanes Riesengebilde** von der Größe des Saarlandes, ein Konglomerat aus etwa zwölftausend *cuadras,* quadratischen Gebäudeblöcken, die sich von keinem Hügel und keiner Kerbe unterbrochen in scheinbar endlosem Rapport aneinander reihen.

Das Labyrinth hat System: Jedes Karree zählt hundert Nummern, egal wie viele Häuser dort in Wirklichkeit stehen. Alle vier *cuadras* verläuft eine Avenida. Alle Querstraßen beginnen an der *Rivadavia,* die mit mehr als sechzehntausend Hausnummern den innerstädtischen Rekord hält. Buenos Aires ist eine **Schachbrett-Stadt,** gebaut nach den Vorschriften der spanischen Kolonialverwaltung. *Charles Darwin,* der englische Naturforscher, bemerkte auf einer Stippvisite im Jahr 1860, dass die Siedlung eine der regelmäßigsten Städte sei, die er kenne, durchzogen von einem Straßengeviert, über dem schon damals stattliche **Paläste** thronten – eine spanische Stadt. Diese Paläste verspottete *Bruce Chatwin,* ein amerikanischer Autor der Gegenwart, als „Zuckerbäcker-Architektur".

Die Stadt muss bereits anno 1536 als kleiner **Militäraußenposten** an den schlammigen Ufern des Riachuelo errichtet worden sein. Den Namen „Gute Winde" bekam sie wohl deshalb, weil offenbar der *pampero,*

Durch die Stadt

Das Zentrum der argentinischen Metropole lässt sich nicht gerade bequem, aber mit guter Kondition durchaus zu Fuß erwandern. Wer weiter hinauswill, ist auf die U-Bahn, die Busse oder das Taxi angewiesen.

Die U-Bahn von Buenos Aires (genannt *Subte,* als Kurzform von *Subterráneo* = Unterirdische) war die erste in Lateinamerika und auf der gesamten Südhalbkugel; ihr erster Abschnitt wurde 1913 eingeweiht. Das Netz wurde in den folgenden Jahrzehnten rasch erweitert, aber der Ausbau stagnierte nach dem Zweiten Weltkrieg. Gegenwärtig gibt es insgesamt sechs Linien (bezeichnet mit den Buchstaben „A" bis „E" sowie „H"), die zusammen 52,3 km lang sind. Rund zwei Millionen Passagiere befördert die *Subte* jeden Tag.

Die *Subte* ist das schnellste und preiswerteste Massentransportmittel von Buenos Aires – und sie wird im Unterschied zu den Metros in Mexiko oder Brasilien von Leuten aller Klassen genutzt, nicht nur von den weniger Begüterten. U-Bahn-Fahren ist sicher und bequem, wenn auch die ausgeschlagenen Schienen und die alten Waggons dem Benutzer einen gewissen Gleichmut oder sogar Akrobatik abverlangen.

Nun geht Buenos Aires, nach langer Pause, wieder in den Untergrund. Es werden drei neue U-Bahn-Linien mit einer Streckenlänge von zweiundzwanzig Kilometern angelegt. Das 200-Jahr-Fest der Stadtgründung im Jahr 2010 rückt näher!

Wer mehr von der Stadt sehen will, der sollte einen Bus nehmen. Buenos Aires verfügt über rund 200 Linien und etwa 145.000 Busse, die teilweise von Endstation zu Endstation 50 Kilometer zurücklegen. Die *collectivos* halten an so gut wie jeder Ecke, Umsteigetickets gibt es nicht. Man zahlt jeweils neu, aber einen lächerlich geringen Betrag. Außerhalb der Rushhour findet man eigentlich immer einen Sitzplatz. Allerdings sind die Argentinier nicht zimperlich, wenn es ums Einsteigen oder die Platzsuche geht. Ellbogeneinsatz ist gefragt und wenn man einmal einen Fußtritt abbekommt, darf man nicht erwarten, dass sich der Tollpatsch dafür entschuldigt.

Nicht einmal einen Peso (etwa 0,30 €) kostet das Vergnügen, von *La Boca* bis nach *Olivos,* vom „Mund" (der Mündung des Río Riachuelo) zu den „Olivenbäumen" quer durch Buenos Aires mit der Linie 29 zu fahren – ein Spottpreis für rund vierzig Kilometer Distanz und eine Zweistundentour.

der antarktische Südwind, ungehindert über das flache Land und den Río de la Plata hinwegfegen. Eine der besten Beschreibungen darüber, wie Buenos Aires damals ausgesehen haben muss, verdanken wir dem Straubinger Landsknecht in spanischen Diensten, *Ulrich Schmiedel.* 1536 betritt der Musketier das Ufer des Río de la Plata und ist erschüttert darüber, wie heruntergekommen und verlaust die spanischen Söldner in den paar Lehmhütten am Schlammfluss hausen und „dass sie so sehr des Hungers litten, dass sie nicht davor zurückschreckten, die eigenen Kameraden zu verspeisen, wenn die der Tod dahingerafft hatte". Angesichts der Überfülle an Getreide und Fleisch, für die Buenos Aires später bekannt wurde, ist das eine interessante Beobachtung.

013ar Foto: cg

Indianerüberfälle, Sumpffieber und Hunger – die paar spanischen Wachposten hielten nicht lange durch. Erst 1580 kam der Befehl, eine richtige Festung zu erbauen, und der Baske Juan de Garay setzte sich ans Werk. Er baute die ersten Häuser streng im quadratischen Muster, nicht aus Stein (woher sollte der kommen?), sondern aus sonnengetrockneten Lehmziegeln, den *chorizos,* den Würsten. wie das Volk sie taufte. Das Volk kam zumeist aus dem Norden, aus Paraguay und der bolivianischen Silberstadt Potosí, herangezogen. Dort oben, 2000 Kilometer nördlich der Festung, lagen die reichen Siedlungen und Städte der spanischen Conquistatoren, und Buenos Aires gewann langsam die Funktion, ein **alternativer Ausfuhrhafen** für das Silber und Gold zu werden. Man brauchte die Schätze nicht weiter über Lima und den Isthmus von Panama verschiffen.

Freilich war Buenos Aires bis weit ins 18. Jahrhundert noch ein ziemlich **elender Außenposten** des spanischen Kolonialreiches. Der deutsche Jesuit *Herre* beklagt sich: „Buenos Aires nennt sich eine Stadt, aber jedes Dorf in Deutschland ist größer", und außerdem beanstandet er: „In Deutschland schneiden sich die Männer die Haare, die Frauen lassen sie lang. Hier ist es gerade umgekehrt."

Zwar erhielt die Stadt 1776 den Hauptstadttitel des Vizekönigreichs Río de la Plata, aber das war nur ein schwacher Trost, denn eine eigene wirtschaftliche Entfaltung ließ Spanien nicht zu. Damit stieg der **Unmut gegen Madrid.** Die Engländer glaubten sich das zunutze zu machen und landeten 1806 mit 1500 Seesoldaten. Am 2. Juli 1806 ergab sich Buenos Aires und der spanische Vizekönig floh nach Córdoba. Obgleich die Briten mehr Freiheit zuließen, eckten sie bei den *porteños* an – und es dauerte nicht lange, bis die Engländer ihre Rache spürten. *Juan Martin Pueyrredon* und *Santiago de Liniers* organisierten eine Bürgerwehr, die mit 12.000 Freiwilligen die Engländer aus dem Land prügelten. Dieser Aufstand der *porteños* ging glorreich in die Geschichte als erste Unabhängigkeitsbewegung ein. Von da an ließen sich die *porteños* von keinem mehr etwas befehlen. Auch nicht mehr von den Spaniern, die zwar vorerst zurückkehrten, aber mit Napoleon in Europa genug Probleme hatten, sodass die Bürger von Buenos Aires das Glück der Stunde nutzten und 1810 im *cabildo,* dem Rathaus, die Unabhängigkeit der Provinz ausriefen und eine Junta installierten.

Im Norden des Vizekönigreichs standen aber noch genügend Truppen und Vasallen der Spanier bereit, die nicht so einfach aufgaben. Die „zweite", also komplette **Unabhängigkeit** wurde somit auch erst 1818 in Tucumán nach blutigen Gefechten und nach dem Siegeszug von *San Martín* und *Simon Bolívar* in den Befreiungskriegen von Venezuela, Kolumbien, Bolivien und Peru ausgerufen.

Buenos Aires war nun so etwas wie die heimliche Hauptstadt des ehemaligen Vizereichs, aber die Regionalfürsten und Caudillos dachten nicht daran, sich einer Zentralgewalt zu unterstellen. Das gesamte 19. Jahrhundert gab es in Argentinien fortwährend Scharmützel zwischen Föderalisten und Unitariern und im Grunde prägt dieser **Konflikt zwischen Land und Stadt** bis heute die politische Debatte. 1880, als Buenos Aires längst die Boomtown des gesamten Kontinents war, bekam sie dann doch den Titel einer Hauptstadt zugesprochen. Die „Stadt der guten Winde" blieb die größte Stadt Südamerikas, bis sie in den 1950er Jahren von Sao Paulo und Mexiko-Stadt übertroffen wurde.

Vor 1860 war Buenos Aires noch die *gran aldea,* das große Dorf, eine enge spanische Kolonialstadt, eine simple Transitstation an der Route in den Nordwesten. Dann warfen die Engländer ein Auge auf das Land und durchzogen es mit Schienenwegen. Buenos Aires, Argentiniens einziger Überseehafen, wurde zum **Umschlagplatz** für das Fleisch und das Getreide der fruchtbaren Pampa und die Schafwolle aus Patagonien. Auf

Hunderttausende hungernder Europäer wirkte Buenos Aires wie der Gesang der Sirenen. Die Schiffsreise über den Ozean wurde zur Metapher für den Aufbruch in eine bessere Zukunft. „Hacerse la América" – also nach Amerika auswandern und als reicher Mann zurückkehren, schnell zu Geld zu kommen, den Aufstieg zu schaffen war das Ziel der Zuwanderer, die aus Spanien, Italien, Deutschland, Russland, Polen und dem Nahen Osten nach Argentinien strömten.

Fast jeder zweite der fünf Millionen Einwanderer, die zwischen 1880 und 1913 im Hafen von Buenos Aires ankamen, kehrte ernüchtert in sein Herkunftsland zurück. Die anderen versuchten, am Río de la Plata eine Illusion ihrer Heimat wiedererstehen zu lassen. Was sie ihren Söhnen und Töchtern hinterließen, war eine **Stadt ohne eigene Identität,** eine Metropolis der Fragmente, zusammengesetzt aus allen Städten Europas: Um die Plaza de Francia in den nördlichen Vierteln schlummern Winkel, die Paris ähnlich sind. Anderswo fühlt man sich nach London oder Genua versetzt, manches erinnert an Barcelona oder Madrid und im Nordwesten der Stadt gibt es Bezirke, die etwas vom Charakter Berlins, Hamburgs oder Frankfurts besitzen.

Da sind die **Bewohner** dieser seltsamen Stadt: der Schuhputzer in Schlips und Jackett, der sein Gewerbe vor der Glasfront eines klimatisierten Restaurants betreibt, in dem das Menü soviel kostet, wie ein Arbeiter in einem Monat verdient; die professionellen Hundeausführer, die in den wohlhabenden Vierteln, in Palermo oder Recoleta, umgeben von ganzen Rudeln edelrassiger Vierbeiner durch die Straßen und Grünanlagen ziehen; die Wartenden, die sich mit angelsächsischer Disziplin an den Haltepunkten der Sammelbusse und vor den Kinokassen an der Avenida Corrientes zu schnurgeraden Reihen formieren. Und nicht zu vergessen die *porteñas,* die Frauen von Buenos Aires, die Schönen und Eleganten, um die sich alles dreht in dieser Stadt der schnellen Blicke und der lasziven Gebärden. Den lässigen Stil überlassen sie ihren europäischen Geschlechtsgenossinnen, hier feiert das Kleid immer die Form. Und die unaufhörliche Pflege des Körpers beschert der Kosmetikbranche traumhafte Umsätze.

Im Baedeker von 1900 wird Buenos Aires als „moderne, elegante und eine der bestorganisierten Städte der Welt" gelobt und auf die gleiche Stufe mit Paris und Berlin gestellt. Jedenfalls muss damals die argentinische Metropole so **teuer** gewesen sein, dass es viele ihrer wohlhabenden Bewohner vorzogen, ein paar Monate oder Jahre in Europa zu verbringen – das war billiger!

Nicht nur die Preise erreichten zeitweise Über-Weltniveau, auch das **Klima** schlug dann und wann in Buenos Aires seine Kapriolen. Wir wissen dank „Pirelli"-Reiseführer, dass es am Río de la Plata schon zweimal schneite (1919 und 1955) und dass der Januar 1957 mit seinen 43 Grad Celsius der heißeste und der Juli 1918 der kälteste Monat (minus 5,5 Grad) gewesen sein muss.

Das klimatisch wechselhafte **Temperament** hat vermutlich auch auf die *porteños* abgefärbt. Sie halten sich für fix und aufgeweckt. Man mag sie auch als agil und bauernschlau bezeichnen. Geistige Beweglichkeit gehört dazu. Zahlreiche argentinische Autoren haben versucht, den Charakterzug der *porteños* zu untersuchen, der zugleich als Nationalcharakter angesehen wird. Wie auch immer, wenn die Autofahrer in Buenos Aires eine gewisse Ungeduld zeigen, wenn sie nervös mit den Finger trommeln, Kette rauchen, hupen und gestikulieren, dann drückt sich darin nicht Unhöflichkeit, sondern Ungeduld, Vitalität, Wachheit aus. Sie hupen so, als wollten sie sagen: „Hey, wach endlich auf da vorne!"

Wie Zille das „Milljö" der Berliner Trinker und Proleten portraitiert, wie die Figur des Clochards, des abgerissenen Lebenskünstlers, für Paris Symbolcharakter annahm, so gibt es auch in Buenos Aires einen **Typ,** der gewissermaßen das menschliche Gesicht der Stadt verkörpert. Es ist der *guarango,* der *compadrito,* der *guapo* – und das bedeutet alles zusammen: Der alleskönnende, nichtsnutzige, bauernschlaue, faule und ewig lästernde Blockwart, der vielleicht Hausmeister ist, aber in der Regel Beschäftigungen nachgeht, die nur er kennt. Der aber auch ein angenehmer Zeitgenosse sein kann, wenn man ihm nicht allzu viel anvertraut. Ein Kumpel kann er sein, aber auch ein nerviger Typ, der in seiner Lederjacke und mit seinem Macho-Gehabe so tut, als wäre er von der Kreisleitung der Partei geschickt. Denn natürlich ist der *compadrito* jemand, der wie ein Schäferhund dafür sorgt, dass seine „Schäfchen" immer schön für die Peronisten stimmen. Er kennt die neuesten Fußballergebnisse, er kennt so gut wie jeden im Viertel, man sieht ihn am Tresen, man sieht ihn im Park, aber man sieht ihn kaum schwitzen.

Aufschneiden kann der *compadrito* auch. Und dieser Charakterzug, aus einer Fliege einen Elefanten zu fantasieren, permanent über den Verhältnissen zu leben und so zu tun als ob, der den *porteños* insgesamt angeheftet wird, wird auch in unzähligen **Witzen über die Argentinier** auf den Arm genommen. In ganz Lateinamerika lästert man über die Argentinier mit ihrem Dünkel, eigentlich Europäer zu sein und auf jeden Fall etwas besseres als „nur" ein Latino.

Argentinier erkennen andere Lateinamerikaner aber auch sofort an ihrer **Aussprache.** *Ché Guevara* bekam seinen Spitznamen „Ché", weil die Argentinier, so wie die Ostwestfalen mit ihrem „Woll?", immer ihr „tsche!" dazwischenwerfen. Zudem kauen die Argentinier ihr Spanisch so weich wie ein hartes Steak und statt kastilischer Worte werfen sie singend napolitanische Brocken hinein.

Leute machen Städte. Buenos Aires ist eine faszinierende Stadt, die aus einer Melange von Menschen besteht, die in ihr wie in einem *locro* schwimmen, dem Eintopf aus der Armenküche. Und es ist wohl die einzige Metropole in Lateinamerika, durch die man noch relativ sicher flanieren kann. *Bruce Chatwin* war noch in den 1980er Jahren begeistert davon, wie relativ **sicher und angenehm** sich Buenos Aires zu Fuß entdecken lässt. Wie *Chatwin* war auch *Jorge Luis Borges,* der argentinische Literaturpapst, ein passionierter Flaneur und wenn ihm auch seine zunehmende Augenkrankheit kaum mehr Schritte ohne Begleitung erlaubten, so liebte er es doch, in seinem Viertel die Runde zu drehen.

Die Stadt kann eine hinreißende Diva sein, dann wieder ist sie ein **hässlicher Moloch,** der alles verschlingt. An ihren Rändern wuchert ein Elendskranz von Bretterbuden und Blechhütten; im *Microcentro,* dem Geschäftszentrum, und gegenüber des Bahnhofs Retiro schieben sich neue Hochhäuser wie Metastasen in das alte Stadtbild. Dröhnende Blechlawinen lassen die Fensterscheiben vibrieren und von den repräsentativen Innenstadtgebäuden bröckelt der Verputz. Aber so wenig wie das Buenos Aires von einst ein Paradies war, so wenig ist das Buenos Aires von heute eine Hölle. Es gibt schattige Alleen in den Vorstädten und

015ar Foto: cg

mitten im Zentrum gepflegte Parkanlagen, elegante Flaniermeilen und breite Prachtstraßen, hohe Häuser mit schmiedeeisernen Balkonen und luxuriöse Stadtpaläste im Stil der Belle Époque, Fassaden nach dem Vorbild der Neo-Renaissance und des Jugendstils und prunkvolle Passagen, welche die Londoner Royal Opera Arcade oder die Mailänder Galeria Vittorio Emanuele imitieren.

Von allen **Boulevards** der Metropole ist die *Avenida 9 de Julio* der gewaltigste. Mit den Ausmaßen einer Startbahn für Jumbojets durchschneidet die schnurgerade Magistrale, eine Kombination aus Grünanlage, zehnspuriger Stadtautobahn und baumbestandenen Seitenstraßen, das Häusergewirr zwischen Retiro-Viertel und *Plaza de la Constitución*. Ihretwegen hat man seinerzeit eine komplette Häuserblockreihe niedergerissen. Entstanden ist eine hundertvierzig Meter breite Bresche, ein Albtraum für Fußgänger, angefüllt mit unzähligen gelbschwarzen Taxis, die Tag und Nacht über den glänzenden Asphalt rollen. Die breiteste Straße der Welt sind die Champs-Élysées Südamerikas zwar nicht geworden, auch wenn die *porteños* dies gerne behaupten. Aber immerhin übertreffen sie ihr Pariser Vorbild an Weite und ihre Seitenstraßen sind sich so fremd, dass sie eigene Namen haben.

An ihrer westlichen Seite, dem *cerrito,* ruht wie ein fremdes Wesen zwischen den Neubauten der Innenstadt das pompöse *Teatro Colón*. Mit dreitausendfünfhundert Plätzen und einer einzigartigen Akustik zählt das monumentale Sandsteingebäude zu den bedeutendsten Opernhäusern der Welt. Seit seiner Eröffnung 1908 ist es den Intendanten des *Colón* stets gelungen, die internationale Elite zu verpflichten. Caruso, Nijinski, Rubinstein und die Callas empfingen hier rauschende Ovationen. Das feudalste der mehr als sechzig **Theater** der Stadt ist auch ein Ort, an dem sich die bessere Gesellschaft selbst feiert. Und einen Abend lang schwelgen die *porteños* dann in der Vorstellung, dass Buenos Aires eben doch eine europäische Metropole sei.

Nur wenige *cuadras* entfernt ragt aus der Mitte der *Avenida 9 de Julio* ein schlanker **Obelisk** an jener Stelle fast siebzig Meter hoch in den Himmel, an der 1812 zum ersten Mal die argentinische Flagge aufgezogen wurde. Das weithin sichtbare **Wahrzeichen,** das 1936 anlässlich der vierhundertsten Wiederkehr der Gründung von Buenos Aires in nur zwei Monaten Bauzeit errichtet worden war, zog von Anfang an den Spott der sonst so patriotisch gestimmten *porteños* auf sich. In ungewohnter

Der Obelisk – das Wahrzeichen von Buenos Aires

Abstürzende Balkone

Durch die Straßen und über die Avenidas von Buenos Aires zu flanieren, kann gefährlich sein. Nicht bloß wegen der Autos und der Taschendiebe – die Gefahr lauert über den Köpfen wie ein Damoklesschwert. Es sind Balkone und Brüstungen, Säulen und Simse, Ornamente und Reklamen, die herunterstürzen könnten.

Rund 100.000 mehrstöckige Mietshäuser und Paläste. labyrinthische Wohnkasernen wie reich verzierte Villen sind bei der Baubehörde registriert. Und all diese Gebäude unterliegen der Bauaufsicht. Ihre Eigentümer sind gehalten, dafür zu sorgen, dass die Häuser sicher sind, sowohl für ihre Bewohner wie für die Passanten, die an ihnen vorübergehen.

Im Jahr 2002 hatte die Bauaufsicht bei 20.000 Bauwerken Mängel festgestellt und per amtlichen Bescheid an die Hauseigentümer deren Beseitigung angemahnt. Aber bloß in 5000 Fällen bequemten sich die Adressaten überhaupt zu reagieren.

Alte Domizile werden natürlich besonders gründlich vom Gebäude-TÜV untersucht. Gemäuer, die mehr als 72 Jahre auf dem Giebel haben, stehen alle vier Jahre zur Inspektion an, bei jüngeren Exemplaren sind die Fristen großzügiger. Doch der ganze Aufwand nützt wenig, wenn die Eigentümer nicht mit der Behörde kooperieren, die ihre Dienste allerdings mit 600 Peso pro Inspektion (rud 200 Euro) in Rechnung stellt. Das ist selbst für Immobilieneigentümer in diesen Jahren der Krise viel Geld – ganz zu schweigen von den Reparaturkosten. Der Bankrott Argentiniens zeigt sich nun also auch im Antlitz der herrschaftlichsten Paläste: Die Fassaden stürzen runter, der Putz bröckelt ab.

Die Wahrscheinlichkeit, von stürzenden Trümmern getroffen zu werden, ist viel geringer als von einem Hund gebissen zu werden, beruhigen sich die *porteños.*

Selbstironie wollten sie in dem Monument sogar eine Anspielung auf den argentinischen *Machismo* erkennen. Der ständigen Witzeleien leid geworden, beschloss drei Jahre darauf dasselbe Komitee, das dem Entwurf einst zugestimmt hatte, mit klarer Mehrheit den Abriss. Das Dekret blieb aber ohne Folgen, und so erhebt sich das beliebteste Postkarten-Motiv von Buenos Aires stramm wie eh und je über das anarchische Häusergewürfel der Innenstadt.

Auf die **Avenida de Mayo,** die Verbindungsachse zwischen Regierungspalast und Parlamentsgebäude, lassen die *porteños* indes nichts kommen. Denn nirgendwo war das Buenos Aires des beginnenden zwanzigsten Jahrhunderts dem Traum vom **„Paris des Südens"** näher als hier. Links und rechts der knapp einen Kilometer langen Avenida, von der man sagte, sie sei von Argentiniern geplant, von Italienern nach französischem Vorbild erbaut und von Spaniern bewohnt worden, reihten sich die Palais des Stadtadels, Luxushotels wie das „Windsor" oder das „Astoria", glitzernde Kinopaläste und die Redaktionshäuser der großen Gazetten aneinander. Gläserne Kuppeln und Statuen aus Bronze krönten

Abstürzende Balkone im Stadtteil La Boca

die Dächer; die Interieurs und Fassaden waren der Neo-Renaissance, dem Jugendstil und dem Art déco nachempfunden. In plüschigen Confiterias wie dem berühmten „Tortoni" verkehrten *Ortega y Gasset, Garcia Lorca* oder *Le Corbusier,* während auf den von Platanen beschatteten Trottoirs *Einstein, Puccini* und *Josephine Baker* flanierten.

La Boca, die Mündung, heißt das wohl älteste Viertel von Buenos Aires. Übrig geblieben davon sind jedoch nur ein paar elende Gassen mit windschiefen Wellblechhäusern, die man für die Touristen an der Gasse *Caminito* grell herausgeputzt hat – Postkartenkitsch, der die harte Wirklichkeit übertüncht. Das Leben der genuesischen Matrosen von La Boca war rau. Sie schufteten einst an den Docks des Riachuelo, dort, wo der Fluss in den Río de la Plata mündet. In den Hafenkaschemmen und Tango-Bordellen verzehrten sie sich nach ihrer Heimat und vergingen vor Begierde nach einer Frau. Heute wuchert jenseits der kleinen touristischen Exklave des *Caminito* allerorten Unkraut und unter der alten Stahlbrücke dümpeln rostende Schiffe auf dem schmutzigen Wasser. Halb nackte Kinder planschen in den Löchern des Kopfsteinpflasters, die der

016ar Foto: cg

Regen in tiefe Pfützen verwandelt hat. Hier und da tastet sich ein Betrunkener an den besprühten Häuserwänden entlang und in einer verlassenen Seitenstraße des Armenviertels mahnt eine Frau der Fremden ohne Begleitung zur Vorsicht vor dunklen Gestalten. *Das* ist *La Boca,* ein Überbleibsel jener Tage, als der Tango das Tanzen lernte.

Dem Río de la Plata und dem Meer dreht Buenos Aires den Rücken zu, so als ob es von seiner Vergangenheit als Hafen nichts mehr wissen will. Jahrzehntelang hatten die alten Kais vor dem prächtigen Zollhaus vor sich hingedämmert, bis unter *Carlos Menem* die Stadt dem Londoner und Hamburger Beispiel darin nacheiferte, das heruntergekommene **Hafenviertel** wieder in Wert zu setzen. Die nutzlosen Speicher vor den verödeten Docks verwandelten sich in den Schickeria-Bezirk *Puerto Madero.* Erhalten geblieben sind die roten Fassaden aus handgebrannten Ziegeln, die Dachluken für die Rollenaufzüge und die eisernen Gitter vor Türen und Fenstern. Doch hinter den Mauerfluchten wuchsen Luxusappartements, Feinschmeckerrestaurants, Museen, Studios und Hörsäle der Universität. Einhundertfünfzigtausend Quadratmeter Nutzfläche wurden so gewonnen und von den Lofts aus blickt man jetzt nicht mehr auf Brackwasser, sondern auf einen schmucken Jachthafen, den Zwillingsbau des neuen Hilton-Hotels und weitere Wohnkomplexe, zwischen denen Boulevards, Parks und sogar ein kleines Naturreservat angelegt werden.

Buenos Aires hat ein hundertsiebzig Hektar großes Altlastenareal in sein attraktivstes Stadtviertel umgewandelt. Dass man bei dieser Aktion malerisches und sogar noch brauchbares Material einbezieht, zeugt vom **Bewahrungswillen der Stadtväter.** So lässt man beispielsweise die Gerippe der riesigen Ladekräne wie prähistorische Giraffen stehen und 2,40 m lange Drehbrücken, welche die Kais miteinander verbinden, wurden wieder in Schwung gebracht. Solche Lösungen müssen nicht erst die Denkmalpfleger ersinnen, denn in einer Stadt, in der es noch Schrankenwärter, Fahrstuhlführer und Karussellbauer gibt, hat die Erhaltung des „Altmodischen" Tradition. Den ganzen früheren Hafenbetrieb mit seinen Dampfschiffen, Baggern und Kohlesäcke schleppenden Lastenträgern hat der La-Boca-Maler *Benito Quinquela Martín* 1938 auf dem achtzehn Meter langen Wandgemälde mit dem Titel „Arbeitstag" festgehalten. Das inzwischen geborgene und restaurierte Werk, das ursprünglich für eine Kantine der Hafenarbeiter geschaffen worden war, gehört mit zur Wiederbelebungskampagne zugunsten der alten Kaianlagen, an denen heute jedes Jahr mehr als hundert Kreuzfahrtschiffe anlegen. Nun soll diese emblematische Wandmalerei die Besucher auf ihren Landgang einstimmen, bei dem sie bereits jetzt zwanzig Millionen Dollar in der Stadt zurückgelassen haben.

Puerto Madero mit dem Segelschulschiff „Libertad"

018ar Foto: cg

DIE KULTURELLE LANDKARTE

Post-Peronismus

Ein „normales Land" solle Argentinien werden, hat **Präsident Nestor Kirchner** versprochen, als er im Mai 2003 sein Amt antrat. Das klingt nicht gerade anspruchsvoll, aber genau davon träumen die Argentinier: Dass endlich mal alles ganz normal ist. Denn normal ist nichts – spätestens seit jenen Dezembertagen 2001, die weltweit Schlagzeilen machten. Das waren Tagen und Wochen, in denen den Argentiniern einfach der Kragen platzte. Ihre Bankkonten konfisziert, die Renten nicht ausgezahlt, die Gehälter gekürzt oder sogar gestrichen, den Job verloren. Und das alles nur, weil die Herren Politiker von den Argentiniern Opfer verlangten für eine **verfahrene Politik,** die sie selber zu verantworten hatten. Sie predigten öffentlich Wasser, tranken aber heimlich den Wein.

„Heute ist unser Land in der Talsohle angelangt", kommentierte der Fernsehmoderator am 19. Dezember 2001 entsetzt die Bilder von den aufgebrachten Argentiniern, die mit Brechstangen bewaffnet Tausende von Geschäften im ganzen Land plünderten. Nach Jahren der Not nun die Tage der **Gesetzlosigkeit:** Oft sah die Polizei hilflos zu, wie ganze Lastzüge auf den Überlandstraßen ausgeräumt wurden. Sieben, acht Stunden dauerten die Plünder-Orgien in Buenos Aires, danach sah es im Zentrum der elegantesten Hauptstadt Südamerikas aus wie nach einem Bürgerkrieg. Was es ja in gewisser Weise auch war: 20 Menschen kamen um, Millionenwerte hatten den Besitzer gewechselt und am Ende türmte der Präsident im Hubschrauber aus seinem Amtssitz, der von wütenden Bürgern umzingelt war. Danach hatte das Land innerhalb von zwei Wochen vier (!) weitere Präsidenten.

Der kurze Sommer der Anarchie ist vergangen, aber nicht vergessen. Die heißen Weihnachtstage sind bis heute **Argentiniens Trauma,** auch wenn sich das Land langsam aus der Krise herauszuarbeiten beginnt. Im Übrigen: Was heißt schon Talsohle? Die Gewaltexzesse setzten sich zwar nicht fort, aber mit Argentinien ging es weiter bergab. Die Wirtschaft schrumpfte in einem Ausmaß, wie es praktisch nur in Kriegszeiten vorkommt. Vor der Krise galt ein gutes Drittel der Argentinier als arm, heute sind es mehr als die Hälfte. Im Herbst 2002 machte das Land des Steaks weltweit Schlagzeilen, weil dort Kinder verhungerten.

Ein irreales Universum außerhalb der wirklichen Welt – das gibt es nicht nur in den Büchern von *Jorge Luis Borges,* des größten Schriftstellers des Landes. Ganz Argentinien scheint immer wieder, den **Bezug zur Normalität** zu verlieren. Nirgendwo in Südamerika waren die Jahre der Militärdiktatur brutaler und blutiger als in Argentinien; 30.000 Menschen kamen um. Das wahnwitzige Abenteuer des Falklandkrieges, die von der Hyperinflation torpedierte Demokratisierung in den Achtzigern und schließlich die trügerische Konsolidierung unter *Carlos Menem* in den Neunzigern, als sich Argentinien an den Wonnen einer grotesk überbewerteten Währung erfreute und die Augen davor verschloss, dass die Produktionsbasis des Landes damit radikal zerstört wurde: Irgendwie ist Argentinien stets zwischen Trauma und Trance hin- und hergetaumelt.

Nun also *Nestor Kirchner:* Persönlich ist der Mann die **Inkarnation der Normalität.** Aber den radikalen Neuanfang personifiziert er nicht. Er schleppt sich ab mit der Hypothek, die ihm Carlos Menem aufgebürdet hat. Der hatte noch kurz vor der entscheidenden Stichwahl im April 2003 das Handtuch geworfen – wieder so eine argentinische Anormalität: Wo sonst auf der Welt würde der Sieger des ersten Wahlgangs vor dem zweiten den Bettel hinschmeißen? Mit diesem Coup schwächte *Menem* noch im Abgang den Rivalen, der nun nicht mit 60 oder 70, sondern nur mit den dürftigen 22 Prozent des ersten Wahlgangs gewählt wurde.

Die Flucht

Es gibt historische Momente, da scheint sich das Geschehen wie im Zeitraffer zu überstürzen. Der 20. Dezember 2001 war so ein Tag in Argentinien. Viele Argentinier wurden noch vor dem Morgengrauen durch Sirenen und Schüsse aus dem Schlaf gerissen. Im Schutz der Nacht hatten in den Vorstädten der Millionenmetropole Buenos Aires und auch auf dem Lande schreiende Menschenhorden Hunderte von Geschäften geplündert, hatten voller Wut die Scheiben der Supermärkte eingeschlagen, um die Waren säckeweise nach Hause zu schleppen oder an Gaffer zu verteilen.

Der Aufruhr, der in den Armenvierteln ausgebrochen war, breitete sich wie ein Feuersturm bis ins Zentrum der argentinischen Hauptstadt aus. Die Polizei, anfangs noch eher zurückhaltend, griff mit Gummiknüppeln, Tränengas und schließlich scharfer Munition ein. Auf der *Plaza de Mayo* unmittelbar vor dem Präsidentenpalast kam es zu Knüppelorgien, wie sie die Nation seit der Militärdiktatur nicht mehr gesehen hatte. Unmittelbar am Obelisk der *Avenida 9 del Julio,* am Kilometer Null der Nation, splitterten Scheiben, fielen Verletzte aufs Pflaster.

Auch in den Salons der „Casa Rosada" sah man die Szenen im Fernseher. Das Spiel war aus, das wusste nun jedes Kind. Am Tag zuvor hatte Wirtschaftsminister *Domingo Cavallo* seine Demission eingereicht und war samt Familie mit unbekanntem Ziel verreist. Der Präsident *Fernando de la Rúa* ließ den Ausnahmezustand ausrufen. In einer kurzen Fernsehansprache versuchte er, die Argentinier zu beruhigen, und stellte eine Regierung der Großen Koalition mit den Peronisten in Aussicht. Die Argentinier antworteten mit Töpfegerassel, Autogehupe und Krawall. Die Peronisten ließen den Präsidenten wissen, für eine Große Koalition sei es nun zu spät.

Fernando de la Rúa blieb kein anderer Ausweg, als seinen Rücktritt zu erklären. Er tat das mit einem kurzen, handschriftlichen Billett, das sogleich dem Kongress zugeleitet wurde. Kurz vor 8 Uhr abends hob ein Hubschrauber von der *Casa Rosada* ab. In ihm saß der glücklose Präsident, der 40 Monate lang versucht hatte, den Schlamassel, den er von seinem Vorgänger *Carlos Menem* übernommen hatte, zu beseitigen – und der doch nur die Nation in eine immer schlimmere Krise geführt hatte.

Der Tag begann mit Sirenen und endete mit Jubel. Kaum hatte sich die Flucht des Präsidenten herumgesprochen, liefen die *porteños* zusammen, um das Ereignis zu feiern. Jeder wusste natürlich, dass die Schadenfreude nur von kurzer Dauer sein würde.

Doch bald zeigte sich, dass diese Rechnung nicht aufgegangen war. Gewiss, *Kirchner* muss sich mit dem **peronistischen Parteiapparat** arrangieren, eine Machtmaschine von bezwingender Gewalt. Im Übrigen steht hinter dem unerfahrenen Provinzpolitiker sein Vorgänger, Ex-Präsident *Eduardo Duhalde,* der sich auf dem Höhepunkt der Krise mit dem drastischen Satz „Die politische Elite Argentiniens ist eine Scheiße, und ich zähle mich dazu!" zitieren ließ. Ohne die Protektion *Duhaldes* wäre der weitgehend unbekannte Kirchner nicht sehr weit gekommen. Aber

019ar Foto: cg

sehr bald zeigte sich auch, dass sich die Argentinier von dem betont zivilen, ja drögen Stil des „Patagoniers“ anstecken ließen. *Nestor Kirchner* machte eben keine Kompromisse mit der alten peronistischen Klasse. Er wechselte die gesamte militärische Spitze aus und die teils noch durch die „infame Epoche“ kompromittierten Generäle schickte er in Pension. Zudem beförderte er den Vorsitzenden des Obersten Gerichtshofes, ein enger Freund *Carlos Menems,* in den Ruhestand und ersetzte ihn durch einen Anwalt, der die Opfer der Militärdiktatur vertreten hatte.

Schließlich wagte *Nestor Kirchner* etwas, was man ihm nie zugetraut hatte. Erst hob er ein Dekret auf, das die Auslieferung von Argentiniern, die wegen Menschenrechtsverletzungen angeklagt wurden, verbot. Und dann brachte er den Kongress dazu, die **Amnestiegesetze aufzuheben,** die bislang die meisten Verantwortlichen der „infamen Epoche“ schützten. *Alfonsin* wie *Menem* hatten vor den Militärs gekuscht und, teils aus Angst vor einem Putsch, teils aus feigem Opportunismus, die dunkle Vergangenheit unter den Teppich gekehrt. Es ist recht wahrscheinlich, dass die im Oktober 2007 frisch gewählte Präsidentin *Cristina Fernández de Kirchner* – die Gattin von *Nestor Kirchner* – die Politik der Rechtsstaatlichkeit und Marktwirtschaft fortsetzt. So haben die *Kirchners* als Post-Peronisten eine Art k. u. k.-Monarchie installiert.

Recht und Unrecht – die Krankheit Korruption

Die Korruption sei mächtiger als jede Kanonenkugel, hat einmal ein weiser mexikanischer General gesagt. Die Korruption sei eine **Krankheit,** die sich wie ein wuchernder Krebs in Staat und Gesellschaft eingenistet habe, beklagt die argentinische Abgeordnete *Elisa Carrió.* Man müsse die gesamte politische Klasse zum Teufel schicken: „Que se vayan todos!" (Heftiges Topfgeklapper auf den Avenidas von Buenos Aires). *„Lilitas"* Forderung ist natürlich demagogisch. Sie wollte schließlich selber in den Regierungspalast einziehen. „Skandale und Skandalenthüllungen sind Brennelemente für das politische Feuer – die Skandale zur Sicherung politischer Herrschaft, die Enthüllungen zur Eroberung derselben. Die Korruption und ihre Aufdeckung stehen in einem symbiotischen Verhältnis zueinander", so der Frankfurter Rechtsphilosoph *Wolf Paul.*

Mangelnder Leistungslohn und Bereitschaft zur Korruption sind ideale Partner. Durch Mehrarbeit kommt kein Beamter, so wenig wie ein Sklave, zu mehr Geld. Also muss der geringstmögliche Arbeitseinsatz den „Mehrwert" erbringen – oder die Korruption. Nur auf einem idealen, transparenten Markt ist Korruption überflüssig.

In Lateinamerika hat es so gut wie nie offene Märkte gegeben. Deshalb ist dort Korruption eine verbreitete **soziale Praxis** und ein alltägliches Element des Wirtschaftslebens. In ihrer klarsten Form ist sie kollektives Handeln, organisiert sich in persönlichen Beziehungsgeflechten, nimmt netzwerkartige Formen an, infiltriert maßgebliche Kreise in Politik, Verwaltung und Staat und manipuliert staatliche Entscheidungen.

Mit der **Demokratisierung** der Staaten wurde auch die Korruption „demokratisiert", also auf weitere Kreise ausgeweitet. Das ist nicht verwunderlich, denn weil Demokratisierung Delegierung von Macht bedeutet und Macht die Fähigkeit ist, den Willen durchzusetzen, ist Korruption immer mit einbezogen – wenn es an wirksamen Kontrollen fehlt.

Gäbe es in Argentinien so wenig Korruption wie in Finnland oder Schweden, wäre das Land heute vermutlich nicht bankrott, behaupten *Daniel Kaufmann* und *Aart Kraay* von der Weltbank. Die beiden Analysten haben 160 Nationen durchgecheckt. „Der Kampf gegen die Korruption ist ein wirksames Instrument, um ökonomisches Wachstum zu ermöglichen." Zwischen **niedrigen sozialen Standards** und der Verbreitung von Korruption bestände ein klarer Zusammenhang.

Die „Mütter der Plaza de Mayo" demonstrieren noch heute regelmäßig mit ihren Kopftüchern als Zeichen des Protestes für Aufklärung der Verbrechen

Karteileichen

Viele Argentinier gehören einer Partei an – sie wissen es nur nicht! Solche Zweifel kann jeder Argentinier heute durch einen Blick ins Internet (www.pjn.gov.ar) beseitigen. Dort, auf einer Seite des Justizministeriums, kann der besorgte Bürger nach Eingabe seiner Wählernummer (der Wahlausweis ist in Argentinien wichtiger als der Personalausweis), seines Namens und seines Wohnsitzes feststellen, ob er nun parteigebunden ist oder nicht. Millionen Argentinier wissen das nämlich nicht. Millionen Argentinier sind Karteileichen, die die Parteibonzen als Stimmvieh führen.

Binnen zweier Wochen nach Einrichtung der Homepage im Herbst 2002 hatten bereits 30.000 Argentinier per Internet Auskunft über ihren politischen Status gesucht. Und nicht wenige mussten zu ihrer Verblüffung feststellen, dass sie als Parteigenossen registriert sind, in der Regel als Parteigenossen der Peronisten. Denn Politik in Argentinien ist ohne die Berufung auf den nationalen Säulenheiligen, den Diktator Oberst *Juan Domingo Perón* (1895–1974), und seine *Evita* nicht zu machen. Die Parteisoldaten des Peronismus leisteten gründliche Arbeit: Acht Millionen Argentinier, also so gut wie jeder fünfte Erwachsene, haben sie angeblich als Parteimitglieder gewonnen. Das mag in den Jahren des demokratischen Aufbruchs nach dem Ende der Militärdiktatur (1976–83) vielleicht sogar gestimmt haben, doch seither ruhen die meisten Namen als Karteileichen in den Archiven. Sie wurden nur hin und wieder zum Leben erweckt, wenn es galt, diese stumme Geisterarmee ins Feld zu schicken, um die Karriere eines Parteibonzen zu beschleunigen. Diese wollen ihre Mitgliederkartei nicht herausrücken. Es könnte dabei nämlich herauskommen, dass es mehr Karteileichen als echte Parteigenossen gibt, dass sich mehr politische Phantome als Peronisten im Lande tummeln.

Wer in Argentinien Geschäfte mit dem Staat machen will, muss viel **Bargeld** mitnehmen. Das musste auch der Blaue Riese *IBM* erfahren. Sein „Jahrhundertprojekt" hätte ihm in Argentinien fast das Genick gebrochen. *IBM* hatte 1992 den Auftrag ergattert, Argentiniens staatliche Banco de la Nación zu sanieren. 250 Millionen Dollar lagen im Jackpot, und *IBM* hatte den heißen Tipp. Das Spiel mit den gezinkten Karten flog aber auf. Die Banco de la Nación war mit ihren 60.000 Angestellten und 524 Filialen im 19. Jahrhundert stehen geblieben. Man schrieb die Schecks noch mit der Hand; Überweisungen brauchten Tage, ja manchmal sogar Wochen. Die Banco de la Nación war auf den Stempelkissen ruhend zum **Entwicklungshindernis der Wirtschaft** geworden. „Superminister" *Domingo Cavallo* forderte ihre Modernisierung. Was nun folgte, liest sich wie ein Krimi. *IBM* konnte den Riesenkontrakt natürlich nicht alleine heben, man musste ein Konsortium mit zwei Dutzend Unterlieferanten und Subkontraktoren zimmern. Schließlich hatte der Blaue Riese bis dahin so gut wie keine Software-Projekte in Argentinien ergattert. Dieser Auftrag würde aber ein ganzes Paket von Hardware, Software und Service umfassen. Unter den Zulieferfirmen befand sich eine mit dem Kürzel *CCR*. Dieses Unternehmen sollte 37 Millionen Dollar bekommen, wofür, blieb unklar – bis der Skandal aufflog. Die 37 Millionen Dollar (immerhin rund 15 Prozent des Gesamtvolumens) sollten nämlich in die Taschen der Bankdirektoren fließen.

In Wahrheit hätte *IBM* den Kontrakt über die Digitalisierung der Banco de la Nación natürlich nicht bekommen, ohne zu schmieren. Um das zu erahnen, brauchte man kein Finanzexperte sein, die Spatzen pfiffen es von den Dächern. Aber etwas lief schief. Ausgerechnet der Überbringer der **Schmiergelder,** der Bruder des Firmenchefs von *CCR,* bekam Skrupel, drohte auszupacken und wurde ermordet. So kam die Blutspur in die Presse. Aber es dauerte ein paar Monate, bis die wichtigsten Fakten ans Licht kamen, *IBM* viele Tränen und Entschädigungen vergoss, die Regionalchefs schasste, die Bankdirektoren gegangen wurden und Präsident *Carlos Menem* seinen „Superminister" *Domingo Cavallo* feuerte, der es gewagt hatte, von „Korruption bis in die höchste Spitze" zu sprechen.

So wie *IBM* erging es auch *Siemens.* Der deutsche Konzern war sicher, ein Milliardengeschäft zu machen, aber stattdessen wurde eine **große Pleite** daraus. Die Münchner sollten alle Argentinier per Computer erfassen und deren Personalausweise drucken. Doch dann wechselte die Regierung und der Vertrag war nur noch Makulatur. *Carlos Menem* hatte die Personalausweise zur Chefsache erklärt. Dafür gab es gute Gründe: Die blutigen Anschläge auf die israelische Botschaft (1992) und das jüdische Gemeindezentrum AMIA (1994), hinter denen vermutlich islamische Terroristen steckten, offenbarten gravierende Mängel bei der **inneren Sicherheit,** der Passkontrolle des Landes und der Fälschungssicherheit von Personalpapieren. Einen argentinischen Personalausweis zu fälschen, war kinderleicht, zumal das Foto leicht auswechselbar war. Und mit einem gefälschten Personalausweis konnte sich jeder auch einen sicheren Pass ergaunern, der beispielsweise dazu berechtigte, ohne Visum in die USA zu reisen.

Innenminister *Carlos Ruckauf* nahm die Sache in die Hand, bewirkte aber nichts, bis sein Nachfolger *Carlos Corach,* einer der engsten Freunde des Präsidenten, 1996 eine Ausschreibung erließ, mit der interessierte Unternehmen aufgefordert wurden, Vorschläge zu unterbreiten, wie die gesamte argentinische Personenerfassung und -kontrolle auf der Basis von **fälschungssicheren Personalpapieren** machbar wäre. Das war ein gigantisches Vorhaben und es ging um viele Millionen Dollar.

Kein Wunder, dass ein heftiges Gerangel um die Gunst der Regierung einsetzte. Unter den Lobbyisten war auch der geheimnisvolle Geschäftsmann *Alfredo Yabrán,* Spross syrischer Einwanderer wie der Präsident selber. *Yabrán* hatte unter nicht ganz geklärten Umständen das Post-Monopol ergattert. Und nun schickte er seinen Freund, den Unternehmer *Francisco Macri,* als Strohmann vor, um den Brocken zu schlucken. Allerdings kam zu diesem Zeitpunkt gerade an die Öffentlichkeit, dass *Yabrán* vermutlich den Mord an dem Reporter *José Luis Cabezas* angestiftet hatte. Der Journalist hatte über die Yabrán-Menem-Connection recherchiert. Unter der Last der Indizienbeweise zog *Yabrán* es vor, **Selbstmord** zu begehen.

Yabrán schied aus, *Siemens* machte weiter. Die Münchner hatten sich als Konsortiumsführer um den Auftrag beworben und machten das Rennen. *Carlos Menem* unterzeichnete im Februar 1998 das entsprechende Dekret (1342/98). Hatte Siemens den **Milliardendeal** gemacht, weil das Unternehmen den besseren Vorschlag unterbreitet oder weil es den besseren Lobbyisten, den peronistischen Ex-Justizminister *Rudolfo Barra,* beschäftigt hatte? Waren „nützliche Ausgaben" für die „Landschaftspflege" geflossen? Warum hatte *Siemens* ein Unternehmen des unterlegenen Konkurrenten *Macri* hernach zu einem stolzen Preis gekauft? War der Fall *Siemens* ein neuer Fall à la *IBM?* Immerhin ging es um ein Auftragsvolumen von rund 1,2 Milliarden Dollar aus der Staatskasse. Jedenfalls sah sich der argentinische Rechnungshof genötigt, gegen den Vertrag mit *Siemens* Einspruch zu erheben. Siebenmal wurde die Unterschrift unter das Abkommen mit *Siemens* verschoben. Erst im Herbst 1998, wenige Monate vor Ablauf der zweiten Amtszeit von *Carlos Menem,* wurde der Vertrag eilig unterschrieben.

Das ganze Projekt war gigantisch – nicht einmal in Deutschland gab es ein solches System, wie es *Siemens* in Argentinien einführen wollte. Und dann war alles auf einmal nur noch Schall und Rauch. Noch bevor *Siemens* in das Geschäft richtig einsteigen konnte, wurde es schon **storniert** und schließlich ganz abgeblasen. Die Regierung hatte 1999 gewechselt, der Peronist *Carlos Menem* wurde von *Fernando de la Rúa* und seiner brüchigen Mitte-Links-Koalition abgelöst. Und der *Siemens*-Chef in Argentinien, *Luis Rudolfo Schirado,* zog sich überraschend auf seine Güter zurück. Den Abwasch mussten seine Nachfolger machen. Denn kaum war *Fernando de la Rúa* in die Casa Rosada eingezogen, legte der Präsident den Vertrag mit *Siemens* auf Eis.

„Ich habe da eine heiße Kartoffel geerbt", wird Präsident *De la Rúa* in der Presse zitiert. *De la Rúa* musste gehen, Nachfolger *Eduardo Duhalde* schob alles auf die lange Bank und der 2003 angetretene *Nestor Kirchner* will mit all dem nichts mehr zu tun haben. *Siemens* verlangt 600 Millionen Dollar Schadensersatz. Der **Rechtsstreit** ist beim Gericht in New York anhängig.

Wer sich mit Hunden einlässt, der kriegt Flöhe. Es gibt nur wenige Spitzenpolitiker und Großunternehmer, die nicht im Verdacht stehen, staatliche Gelder veruntreut zu haben. Wegen Korruption verurteilt werden zwar wenige, aber **plötzlich auftretender Reichtum** ist ein bekanntes Phänomen in besseren Kreisen. Wer Gründe für die Lage des Landes sucht, der muss auf die politische und wirtschaftliche Elite schauen. Viele der großen Unternehmerfamilien Argentiniens haben ihr Vermögen unter dem Schutz hoher Handelsbarrieren oder staatlicher Subventionen gemacht und danach ins Ausland geschafft. Nicht von ungefähr ist die Summe an argentinischem Kapital, das heute auf **Auslandskonten** lagert, fast so hoch wie die Staatsschulden, die sich auf 136 Mrd. US-$ belaufen. Das Wirtschaftsministerium beziffert die Auslandsguthaben der Argentinier auf 106 Mrd. US-$, andere Schätzungen nennen Summen bis zu 150 Mrd. US-$.

In den 1970er-Jahren, als die argentinische Militärregierung die Erdölindustrie und weitere Staatsbetriebe teilweise für private Firmen öffnete, legten viele der heute großen Unternehmerclans den Grundstock für ihre Vermögen. Oder dafür, noch reicher zu werden, als sie es ohnehin schon waren. Der Staat nahm derweil Kredite auf, denn die waren zu jener Zeit billig, und tat so die ersten Schritte in Richtung **Ruin.** Die Regierung machte es den Herren des Kapitals damals verdächtig leicht, Geld zu verdienen. Der Buchautor und politische Beobachter *Horacio Verbitsky* schreibt dazu: „Die Konzessionen, die an einen Großteil der heute dominierenden Unternehmensgruppen vergeben wurden, hatten das politische Ziel, sie wachsen zu lassen."

Menems Regierungszeit war reich an **Skandalen.** Er hatte seine Hände im Spiel, als Waffen aus den argentinischen Arsenalen gegen UN-Beschlüsse an die Krieg führenden Staaten Ecuador und Kroatien geschmuggelt wurden. Oder ein anderer Fall: *Menems* Schwager *Emir Yoma,* eine der Schlüsselfiguren der damaligen Regierung, verlangte vom Vertreter einer US-amerikanischen Kühlhausfirma, der einen Antrag auf Zollnachlässe gestellt hatte, Schmiergeld. Und schönster Nepotismus: Gegen *Menems* Schwägerin *Amira,* ihren Exmann *Ibrahim Al Ibrahim* und den Staatssekretär für Wasserreserven, *Mario Caserta,* ermittelte die spanische Justiz wegen des Verdachts auf Drogenschmuggel.

Während in Argentinien **riesige Summen verschwinden,** taucht andernorts sehr viel Geld wieder auf: *Menem*-Tochter *Zulemita,* deren Geschäfte in Buenos Aires alles andere als gut gehen, gibt beim Shoppen in Miami Zehn-, vielleicht Hunderttausende Dollar für Schmuck, Kleider, Schuhe und Handtaschen aus. Zwischen Boutique, Pool und Fitnessstudio bewegt sie sich in einem BMW im Wert von 74.000 US-$. „Wie erklärt sich so viel Kaufkraft?" fragt sich nicht nur die Zeitschrift „Noticias". Ihr Onkel *Emir Yoma* legte sich, ebenfalls in Miami, ein Appartement im Wert von schätzungsweise zwei Millionen Dollar zu. Unterdessen schulden seine argentinischen Firmen den staatlichen Banken knapp 100 Millionen Dollar. Die Zentralbank befürchtet, dass *Yoma* das Geld nie zurückzahlen wird. Der Staat hat schon einmal seine Schulden übernommen, wie „Noticias" schreibt: Yoma schuldete der Bank der Provinz Buenos Aires „einige Milliarden" Dollar, die später als „nicht eintreibbar" in den Provinzhaushalt eingegliedert wurden. Die Anweisung dazu gab der damalige *Menem*-Amigo und Außenminister *Carlos Ruckauf.*

Die Liste der Korruptionsskandale in Argentinien ist lang. Doch das Problem liegt nicht in spektakulären Einzelfällen. Die Korruption sitzt in den **Strukturen des Staates** und hat die politische Kaste bis in ihren Alltag geprägt. So werden Gesetze oft nur verabschiedet, wenn jemand den Abgeordneten *peaje* (Wegegeld) zahlt. Der zu Weihnachten 2001 vertriebene Ex-Präsident *Fernando de la Rúa* war einst mit dem Versprechen angetreten, der Korruption den Garaus zu machen. Doch seine Regierung brachte eines ihrer ersten wichtigen Vorhaben, die Reform des Arbeitsrechts, mit *peaje* durch den Senat.

Die Politiker begreifen den **Staat als ihr Eigentum** und bedienen sich großzügig. Praktisch jede Institution wurde auf diese Weise beschädigt. Behörden dienen oft als Auffangbecken für arbeitslose Freunde oder Verwandte von Funktionären – eine Art Ersatz-Sozialversicherung in einem Land, in dem es keinen Anspruch auf Arbeitslosengeld gibt. In manchen Provinzen, etwa Chaco, Tucumán oder La Rioja, der Heimat *Carlos Menems,* sind bis zu 70 Prozent der Erwerbstätigen im öffentlichen Dienst beschäftigt. Ein Großteil davon sind *ñoquis:* Angestellte, die kaum arbeiten, aber am Monatsende pünktlich ihren Lohn abholen.

Ausgerechnet die Sozialfonds, die den Ärmsten des Landes zum Lebensnotwendigsten verhelfen sollen, fallen der **Selbstbedienungsmentalität** besonders häufig zum Opfer. Ein bitteres Beispiel ist die Arbeitslosenhilfe, die sogenannten *planes trabajar.* Diese Arbeitsbeschaffungsmaßnahmen werden mit Geldern der Weltbank finanziert: Mit dem Geld der *planes trabajar* soll die Infrastruktur verbessert, Entwässerungskanäle, Straßen oder Speisesäle in Schulen gebaut werden. Hier arbeiten die Erwerbslosen und erhalten als Gegenleistung vom Staat zwischen 100 und 300 Pesos im Monat. Weil das Geld längst nicht für alle Arbeitslosen

020ar Foto: cg

reicht, gibt es Listen, in die sich die Bedürftigen als Bittsteller eintragen können. Wer Geld bekommt und wer nicht, entscheiden die Projektverwalter.

Damit sind dem **Missbrauch** Tür und Tor geöffnet. Bürgermeister beispielsweise belohnen mit *planes trabajar* diejenigen, die ihnen zum Amt verholfen haben, und Arbeitslosenorganisationen jene Aktivisten, die Straßen blockieren oder demonstrieren. Im vergangenen Jahr kamen Unregelmäßigkeiten ans Licht, unter anderem in der Stadtverwaltung von Ituzaingó, Provinz Buenos Aires. Ein Funktionär, der dort die *planes trabajar* koordinierte, berichtete nach seiner Entlassung: „Ungefähr 200 Personen oder mehr bekamen Geld, ohne zu arbeiten. Manche Empfänger existierten nicht. Wir versuchten, sie ausfindig zu machen, aber die Adressen stimmten nicht. Als wir zu den Arbeitsstellen gingen, fanden wir dort nur die Hälfte der angegebenen Leute vor."

Kaum jemand sitzt in Argentinien wegen Korruption im Gefängnis. Ein Grund dafür ist auch, dass **Richter** oft von denjenigen ernannt werden, die sie eigentlich kontrollieren sollen. Bekanntestes Beispiel ist der Oberste Gerichtshof, der von Ex-Präsident *Carlos Menem* von fünf auf neun Richter erweitert wurde. Das Gericht kann jedes beliebige Verfahren an sich ziehen, auch wenn es noch in den unteren Instanzen läuft:

„Per saltum" heißt der juristische Begriff dafür. Mit seiner Hilfe wischte der Gerichtshof etwa Einsprüche des Parlaments gegen einige Privatisierungsverfahren vom Tisch und garantierte so einen reibungslosen Verkauf der Staatsbetriebe. Die Folge solcher Erfahrungen: Nur fünf Prozent der Argentinier suchen bei gravierenden Problemen die Hilfe der Justiz.

Argentinier haben ein eigenes **Rechtsverständnis.** Sie lieben die Gerechtigkeit, aber nicht das Gesetz. Darin besteht für sie ein fundamentaler Unterschied, der auch sprachlich zum Ausdruck kommt: „las leyes" – das sind die Gesetze, aber „el derecho" – das ist das individuelle Gesetz, das ist die tiefere Gerechtigkeit. Und über die kann keiner richten. Es ist so etwas wie die Ehre.

Argentinier verachten gewöhnlich Friedensrichter wie Anwälte, Funktionäre wie Bürokraten. Aber sie ehren die **Gerechtigkeit**. Und der Ort, wo diese herrscht, ist die **Freundschaft,** *la amistad.* In einer echten Freundschaft herrschen Gleichheit und Gerechtigkeit. Die Freundschaft ist wahrscheinlich die tiefste Empfindung, zu denen Argentinier fähig sind. Vater oder Mutter wird man, Geliebte verlässt man. Eine Freundschaft entsteht aus einem individuellen, freiwilligen Entschluss – und sie hält, wenn sie echt ist, für immer.

So wie die Freundschaft rein sein muss, so ist es auch mit der Gerechtigkeit: Sie steht über dem Gesetz. In jedem Argentinier steckt also auch ein „Michael Kohlhaas" (aus Kleists Novelle), der, in seinem Gefühl für Gerechtigkeit tief verletzt, bereit ist, Rechtsbrüche zu vollziehen und bis zum Letzten zu gehen. Die Justiz hat keine wirkliche Autorität, die Vertreter der Justiz werden eher als Feinde gesehen. Und wer von der Justiz verfolgt wird, der wird bei den Argentiniern eher Mitgefühl finden als Verachtung. In ihrem **Gefühl für Gerechtigkeit** lassen sich die Argentinier gerne dazu verleiten, den Underdog und den Gesetzesbrecher zu entschuldigen, die Justizbehörden hingegen zu beschuldigen. Das Gefühl, dass die Justiz immer nur die Hühnerdiebe belangt, die großen Missetäter aber laufen lässt oder sogar mit ihnen paktiert, sitzt tief. Schon im Nationalepos „Martín Fierro" lesen wir: „Das Gesetz ist für alle, aber nur den Armen belangt es." Und im berühmten Tango „Cambalache" heißt es: „Wer nicht klaut, ist ein Idiot – weiter so, immer nur weiter."

So wohnen die Reichen des Landes

021ar Foto: cg

Aristokraten

Englischer Rasen und ein Palast im Tudorstil: So wohnen die ganz **reichen Argentinier.** Die Erinnerungen sind in Goldrahmen gefasst. *Susana Pereda de Basi Tornquist,* vier Kinder, 28 Enkel, 28 Urenkel, 90 Jahre, alter Adel. Urahn *Tornquist* hatte unter General *Rosas* die Prärie-Indianer ausgerottet, die *Peredas* wurden im Getreidehandel groß. Natürlich handelte man auch mit Yerba, mit Mate, besaß Zuckermühlen in Tucuman, Hereford-Herden in der Pampa, Zebus in Santa Fe, Schafe in Patagonien und Land, soweit das Auge reicht. Die Matriarchin kann sich noch genau erinnern: an das französische Kindermädchen, die jährlichen Reisen nach Europa, die langen Sommer auf den *estancias,* den Debütantenball, auf dem sie ihren künftigen Gatten kennen lernte, die Polo-Spiele und Pferderennen. Das liegt ja alles, genau besehen, gar nicht so lange zurück. In nur einem Jahrhundert war aus der Wildnis ein Land geworden, in dem Milch und Honig flossen – jedenfalls für die *Tornquists* und die *Peredas.*

Argentiniens Oberschicht lebt noch heute in ihrer eigenen Welt. Wie in England spielen in Argentinien Klassen- und Standesunterschiede eine große Rolle. Die alten Eliten pflegen ihren eigenen **Lebensstil,** ja man könnte sagen, sie leben auf einem eigenen Stern. Auf den wird kaum ein zufälliger Besucher aufschlagen, es sei denn, er hat geschäftlich und privat mit der Aristokratie zu tun oder das zweifelhafte Glück, in diese Kreise einzuheiraten.

So isoliert die Aristokratie auch leben mag, ihr Stil, ihre Ticks und ihre Sitten werden von den „Neureichen", den Aufsteigern und der oberen Mittelklasse nachgeäfft. Die Sozialspalte in den seriösen Zeitungen, die Berichte in der Klatschpresse und die Talkshows im Fernsehen sind so etwas wie der **imaginäre Hof,** an den alle drängen, die ebenso reich, schick und schön sein wollen wie diejenigen aus den 200 Familien, die dem Vernehmen nach das Land bis heute steuern.

Weil die Aristokratie in Argentinien eine immer noch **bedeutende Rolle** spielt und aus dem Hintergrund heraus die Fäden in Politik, Justiz und Wirtschaft zieht, kommt man nicht drum herum, sich ein wenig intensiver mit dieser Kaste zu beschäftigen. Der argentinische Soziologe *Julio Mafud,* dem wir eine Reihe von hervorragenden Werken über die argentinische Gesellschaft und ihre Neurosen verdanken, bezeichnet die Aristokratie schlicht als „Los dueños del país" – „Die Herren des Landes".

Vor 300 Jahren war Argentinien gerade mal ein grüner Fleck auf der Weltkarte des spanischen Kolonialreiches. Die Krone schickte nicht gerade die hellsten Köpfe in diesen Zipfel des Imperiums. Nicht wenige, die etwas auf dem Kerbholz hatten oder sich einer Strafe entziehen wollten, ließen sich lieber auf das **Abenteuer** ein, Richtung Argentinien einzuschiffen, als den Rest des Lebens im Kerker zu hocken. Ein kleiner Job bei der Kolonialverwaltung konnte die Rettung sein. Jeder, der die Insignien der Macht trug, konnte in Argentinien so etwas wie sein eigener Herr sein. Ein Posten beim Zollamt erwies sich manchmal schon als wahre Goldgrube. Wer ohne die Protektion des Hofes nach Argentinien kam, der musste ganz unten anfangen.

Die „Gründerfamilien" Argentiniens stammen fast ohne Ausnahme aus dem Kreise **mittelloser Abenteurer** oder **Staatsangestellten.** Mit Import und Export, mit Schmuggel und Kleinhandel verdienten sie ihre ersten Pesos. Wenn man sich nicht ungeschickt anstellte, konnte man mit einer *pulperia,* einem simplen Ausschank, sein eingesetztes Kapital in fünf Jahren verdoppeln.

Schon damals waren die Bestimmungen und Gesetze dazu gemacht, Handel und Wandel zu behindern. Für alles und jedes brauchte selbst der Wirt einer Spelunke **Genehmigungen und Lizenzen.** Wer also unter den Kaufleuten seine Fäden zu den Zollinspektoren oder Steuereintreibern spann, am Ende gar die Söhne und Töchter mit königlichen Beamten verbandelte, der hatte den Grundstein für die Zukunft gelegt.

Eine Hand wusch die andere. Eine Importgenehmigung beispielsweise konnte einem Kaufmann sogleich das Fünffache des eingesetzten Kapitals erbringen, wenn er auch einen erheblichen Anteil seines Gewinns an die Beamten, die ihm die Genehmigung erteilt hatten, unter der Hand zurückzahlen musste. Aus der trauten **Symbiose** von korrupten Beamten und cleveren Händlern sprossen die großen Familien, spross die Aristokratie. (Der europäische Adel war ja auch oft nur die Nachkommenschaft von Raubrittern.)

Einem echten Spanier, zumal einem Beamten, galt Arbeit per se als anrüchig und der Handel als unfein. Aber man war eben auf die Pfeffersäcke angewiesen. Aus Geldgier und Opportunismus ließ man denn auch die **Vermählung untereinander** zu. Das Familienkapital, dass sich nun langsam anhäufte, wurde einerseits wieder ins Geschäft gesteckt und andererseits immer mehr dazu verwendet, Ländereien zu kaufen. Wer 1836 einen Peso in Pampa-Land investierte, dessen Erben konnten 1927 dafür 4300 Pesos rausholen. Einen derartigen Immobilien-Boom hat es wohl selten gegeben. Die Erschließung des Hinterlands durch die Eisenbahn und den Ausbau des Straßennetzes machte das möglich.

So kristallisierte sich binnen dreier Generationen die Aristokratie heraus: Am Anfang Schmuggel und Kleinhandel, dann der Aufstieg zum Handelshaus, schließlich der Aufstieg zum Grundherrn und die Zugehörigkeit zum selbst ernannten Landadel. Aus dieser Schicht heraus rekrutierten sich noch bis gestern die **staatstragenden Persönlichkeiten** der Republik: *Alzaga, Martínez de Hoz, Cásares, Unzúe, Pereyra, Alvear, Roca, Pellegrini, Lezica, Saénz Valiente, Riglos, Santamarina, Uriburu, Patron Costa, Braun, Menéndes Behety, Bosch, Guerrico, Cane, Diaz Vélez, Ramos Mejia* und viele mehr. Man läuft diesen Namen buchstäblich über den Weg, denn die Straßennamen im Zentrum von Buenos Aires sind aus dem Adelskalender Argentiniens entnommen.

Argentiniens Aristokratie war Mitte des 19. Jahrhunderts bereits ein geschlossener Klub. Wer da hineinwollte, musste entweder aus europäischem Hochadel stammen oder sehr viel Geld mitbringen. Der erste **edle Zirkel,** der sich bildete, war die *Sociedad Rural,* der Klub der Latifundisten. Nicht wenige der Großgrundbesitzer hatten ja als Offiziere in den Indianer-Kreuzzügen das Land an sich gebracht. Oder glaubten aus Gründen des Prestiges und der finanziellen Sicherheit, sich Ländereien zulegen zu müssen. An eine eigene landwirtschaftliche Existenz wurde erst später gedacht. Man fühlte sich wie ein König auf eigenem Land – und ein solcher exklusiver Zirkel gründete sich denn 1866 mit der *Sociedad Rural* (wörtlich: „Land-Gesellschaft"). Ihr **Vorbild** war der englische Landadel und sie kopierten bis in die kleinsten Details das Leben eines

022ar Foto: cg

englischen Edelmannes. Vielleicht ist das auch ein Grund dafür, dass sich in der *Sociedad Rural* dann auch immer mehr erfolgreiche. ehemals englische Unternehmer einkauften.

Der **Jockey Klub** (gegründet 1882) gab sich fast noch exklusiver. Hier konnte man nur Mitglied werden, wenn alle anderen zustimmten. Die gesellschaftlichen Anlässe des *Jockey Klubs* waren so glänzend wie der Wiener Hofball. Ein nicht ausgesprochener Zweck solcher Feste war es, die Söhne und Töchter der gesellschaftlichen Elite zu verbandeln. Es galt die strengste Etikette. Aber in erster Linie waren der Jockey Klub und der kaum weniger wichtige *Klub del Progreso* Tabakskollegien der Patriarchen, die dort höchste ökonomische Entscheidungen auskungelten. Es gibt so gut wie keinen Präsidenten oder Minister, der nicht bis zur Perón-Epoche in diesen drei Klubs zu Hause war.

Wenn man sich nicht im Klub traf, dann auf den Soireen in den Herrenhäusern, beim Polo oder aber im *Teatro Colón*. Da konnte man sich mit allem **Prunk und Pomp** zeigen. Man hatte beim Bau des Theaters nicht mit den teuersten – natürlich importierten – Materialien geknausert und am 26. April 1908 wurde das Haus mit der Oper „Aida" (von *Giuseppe Verdi*) offiziell eröffnet. Allerdings ging dem ein karnevalsker Maskenball voraus, was vielleicht symptomatisch ist. Denn so sehr die besseren Kreise die Zurschaustellung ihres Reichtums genossen, so wenig hielten sie von wahrer Kunst. Eine eheliche Verbindung mit diesem „fahrenden Volk" galt als Mesalliance, selbst wenn es sich um einen *Caruso* gehandelt hätte (der natürlich auch im Colón sang).

So wie die Aristokratie ihre Klubs, ihr Theater und eigentlich das ganze Land als ihr Eigentum zu betrachten pflegte, so gründete sie auch ihre eigene Bank (Banco de la Nación), um sich geschäftlich von der Masse abzusetzen. Auch in religiöser Hinsicht pflegte man durch eigene Hauskapellen und persönliche geistliche Berater **Exklusivität.** Als im Oktober 1934 der Eucharistische Weltkongress in Buenos Aires tagte, ließen es sich die Damen der Gesellschaft nicht nehmen, die angereisten Kardinäle und Bischöfe (darunter auch der künftige Papst Pius XII., Kardinal Pacelli) in ihren Stadtpalais zu beherbergen – mit allem Pomp und aller Gloria einschließlich der Bettwäsche in den Farben des Vatikans. Die Damen bekamen als Dank den Segen Gottes und die höchsten Auszeichnungen („Marquesas pontificas"), über die Rom verfügte.

Das Leben im Schoße aristokratischer Familien, die damals noch kinderreich waren, verlief – abgeschottet von der Wirklichkeit draußen – in einem **kleinen gesellschaftlichen Kosmos** mit vielen Regeln und viel Personal. Der Patriarch trat, so lange die Kinder noch klein waren, selten und als unnahbarer Gott in Erscheinung. Die Dame des Hauses eilte von einem Tee zum anderen, wenn sie nicht im Kindbett lag: Sie hatte sich nicht nur nach außen hin zu repräsentieren, sondern vor allem Nachkommen zu gebären. Die Kinder hatten in ihren ersten Lebensjahren viel mehr mit Ammen, Kindermädchen (oftmals deutsche „Fräuleins"), Privatlehrern, Köchen und Kammerzofen, Dienern und Kutschern, Gärtnern und Wäscherinnen zu tun als mit ihren eigenen Eltern.

Die **Erziehung** war streng, aber nicht darauf gerichtet, selber etwas in die Hand zu nehmen oder gar zu arbeiten. Dafür hatte man seine Angestellten. Mit den Kindern der Hausangestellten, die es ja auch noch gab, spielte man „Reiter": Der Sohn des Hauses ließ sich vom gleichaltrigen Jungen des Kammerdieners durch den Garten tragen. Oben und unten – das waren die einzigen Kategorien, die es im sozialen Leben gab.

Die Damen des Hauses verblühten (wenn sie denn überhaupt schön waren) schnell. Die vielen jungen, hübschen **Dienstmädchen** im Hause waren eine latente erotische Gefahr für die heranwachsenden Söhne, aber auch für die Göttergatten. Wenn sich der Patriarch in eines dieser jungen Mädchen verguckte, blieb der Dame des Hauses nur stummer Protest und schnelle Entlassung als Rache, sobald der Herr Gemahl auf

Reisen war. So gut wie alle Damen der guten Gesellschaft entwickelten im Laufe des Lebens Krankheitsbilder der Hysterie, der Kälte und der Rachsucht. Sie waren nur noch alte Vetteln, welche die soziale Schminke zusammenhielt.

Wir verdanken der argentinischen Autorin *Victoria Ocampo* intimste Genrebilder aus der „Puppenstube" der Aristokratie, zu der sie gehörte und an der sie litt. Sie hat versucht, ihr Leben lang aus dem **goldenen Käfig** zu entfliehen, und so wie ihr ging es vielen Nachkommen des argentinischen Landadels. Die jungen Herren hatten es leichter: Sie durften sich als reiche Playboys auf ausgedehneten Reisen nach Europa „die Hörner abstoßen".

Mag der englische Landadel das Vorbild gewesen sein – aber **Paris war das Mekka** der argentinischen Aristokraten. Einmal im Jahr zog der ganze Hofstaat in die besten Hotels der französischen Hauptstadt und genoss aus vollen Zügen die Frivolität, das Laster und den Luxus der Dritten Republik, der „Belle Époque". Das „Moulin Rouge", die Welt, die Toulouse-Lautrec portraitiert hat, die Oper, die Maison Dorée, die Boulevards, die Bälle, kurz: der ganze verschwenderische Luxus, den Paris bot, finanzierten nicht zum geringen Teil die Viehbarone und die Fleischmagnaten aus Argentinien. Daheim blieben die zahlreichen alten Jungfern der Familie, die keinen standesgemäßen Mann abbekommen hatten, ihre sexuellen Frustrationen aber durch Strenge und bedingungslose Hingabe an die Traditionen des Hauses verdrängten.

Überhaupt: die **Sexualität.** Sie galt natürlich als schmutzig. Schon die Liebe war suspekt. Für das Frauenbild der Epoche galt in diesen Kreisen nur die Alternative: Heilige oder Hure. Und was die Erziehung der Mädchen betraf, so achteten die Ammen, Fräuleins und alten Jungfern strengstens darauf, dass die lieben Kleinen nicht in Berührung mit Schmutz und der rohen Natur kamen. *Victoria Ocampo* erzählt in ihrer Autobiografie, wie ihre Mutter selbst noch im feinsten Pariser Hotel von den eigenen Dienstmädchen alle Zimmer desinfizieren ließ.

Die argentinische Oberklasse würfelte die Staatsposten und -pfründe unter sich aus. Da hatte keiner hineinzureden, der nicht einen „Namen" besaß. Erst Oberst *Perón* und sein „Flittchen" *Evita* sprengten das **politische Machtmonopol** der Aristokratie. Man mag den Peronismus definieren wie man will, doch mit ihm und seinem Regime wurde der politische Raum in Argentinien erstmals über die engen Grenzen der Aristokratie erweitert. Das haben ihm die „großen Familien" nie verziehen.

Aber die ökonomische Macht Argentiniens liegt zum großen Teil immer noch in den Händen der Namen, nach denen die Avenidas benannt wurden – sofern wirtschaftliche Entscheidungen überhaupt noch in Argentinien getroffen werden. Denn nach dem Zusammenbruch der peronistischen Staatswirtschaft war Argentinien reif für die Übernahme seiner Aktien durch **ausländische Konzerne.** Und es waren gerade die Advokaten, Richter und Diplomaten der alten Elite, die das ermöglichten. „Vendepatrias" – „Ausverkäufer der Nation" lautet das Schimpfwort gegen politische Gegner noch heute. Die argentinische Aristokratie verbündete sich jedenfalls lieber mit dem ausländischen Kapital, als einen Teil ihrer Macht an die Mittelklasse abzugeben.

Bis zu *Perón* waren ausnahmslos alle obersten **Posten in der Justiz** mit Vertretern der Aristokratie besetzt. **Botschafterposten** (natürlich am liebsten in Europa) galten als sicherer Hort der Bereicherung, wenn man sonst in der Politik nicht vorankam. Und ein Botschafter konnte einen ganzen Kranz von Freunden mitnehmen, um „Argentinien" zu repräsentieren, selbst wenn er kaum über Buenos Aires und den eigenen Landsitz hinaus gekommen war. Dieser Landsitz, standesgemäß im Tudor-Stil oder als normannisches Schloss erbaut, blieb auch dann noch ein Refugium der Familie, wenn längst die Söhne und Enkel ihren Geschäften in der Hauptstadt nachgingen und sich mit sporadischen Besuchen daheim auf dem Lande begnügten.

Eine Landaristokratie, die keine Verbindungen in die Metropole Buenos Aires pflegt, verfügt über keinen wirklichen Status und politischen Einfluss. In Buenos Aires fallen die Entscheidungen: Dort wird das Geld verteilt und die Posten „vererbt". Ein halbes Dutzend Präsidenten schaffte es, den jeweiligen Nachfolger selber zu bestimmen, Wahlen hin oder her. **Wahlen** waren lästig, aber eben nicht zu vermeiden. Um so wichtiger war es, dass die Richtigen gewählt wurden, und deshalb traf man sich immer wieder in den Klubs und Zirkeln zur Kandidatenauslese.

Wenn aber die Wahlen einmal anders ausfielen, dann, so schreibt *Julio Mafud,* schreckte die Aristokratie nicht davor zurück, zu anderen Mitteln zu greifen. So geschah es in den Jahren 1930, 1945 und 1976: Jedes Mal schafften es die konservativen Kreise um die *Sociedad Rural* und die anderen Klubs der Aristokratie, liberale, linke oder populistische Regime teils mit Hilfe der Militärs zu beseitigen – bis die Militärs selber die Regierung übernahmen.

Als gesellschaftliche Kraft tritt die alte Aristokratie Argentiniens heute kaum noch in Erscheinung. Sie hat die **Diskretion** entdeckt. Doch ihr einstiger pompöser Stil hat Schule gemacht. Davon lebt die Klatschpresse. Wer aber in Argentinien heute das große Rad drehen will, wer Millionengeschäfte beabsichtigt, wer als ausländischer Investor kommt, der wird sehr schnell auf die gleichen Namen stoßen, die auf den Straßenschildern von Buenos Aires prangen.

023ar Foto: cg

Welt der Arbeit

Kein anderes Land in Lateinamerika konnte Argentinien bis in die 1950er Jahre das Wasser reichen: 13 Millionen gut ausgebildeter Arbeiter, ein ausgefeiltes System sozialer Sicherheit, europäischer Bildungsstandard, kaum Analphabeten. Nur in Argentinien gab es eine **breite Mittelklasse** gut besoldeter Staatsdiener und erfolgreicher Freiberufler. Lediglich das kleine Uruguay nebenan, jenseits des Río de la Plata, das auch die „Schweiz Südamerikas" genannt wird, konnte da in etwa mithalten. Auf das wesentlich größere Brasilien schaute man mitleidig herab – das waren doch nur *monos* (Affen), die gerade von den Bäumen herabgestiegen waren. Und die Chilenen jenseits der Anden galten als arme Vettern und kleine Sonderlinge.

Argentinien hatte gewissermaßen (zum letzten Mal) von der Misere anderswo profitiert. Der Zweite Weltkrieg hatte Europa zerstört und eine letzte **europäische Einwanderungswelle** schwappte nach Argentinien hinüber. Der Populist *Perón* wollte dieses Potenzial an gut ausgebildeten Fachleuten nutzen. Selbst hohe Nazis waren willkommen. Mit staatlicher Hilfe fälschte man deren Papiere und gab ihnen Jobs in der Provinz, wo es nicht so auffiel. Arbeit war ja für alle da.

Wie anders sah das Bild fünfzig Jahre später zur Jahreswende 2001 aus! Da zogen sich die Schlangen der Argentinier, die vor den europäischen Botschaften ausharrten, um ein Visum zu ergattern, um mehrere Häuserblocks. Viele tausend arbeitslose Männer und Frauen mit besten beruflichen Qualifikationen entsannen sich ihrer spanischen, italienischen, deutschen oder jüdischen Herkunft und hofften darauf, im Land ihrer Väter wieder aufgenommen zu werden. **Exodus** aus Argentinien, dem Einwandererland! Der schwarze Humor hatte es schon immer gewusst: Wie lautet der Ausweg aus der Krise? Ezeiza (der internationale Flughafen)!

Der Bankrott des Landes war die Quittung für ein halbes Jahrhundert Illusion und Misswirtschaft. Die **Illusion** der Argentinier war der Glaube, man habe den Aufstieg in die Oberliga der reichen Nationen geschafft, und die Misswirtschaft bestand darin, den Kuchen zu verteilen, statt ihn zu vergrößern.

Über den Verhältnissen zu leben, war bis in die 1930er Jahre das Privileg der 200 Familien, die in und über Argentinien herrschten. Was die Aristokratie verprasste, hatte das Heer der Proletarier und Landarbeiter erwirtschaftet. Soziale Verbesserungen und eine bessere Bildung mussten dem konservativen Establishment buchstäblich abgetrotzt werden. Unter der glänzenden Oberfläche einer Belle Époque brodelte es gefährlich. **Anarchisten und Syndikalisten,** meist italienischer Herkunft, agitierten in den Slums und Arbeiterquartieren von Buenos Aires. 1919 beispielsweise verzeichnet die Hauptstadt so gut wie jeden Tag irgendwo einen Streik.

Dass die Herrschaft von *estancieros* und Advokaten eine Ende haben musste, wurde in den ersten Jahren des 20. Jahrhunderts immer deutlicher. Nicht nur die Arbeiter drangen darauf, auch die städtische Intelligenz und das wachsende Bürgertum war mit der Politik nach Gutsherrenart immer unzufriedener. Bei den Wahlen von 1916 (weder Stimmrecht für Frauen noch für Arbeiter) siegte *Hipolito Yrigoyen,* der Kandidat der Liberalen (Radikale Partei). Damit zerbrach das Machtkartell der Konservativen – vorerst. Auf *Yrigoyen* folgte *Marcelo Torcuato de Alvear,* auf diesen wieder *Yirigoyen.* Aber mit Hilfe der Militärs beseitigten die Konservativen 1930 die kurze **Periode des demokratischen und sozialen Aufbruchs,** die mit ihren inneren turbulenten Verwerfungen ein wenig an die deutsche Weimarer Republik erinnert.

Landarbeiter bei der Weinlese

Hunger

Argentinien könnte die halbe Welt mit Getreide und Fleisch ernähren. Doch in den eigenen Grenzen sterben Kinder den Hungertod. Die Nation ist geschockt – und die Bürger erzürnt, wie die Regierenden selbst aus dem Hunger noch Kapital schlagen wollen.

Die amerikanische Presse hatte sich Mitte 2002 im trocknen Norden Argentiniens umgesehen und aus Tucumán über ausgemergelte Kinder berichtet, über Hunger und Säuglinge, die an Unterernährung sterben wie in Afrika. Die Reportagen lösten eine Spendenflut in Amerika aus. 18 Tonnen Kleidung, Decken und Konserven kamen binnen weniger Stunden zusammen, die sogleich auf dem Seeweg nach Argentinien gebracht wurden. Zwei Monate später, am 5. Oktober, landete die Spendenfracht im Hafen von Buenos Aires und blieb erst mal im Hafenschuppen liegen. Als sich Mitte November die Washington Post beim Zollchef *Mario das Neves* nach dem Verbleib der Hilfslieferung erkundigte, reagierte der wie von der Tarantel gebissen: Das Zeug der Gringos sei verdreckt und unbrauchbar, und überhaupt: Die Yanquis seien an allem Schuld, auch am Hunger in Argentinien, und man verbitte sich solche Geschenke in Zukunft.

Das war natürlich starker Tobak. Denn nun kam auch heraus, dass der Zollchef keinen Finger krumm gemacht hatte, die milde Gabe aus dem Norden auch nur anzurühren. Dass die Spendenfracht dazu gedacht war, den Hungeropfern zu helfen, interessierte ihn nicht. Es gab ja nichts zu verzollen (und damit nichts abzuzweigen). Aber kaum war der Skandal in den Schlagzeilen, da machten sich eifrige Helfer daran, die Care-Pakete zu öffnen und zu sortieren. Und auf einmal waren 86 Prozent der Güter brauchbar und der Rest kam auf den Müll. Vielleicht sind einige der Spenden ja inzwischen in Tucumán angekommen, obgleich nun gerade dort im hohen Norden der Republik der Staat in den Klauen einer kleptomanischen Kaste ruht. Wo in Argentinien Hunger herrscht, blüht auch die Korruption und Tucumán ist dafür ein Paradebeispiel.

Einst hatten die Zuckerrohrplantagen und die Textilindustrie der Region zu Wohlstand verholfen. Davon künden noch das Opernhaus in Tucumán, die längst geschlossenen Bahnhöfe und die Ruine der Brauerei. Seit dem Ende der peronistischen Scheinblüte versank Tucumán in den Niedergang. Halbseidene Provinzfürsten hatten das letzte Wort, erst der Gouverneur und Ex-General *Antonio Bussi*, ein Folterknecht der Militärdiktatur, und dann der skrupellose Provinzfürst *Julio Miranda*.

Julio Miranda vergießt Krokodilstränen darüber, dass nun ausgerechnet aus seiner Provinz so gut wie jeden Tag die Meldungen und Fotos von ausgemergelten Babies in die Presse kommen. „Früher war ich glücklich", sinniert der füllige Gouverneur, den sie daheim nur *botella* (Flasche) nennen. Der ganze Jammer komme durch die Presse. Die Kinder, nun ja, unterernährte Babies habe es ja immer gegeben.

Und das stimmt sogar. Denn nicht erst seit gestern haben nationale wie internationale Organisationen darauf hingewiesen, dass in Argentinien am Rande der Gesellschaft Hunger herrscht. Dieser Rand ist in den letzten Jahren der Krise so angeschwollen, dass er längst nicht mehr nur als Rand aufgefasst werden kann. Sieben von zehn Kindern wachsen in Armut heran, vier von zehn sogar ohne ausreichende Grundernährung. Die Hälfte der 37 Millionen Argentinier muss als verarmt eingestuft werden.

Indianische Kinder wachsen meist in bescheidenen Verhältnissen auf

Dass die alte Oligarchie die Militärs zur Hilfe rief, um die „alte Ordnung" wieder herzustellen, sollte sich rächen. Denn ausgerechnet aus den Kreisen des Militärs rekrutierten sich Offiziere wie *Juan Domingo Perón,* die sich nicht weiter vor den Karren der Großgrundbesitzer spannen lassen wollten, sondern von einem eigenen dritten, nationalsozialistischen Weg träumten. *Benito Mussolini* in Italien, der einstige Linke, der sich nun stolz als „Faschist", also als eine Art Cäsar, bezeichnete, war das **Vorbild.** Jubelten dem Duce, dem Führer, nicht auch die Massen zu?

Der **Peronismus,** der nun in Argentinien die politische Bühne betreten sollte, war historisch gesehen eine Kopie des italienischen Faschismus. Als aber *Perón* ans Ruder kam, hatten nicht zuletzt italienische Arbeiter *Mussolini* längst aufgeknüpft. Nach den Worten von *Karl Marx* kann eine Geschichte, die sich wiederholt, nur komisch oder tragisch enden. So kam es auch in Argentinien.

Doch mit *Perón* trat vorerst etwas geradezu Revolutionäres ein: Zum ersten Mal gingen die Massen auf die Straße, zum ersten Mal wurde Politik in deren Namen gemacht und zum ersten Mal wurde der Staat von oben nach unten gekehrt. Die **„soziale Frage"** war nun nicht mehr ein

Thema bloß akademischen Interesses, sondern zur zentralen Frage der Gesellschaft geworden. Arbeitsgesetze, Gewerkschaften, soziale Errungenschaften wie staatliche Renten- und Krankenversicherung sprossen wie Pilze aus dem Boden. Die Nation befand sich im Aufbruch, die alten Eliten in der inneren Emigration.

Die **Gewerkschaften** waren neben der „Partei für Gerechtigkeit" (so nennt sich die peronistische Bewegung bis heute) die organisatorischen Treibriemen dieses Umbaus. Fast die Hälfte aller Arbeiter war in den 1950er Jahren in Gewerkschaften organisiert. Die Syndikate entfalteten ein kaum noch überschaubares Eigenleben, sie wurden zum Staat im Staate. Ihnen gehörten nicht nur Ferienheime und Schulungszentren, sie eroberten alle soziale Institutionen bis hin zu Entbindungskliniken, Pensionskassen und Altersheimen. Selbst die Größe der Kränze für ein ordentliches Proletariergrab wurde tariflich geregelt.

Die Syndikate waren eine **Spielwiese für Demagogen.** Ihre innere Verfassung beruhte auf dem Mandat von Vollversammlungen und Streikkomitees – aber eine wirklich funktionierende Demokratie war das nicht. Wer die besten Reden schwang, wer sich besonders kämpferisch gab, der führte die Masse an. Die Gewerkschaftsbosse glaubten, ihnen gehöre nicht nur die Straße, ihnen gehöre so gut wie alles.

In Europa setzte nach dem Koreakrieg der Boom ein, das „Wirtschaftswunder" der Marktwirtschaft kam herauf. In Argentinien war es genau umgekehrt. Wer Geld und Kapital in Argentinien besaß, der zog es nun schleunigst ab. Wer wollte schon in einem Land investieren, das ganz offenbar zum **Spielball wildgewordener Volksbeglücker** geworden war? *Perón* warf die ausländischen Kapitalisten aus dem Land heraus und kaufte den Engländern die Eisenbahnunternehmen, Stahl- und E-Werke ab. Diese waren schon ziemlich veraltet und sanierungsbedürftig, und dafür war der Preis zu hoch. Doch das störte damals niemanden: Argentinien war nun wieder Herr im eigenen Haus, und die Fabriken, Bahnhöfe und Schienen kamen in staatliche Hand. Doch das Geld wurde knapp, um all die Heere staatlicher Angestellten zu bezahlen, die nun auf bessere Besoldung, kürzere Arbeitszeiten und Arbeiterwohnheime pochten. Schuld waren natürlich wieder „die anderen", die kapitalistischen Verschwörer im eigenen Land ebenso wie jene an der Wall Street.

Eine Zeit lang konnte Argentinien noch vom Ersparten leben, aber dann zeigte sich immer deutlicher, dass es so nicht weitergehen konnte. Wieder gab es einen **Militärputsch.** Diesmal aber in die andere, die rechte Richtung. Aber auch die Generäle verstanden nichts von Wirtschaft. Letztlich hat ihr größenwahnsinniger Krieg um die Malvinas/Falklands nicht nur einige tausend Soldaten das Leben gekostet, sondern auch die letzten Devisenreserven vernichtet. Die Demokratie musste von 1983 an den Scherbenhaufen aufkehren und die Zeche bezahlen.

Geblieben aus der Zeit *Peróns* ist bis heute der **zähe Glaube,** es sei den Arbeitern in Argentinien damals so gut gegangen wie nie zuvor und niemals danach. Selbst die Sängerin *Mercedes Souza,* nun wirklich keine Peronistin, erinnert sich mit Tränen daran, wie ihre Eltern endlich in Tucumán ein Häuschen beziehen konnten, das aus dem Fonds der *Obras Sociales,* des staatlichen Aufbauprogramms, finanziert worden war.

Mit Sicherheit ging es den *decamisados,* den „Hemdlosen", Briefträgern und Eisenbahnern unter *Perón* besser als je zuvor. Der neuen politischen Klasse, also dem Hofstaat um *Perón,* ging es natürlich noch weit besser. Bloß entpuppte sich die „Blüte" als Luftblase. Denn die Produktivität der Volkswirtschaft ging in einen Sturzflug über und staatliche Investitionsprogramme versickerten im **Sumpf der Korruption.** Nicht mehr Fachwissen und Qualifikation zählten, sondern Gefolgschaft.

Die Gewerkschaften überlebten *Perón* und führten noch bis in die 1980er Jahre ein Eigenleben, bis ausgerechnet der *Perón*-Verehrer und *Evita*-Fan *Carlos Menem* mit einer Politik, die sich die „Eiserne Lady" *Margret Thatcher* aus London zum Vorbild nahm, den Filz der Syndikate zerriss. Statt aber nun wirklich die von ihm selber propagierte „Revolution der Produktivität" voranzutreiben, verteilte er das staatliche Tafelsilber (die privatisierten Staatsbetriebe) an seine besten *amigos. Menems* Beitrag zur Wirtschaftsgeschichte besteht darin, den Staatsfilz durch privaten **Nepotismus** zu ersetzen.

Argentiniens Arbeiter und Mittelklasse mussten für die fünfzigjährige Misswirtschaft die Zeche bezahlen – die alte Aristokratie hingegen hatte ihr Vermögen längst in Sicherheit gebracht. Die Welt der Arbeit wurde zur Hölle der **Arbeitslosigkeit.** So gut wie jeder Zweite hat keine regelmäßige Arbeit. Argentiniens Industriepark verkam zu einem Schrottplatz. Die einst verspotteten Nachbarn, die „Sonderlinge" in Chile und die „Affen" in Brasilien, haben Argentinien längst abgehängt. Industrielle wie die Herren von „Bunge & Born" haben ihr Kapital und ihre Anlagen längst nach Brasilien verlegt; die argentinische Autoindustrie ist nur noch ein kleiner Zulieferer für die brasilianische Produktion. Ärzte und Architekten sehen zu, in Chile ihr Glück zu machen, wenn sie denn nicht davon träumen, nach Europa auszuwandern.

So tief gefallen ist wahrscheinlich noch keine Nation wie ausgerechnet das stolze Argentinien. Gleichwohl gibt es **Hoffnung.** Denn argentinische Arbeitnehmer verfügen auch heute noch über einen besseren Ausbildungsstandard und eine höhere Allgemeinbildung als ihre Kollegen in den Nachbarländern. Wenn sich künftig die Politik darauf beschränkt, einen soliden finanziellen Rahmen für die Volkswirtschaft zu schaffen und nicht mehr in dem bisher praktizierten starken Maße in die Welt der Arbeit hineinregiert, wenn also Arbeit und Kapital nicht mehr bürokratisch behindert werden, dann könnten die Selbstheilungskräfte der Wirtschaft sich neu entfalten. Erste Hoffnungsschimmer zeichnen sich ab.

Die Kultur der Vergeudung ist erst einmal zu Ende – weil alles vergeudet wurde. Argentinien ist kein hoffnungsloser Fall. Es war aber zu lange ein Fall falscher Hoffnung.

Wirtschaftsprofil

Die Wirtschaft Argentiniens basiert vorwiegend auf der Herstellung von landwirtschaftlichen Erzeugnissen und der Viehzucht, aber auch die weiterverarbeitende Industrie und der Bergbau wiesen in den letzten Jahrzehnten ein deutliches Wachstum auf. Argentinien ist einer der größten **Rinder- und Getreideproduzenten,** wobei die führenden Industrieunternehmen in der Fleischverpackung und der Getreideverarbeitung tätig sind.

In der Regel produziert Argentinien genügend landwirtschaftliche Erzeugnisse, um den eigenen Bedarf zu decken und Überschüsse ins Ausland zu exportieren. Von der rund 280 Millionen Hektar großen **Landfläche Argentiniens** wird etwas mehr als die Hälfte als Weide für Rinder- und Schafherden genutzt, weniger als 22 Prozent sind Waldland, und ca. vier Prozent werden zum Anbau von Feldfrüchten verwendet. Etwa 13 Prozent der Landfläche sind für den Ackerbau nutzbar. Die Pampa ist die wichtigste landwirtschaftliche Zone zum Anbau von Weizen und anderen Getreidesorten. Die bewässerten Gebiete des Río Negro, der in nördlicher Richtung durch die Provinzen Mendoza, San Juan, Tucumán und Jujuy verläuft, sind ergiebige Anbauflächen für Früchte, Zuckerrohr und Weintrauben. Von großer Bedeutung ist die Aufzucht von Rindern und deren Schlachtung, ebenso die Kühlung und Verarbeitung von Fleisch- und Tierprodukten. Argentinische Pferde genießen einen hohen internationalen Stellenwert als Renn- und Polopferde.

Trotz eines Rückgangs in den achtziger Jahren spielt der **Rinderexport** noch immer eine bedeutende Rolle im Außenhandel. Die Einnahmen durch Fleisch, Häute und Felle betragen rund zehn Prozent der gesam-

Viehauktion in Mataderos, Buenos Aires

025ar Foto: cg

ten Exporteinnahmen. Argentinien war lange Zeit die führende Nation beim Export von rohem Fleisch, Fleischextrakt und konserviertem Fleisch. Riesige Mengen an Wolle werden produziert und exportiert. Etwa 40 Prozent aller argentinischen Schafe werden in Patagonien gezüchtet.

Weizen ist das wichtigste Getreide. Argentinien gehört zu den **Hauptproduzenten von Weizen** in der Welt. Anfang der neunziger Jahre betrug die jährliche Weizenmenge etwa 9,4 Millionen Tonnen. Weitere wichtige Produkte sind Mais, Hafer und Gerste.

Weitere bedeutende Feldfrüchte sind Sojabohnen, Mohrenhirse, Leinsamen, Sonnenblumensamen, Zuckerrohr, Baumwolle, Kartoffeln, Reis, Mate, Erdnüsse sowie beträchtliche Mengen von Trauben, Orangen und Grapefruit.

Der größte Teil des Waldlandes, das insgesamt relativ wenig genutzt wird, befindet sich vorwiegend in den Bergregionen. Zu den kommerziell verwerteten Hölzern gehören Ulme und Weide für die Zellstoffproduktion, weißer Quebracho als Brennstoff, roter Quebracho als Gerbstoff und Zeder zur Möbelherstellung. Weitere **ökonomisch bedeutende Hölzer** sind Eiche, Araukarie (Zimmertanne), Kiefer und Zypresse.

Argentiniens **Fischerei** besitzt ein hohes Produktionspotenzial, das aber noch nicht voll ausgeschöpft ist.

„Doing Business“

Wer in Argentinien Geschäfte abschließen will, muss die Etikette beachten. Das äußere Auftreten ist wichtig. Selbstverständlich tritt der Businessman im dunklen Anzug, die Businesslady in einem entsprechenden Kostüm auf. Gedeckte Töne sind selbstverständlich. „Ein italienischer Anzug, ein Kostüm von Versace oder Ferragamo kann Wunder wirken“, so die Beobachtung eines Geschäftsmannes.

Geschäftsfrauen, das sei vorausgeschickt, trifft man in den Chefetagen so gut wie gar nicht an. Und wenn, dann ist Vorsicht geboten! Denn argentinische Männer mögen keine weibliche Konkurrenz – und umgekehrt kann eine ausländische Businesslady bei den Gemahlinnen ihrer männlichen Geschäftspartner in Argentinien hysterische Anfälle der Eifersucht auslösen. Mit Damen schmückt man sich, aber man macht keine Geschäfte mit ihnen. Eine junge, blonde Chefsekretärin im Geleitzug des Chefs hebt dessen Status erheblich.

Die Macho-Manager geben sich als äußerst gewinnende und gastfreundliche Partner. Man begrüßt sich mit Handschlag. Erst wenn man einmal als guter Geschäftsfreund anerkannt ist, darf man sich auch umarmen und küssen unter Männern! (In Brasilien, wo man geradezu frenetisch Körperkontakt sucht, ist die Küsserei unter Männern gänzlich verpönt.)

Kein Manager wird so dumm sein, ohne Visitenkarten nach Argentinien zu kommen und ohne jeden Kontakt. Kontakte sind wichtiger als Kompetenzen! Neue Kontakte macht man nur über alte, über gemeinsame „Bekannte“. Namedropping ist wichtiger als spezielles Wissen. Überhaupt kommt man nicht von Anfang an zur Sache. Jedem möglichen Geschäftsabschluss gehen unendlich viele Essen und gesellschaftliche „Vergnügungen“ voraus. Man redet über Gott und die Welt, über die Familie, die Kinder, Fußball und das Auto – und spart heiße Eisen tunlichst aus!

Business ist Vertrauenssache unter Herren, die sich kennen. Noch besser unter Herren, die verwandt sind. Selbst bei ungleicher Qualifikation wird der eigene Neffe dem fremden Fachmann vorgezogen. Der Nepotismus ist das Wurzelgeflecht der Geschäftswelt und nette Aufmerksamkeiten erleichtern das Entree. Das hat nach Meinung der Argentinier nichts mit Korruption zu tun. Wenn man aber ohne Korruption nicht weiterkommt, braucht man dazu einen „Dritten“, der die Sache erledigt. Denn auch nur andeutungsweise Schmiergeld vorzuschlagen ist absolut degoutant. Man fällt nicht mit der Tür ins Haus.

Geschäfte zu machen ist also „Social-Engineering“, ist das Eingehen auf Personen, besteht darin, ein Gefühl gegenseitiger Intimität mit dem anderen, ein Stück Freundschaft, zu entwickeln. Wenn die Seele beim Geschäft nicht mitgewinnt, kann es keines sein.

Andererseits sollte man sich weder auf Handschläge noch auf Versprechungen verlassen. Über jede noch so lächerliche Kleinigkeit ist ein Vertrag aufzusetzen. Dazu sind die Anwälte da, die ja auch ihren Teil haben wollen. Aber auch Verträge sind keine Garantie. Sie müssen zusätzlich immer wieder mit sozialem Leben gefüllt werden, also mit Sympathie-Werbung. Wer auf sein Recht „pocht“, hat schon verloren. Die Weichheit im Umgang, die Vermeidung von Konflikten, das Herumstreichen wie die Katze um den heißen Brei – das sind Verhaltensmuster, die Nordmenschen erst einmal lernen müssen.

Obwohl das Land verschiedene **Bodenschätze** wie Erdöl, Kohle und zahlreiche Metalle besitzt, ist der Bergbau wirtschaftlich relativ unbedeutend. Dennoch stieg in den vergangenen Jahrzehnten die Förderung von Erdöl und Kohle deutlich an. Bezüglich des Handelswertes ist Erdöl das wichtigste Produkt. Argentinien ist praktisch nicht auf Erdölimporte angewiesen. Und die Reserven vor der Küste lassen eine Vervielfachung der Fördermengen erwarten. Darüber hinaus werden in Argentinien eine beträchtliche Menge an Erdgas sowie kleinere Mengen an Gold, Silber, Kupfer, Blei, Zink, Eisen, Zinn, Wolfram, Glimmer, Uran und Kalk abgebaut.

Ein Großteil der Industriebetriebe befindet sich in Buenos Aires. Etwa 31 Prozent der Arbeitnehmer sind in der Industrie beschäftigt. Der älteste und größte Industriezweig stellt die Verpackung und Verarbeitung von Nahrungsmitteln, daran schließt sich die Textilindustrie an. Weitere bedeutende **Industriezweige** betreffen Gummierzeugnisse (sowohl Natur- als auch synthetische Kautschukwaren), Zement, Chemikalien, Papier, Kunststoffe und Petroleumprodukte. Die Stahlproduktion expandierte Ende der 1980er Jahre und mit ihr auch die Automobilindustrie.

Santa Evita

Evita Perón und Argentinien, das ist eine **Lovestory.** Man muss sie kennen, um Argentinien zu verstehen. Das Film-Musical von *Alan Parker* und *Andrew Lloyd Webber* hat die eigentümliche, fast magische Aureole um *Evita Perón* und ihre Zeit gekonnt wiedererleben lassen. Madonnas dazugehöriger Song „Don't cry for me Argentina" ist ein weltweiter Gassenhauer geworden. In Argentinien selber empfanden die Peronisten den Film als eine Gotteslästerung und Staatspräsident *Carlos Menem* war drauf und dran, den Streifen zu verbieten. Doch kein Zweifel, das Musical hat die Person Evita wie ihre Zeit korrekt eingefangen.

Es gab und gibt keine andere Person in der Weltgeschichte, die mit ihrem kurzen Leben wie mit ihrem Tun so unmittelbar die kollektive Seele einer Nation in **Hysterie** getrieben hat und bei ihren Feinden abgrundtiefen **Hass** auslöste. Sie war eine politische Atombombe, deren Fall-out bis heute fanatische Frömmigkeit wie Phantomschmerzen auslöst. Sie war eine Feministin und Selbstdarstellerin, sie war ein Machtmensch kalt bis an das Herz und sie opferte sich auf dem Altar des Vaterlandes. Sie ist die Heilige und Hure der Nation.

Eva Maria Duarte kam am 7. Mai 1919 im staubigen Nest Los Toldos zur Welt. Sie war das jüngste von fünf Kindern der Köchin *Juana Ibagu-*

ren, deren Vater wohl als Soldat im Krieg gegen die Steppenindianer dort hängen geblieben war. Evas Erzeuger und der ihrer Geschwister war der Gutsinspektor *Juan Duarte,* ein Mann aus dem Nachbarort Chivilcoy, der mit einer anderen Frau verheiratet war und drei eheliche Kinder hatte. *Eva Maria* war also ein **„Bastard"** und alle ließen sie das spüren. Als *Juan Duarte* 1926 verstarb, ließen die *Duartes Juana Ibaguren* nicht zum Grabe vor, aber die resolute Köchin erzwang es doch. Sie stellte sich einfach provozierend vor das Friedhofstor. Später nannte sie sich „Witwe Duarte". Ihre Kinder übernahmen den Namen des leiblichen Vaters.

Eva Duarte brannte mit 15 Jahren durch. Es gab nur ein Ziel: Buenos Aires! Sie wollte auf die Bühne. Und sie schaffte es tatsächlich, ein paar Statistenrollen zu ergattern. Sie biss sich durch und angelte sich die Männer, die ihr weiterhelfen konnten. Eva Duarte war ein hübsches junges Ding. Aber noch wichtiger war: Sie hatte den unbedingten eisenharten **Willen, nach oben zu kommen,** heraus aus der engen Welt der Provinz und aus dem elenden Tingeltangel. Sie wählte ihre Liebhaber nach Macht und Status aus und arbeitete hart an ihren Rollen. Das Radio kam auf und mit dem Radio neue Rollen. Sie schmiss sich an die Offiziere und die Geschäftsleute heran, die mit der neuen Technik zu tun hatten. Ein Typ, der das Monopol für Kopfhörer besaß, verschaffte ihr Zugang zu den Studios; ein Seifenfabrikant sponsorte ihre eigene erste Radionovela. Das waren akustische Kitschromane, billige Dramen von Herz und Schmerz und gekrönten Häuptern. Aber die *Duarte* kam an, sie konnte ja auch noch singen.

Die Vorstadtlerche *Eva Duarte* wurde ein **Radiostar** – und am Radio hingen alle. Eva Duarte wusste, das neue Medium zu nutzen, weit eher als jeder andere auf der Welt. Sie gebrauchte es zur Verzauberung des Publikums und für ihre eigenen Karriere. Einmal beeindruckte sie ihre Kolleginnen, indem sie es schaffte, sich aus der Schminke heraus per Telefon mit dem Palast des Präsidenten zu verbinden. Und tatsächlich: Irgendwann begegnete sie dem künftigen Präsidenten, *Juan Domingo Perón,* dem Oberst, der zusammen mit Offizierskameraden einen Putsch gewagt hatte und nun als Vizepräsident der Junta, als Kriegsminister und Staatssekretär für Arbeit eine wichtige Persönlichkeit war. Er ein stattlicher Mann, mit 48 Jahren Witwer, sie ein Jungstar mit 24. *Perón* ließ Gebäude einweihen oder besuchte ein Benefizkonzert – *Evita Duarte* jedenfalls war mit dem Mikrofon immer dabei. Und sie schilderte für ihre

026ar Foto: cg

Hörer enthusiastisch, wie eine alte Frau dem Minister aus Dank für seine Hilfe die Hand geküsst hat. Das muss dem Oberst geschmeichelt haben. Man sah sich wieder und *Eva* wickelte den etwas weichlichen, auch sehr eitlen *Perón* um den Finger.

Man wohnte nebeneinander in zwei Appartements in der Calle Posadas. Man sah den Oberst morgens Milch und Brötchen holen, die er an die Türe seiner Geliebten bringen ließ. Noch war seine **Liaison** mit der Radiosängerin den Kameraden etwas suspekt. Der Oberst hatte mit seinem Führungsposten im Arbeitsministerium allerdings eine Schlüsselposition gewonnen, denn sogleich baute er die Bürokratie um – ganz nach dem Vorbild des faschistischen Italien, wo er zwei Jahre als Militärattaché in der Botschaft gedient hatte. In seinem Ministerium wurden nun alle Interessengruppen der Wirtschaft gebündelt. Kapital und Arbeit sollten wie in der nazideutschen „Arbeitsfront" zum Wohle der Nation zwangsversöhnt werden. Ob Arbeiter der Stirn oder der Faust: Alle waren nun Volksgenossen.

Eva Duarte war mit Feuer und Flamme dabei. Sie schlüpfte aus der Rolle der Begleiterin in die der **Propagandistin.** Ihre Sendung „Für eine bessere Zukunft" berichtete Tag für Tag über die Wohltaten, die vom Arbeitsministerium ausgingen, über die Gewerkschaften, die nun mit an einem Strange zogen, über die Hemdlosen und die Sprachlosen, die bislang im Schatten der Gesellschaft gestanden hatten. Aus diesem Schatten stammte Eva ja selber. Es waren ja ihre Leute, um die es sich drehte!

Den übrigen Offizieren der Junta ging das langsam zu weit. Dieser *Perón* mit seiner Geliebten wollte wohl die Straße für seine Zwecke mobilisieren. Was hatte das Militär mit der Gosse zu tun? Man beschloss, *Juan Domingo Perón* auszubooten, zwang ihn zum **Rücktritt** und setzte ihn fest. Der Oberst hatte keinen mehr, der ihm schrieb. Und er wehrte sich nicht.

Aber *Evita* war wie elektrisiert. So einfach wollte sie sich diesen Bissen nicht wegschnappen lassen. Sie telefonierte, sie agitierte, sie rannte zu Hinz und Kunz, zu den Jahrgangskameraden ihres *Juan,* zu den Leuten vom Radio, die sie inzwischen in höchste Positionen geschoben hatte, und sie machte die Gewerkschaftsbosse scharf. Wollten die zulassen, dass das bisschen Einfluss und Macht, das sie mit ihr und dem Oberst gewonnen hatten, nun wieder an den *Jockey Klub* und die zweihundert Familien fielen?

Das Wunder trat ein. *Eva* hatte alle zusammengetrommelt. Für den 18. Oktober 1945 riefen die Gewerkschaften zum **Generalstreik** auf, am Tag zuvor schon füllte sich Buenos Aires mit den werktätigen Massen. Die marschierten über die Avenidas und verlangten die Rückkehr Peróns. Alles schien den Generälen aus dem Ruder zu laufen. Sie versprachen eiligst Wahlen und *Juan Domingo Perón* ging aus ihnen im Februar 1946 als strahlender Sieger hervor. *Eva Perón* war nun First Lady, denn sie hatten zuvor ganz bürgerlich geheiratet.

Der **Hass der Damen aus der Oligarchie** auf dieses Flittchen muss gallenbitter gewesen sein. Alle First Ladies hatten traditionell den Vorsitz bei der *Sociedad de Beneficiencia* übernommen, einer feinen Wohltätigkeitsorganisation. *Eva Duarte de Perón* aber ließen die Damen abblitzen; sie sei zu jung für dieses Ehrenamt. „Dann nehmt doch meine Mutter!“ soll Evita geantwortet haben. Diese Kränkungen sollte sie nie vergessen. Sie ließ einen Marktstand mit faulen Fischen vor das Portal der Wohltätigkeitsgesellschaft fahren. Von den feinen Damen wagte nun keine mehr, das Haus zu betreten. *Eva Perón* baute ihre eigenen Organisationen auf. Wenn es um das Wohl und Wehe der armen Argentinier ging, dann kämpfte sie wie eine Löwin. *Eva* war kein Flittchen, nein, sie schuftete Tag und Nacht.

Eva Perón scharte ihr eigenes **Schattenkabinett** um sich, bemächtigte sich des Radios und der Post, gründete eine eigene Zeitung, fuhr durchs ganze Land und verteilte Zahnprothesen, Krückstöcke, Bargeld und Land. Sie kurbelte ein gigantisches Wohnungsbauprogramm für Arbeiter und Angestellte an, kümmerte sich um die Schulspeisung wie um die

Die Tochter der Mumie

Wer wissen will, was die Argentinier wirklich bewegt, der braucht nur den alten Herrschaften beim *cortado* zuzuhören oder die Massenblätter aufzuschlagen. Der Generalstreik schien die Gemüter im Herbst 2000 nicht so zu erregen wie die Frage, ob *Juan Domingo Perón* (1895–1974), der dreimalige Caudillo und Präsident, damals in den 1930er Jahren tatsächlich eine uneheliche Tochter gezeugt hat. Das jedenfalls behauptet die Spanierin *Martha Holgado.* Sie selber sei die Tochter *Peróns,* weshalb ihr auch ein Teil des auf 100 Millionen Dollar geschätzten Erbes zustände. Ein Vergleich der genetischen „Fingerabdrücke" der Mumie des Diktators mit den ihren soll endlich Klarheit schaffen. *Perón* wird daher wieder ausgegraben.

Das Äußere der über 60-jährigen Dame aus Spanien gleicht in der Tat den Gesichtszügen des argentinischen Caudillos. Frau *Holgada* behauptet, sie sei bei einem Seitensprung des jungen *Perón* während dessen erster Ehe gezeugt worden. Ihre Mutter, *Maria Cecilia Demarchi,* habe aber als Vater einen anderen angegeben. Gleichwohl habe *Perón* immer mal wieder seine Tochter besucht, ganz besonders in der Zeit nach dem Tod seiner zweiten Gattin, der legendären *Eva Perón.*

Juan Domino Perón liegt in Chacarita begraben. An seinem Skelett fehlen die Hände, das ist bekannt. Aber, und das ist der Punkt, um den sich jetzt alle Kaffeekränzchen drehen: Fehlte *Perón* noch mehr? Von Geburt an, durch einen Reitunfall oder war er nur impotent? Jedenfalls hat Oberst *Perón,* soweit man weiß, in drei Ehen keinen einzigen Nachkommen gezeugt. Uralte Kammerdiener *Peróns* behaupten gar, der Caudillo habe sich immer als Frauenheld ausgegeben, in Wahrheit aber ...

Die Exhumierung des Leichnams könnte wenigstens in diesem Punkt mehr Klarheit schaffen als die „genetischen Fingerabdrücke" – ein Ausdruck, der in diesem Fall keinesfalls wörtlich genommen werden darf. Dann wird sich vielleicht zeigen, ob Frau *Martha Holgado* tatsächlich mit dem Verstorbenen verwandt sein kann. Allerdings müsste die sehr komplizierte Erbschaftsfrage erneut aufgerollt werden. Es hatte schon Jahrzehnte juristischer Schlachten gekostet, bis 1986 zwei Schwestern von *Evita* der dritten und letzten *Perón*-Gattin *Isabelita* ein Stück der Beute entreißen konnten.

Muttermilch und das Kranzgeld. Und sie kämpfte für das Wahlrecht der Frauen. Sie war eine Frauenrechtlerin ebenso wie ein Glamourstar. Denn sie behing sich mit teurem Schmuck, um es den Ladies aus der High Society heimzuzahlen.

Eva Perón, der **„Engel der Armen"**, hieß es nun landauf landab. „Nennt mich lieber Evita", bat sie übers Radio, das sie so professionell als Propagandainstrument zu nutzen wusste wie selbst *Joseph Goebbels* nicht. Sie hatte eine einzige **Mission:** Keine und keiner in Argentinien sollte sich so durchbeißen müssen, wie sie selbst es einst tun musste. *Eva Perón* wollte auf ihre Art das Beste für Argentinien – und nur auf ihre Art. Denn sie duldete keinen Widerspruch und Obstruktionen schon gar nicht. Und *Juan Domingo Perón?* Er ließ sie widerwillig gewähren und schaute jungen Mädchen nach.

Unter Evitas Fuchtel rutschte Argentinien immer mehr in eine Schieflage. So viel Geld war nicht mehr in der Kasse, um den sozialen Fortschritt zu bezahlen und außerdem war das Großkapital längst vor dieser rotbraunen Volksrepublik geflohen. Evita ahnte, dass sie bald sterben müsse, und um so mehr drückte sie aufs Tempo. Eine große **Europareise** wollte sie noch unternehmen. Es wurde ein Triumphzug. Sie wurde auf dem Silbertablett in Europa herumgereicht. Papst Pius XII. gab ihr eine Privataudienz – aber das englische Königshaus ließ sie abblitzen. Und in der Schweiz bewarf man sie gar mit Tomaten! Dahinter stand das Finanzkapital, das war doch klar. *Evita* hatte schon immer gewusst, dass sich die Welt gegen sie verschwören würde. Aber die Argentinier standen hinter ihr und glaubten ihr, wenn sie, nun schon recht schwach, unter Tränen schluchzte: „Ich werde immer bei euch bleiben und kämpfen!"

In Wahrheit hatte sie den Kampf um die Vizepräsidentschaft an der Seite ihres Mannes für eine zweite Amtszeit verloren. Aber dazu hatten sie die Gewerkschaftsbosse gedrängt. Sie gab den Job wenige Tage später zurück, als ihre Kräfte sie verließen. Im Januar 1950 brach *Evita* in der Sommerhitze zusammen und ihr **gesundheitlicher Zustand** wurde immer schlechter. Sie hatte Gebärmutterkrebs, aber *Evita* wollte nichts davon wissen. Sie schleppte sich ans Mikrofon, ließ sich in die Meetings tragen und fuhr im Cabriolet durch Buenos Aires eingeschnürt in ein Korsett, das sie aufrecht hielt.

Als sie aus dem Bett nicht mehr aufstand, diktierte sie ihre unvollendete Lebensbeichte: „La Razón de mi vida" – „Der Sinn meines Lebens". Als ihr **Tod** bekannt wurde, löste das in Argentinien ein Erdbeben der **Erschütterung** und einen Schauer der Tränen aus, dessen Dimensionen heute nicht mehr fassbar sind. Argentinier begingen Selbstmord vor Gram. „Ich habe gar nicht gewusst, dass sie vom Volk so geliebt wurde", bemerkte ihr trotteliger Witwer. Mit dem Tod von Evita verblich sein Glanz. Ihrer aber überstrahlt selbst heute alle anderen Frauen und Männer Argentiniens.

Die Lebensgeschichte von *Evita Perón* ist ein Melodram, ein Kitschwerk, wie es sich Hollywood nicht hätte schlimmer ausdenken können – wenn man so wie der Literatursnob Jorge Luis Borges in ästhetischen Kategorien denkt. Aber das Volk pfeift auf guten Geschmack. Und Evita war ohne Zweifel eine **Volkstribunin.** Über sie verbietet es sich deshalb zu spotten, weil sie der Ausdruck der Nöte aller Argentinier war, die nicht einmal Schulbücher hatten.

Mag die Geschichte von *Evitas* Leben ein Kitschroman sein – die Geschichte ihres Nachlebens war und ist eine Horrorstory, für die sie nicht haftbar ist. Sobald *Juan Domingo Perón* 1955 gestürzt und getürmt war, setzte die Rache der Reaktion ein. Die Generäle, die auf *Perón* folgten, ließen die beim Gewerkschaftsbund aufbewahrte einbalsamierte **Leiche Evitas rauben.** 16 Jahre lang geisterten ihre sterblichen Reste um die Welt, übrigens auch durch die Argentinische Botschaft in Bonn. Alle, die in Buenos Aires das Kommando führten, fürchteten die tote *Evita* so sehr wie die lebendige. Zu Recht: Denn wer, wie viele Argentinier, durch sie zum ersten Mal im Leben eine Schule besuchen konnte und, noch wichtiger, Anerkennung als Bürger und Landsmann fand, der war an sie verloren, dem konnten die nachfolgenden Lakaien nicht mehr imponieren.

Im September 1971 tauchte Evitas Leiche wieder auf. Man hatte sie unter falschem Namen in Italien begraben. Und mit der Rückkehr ihres Ex-Gemahls, der nun eine andere Blondine, *Isabelita,* im Arm führte, kam auch Evita in ihre Heimat zurück. *Perón* verschied nach kurzer Regierung, *Isabelita* übernahm, bis schließlich wieder die Militärs putschten.

Evita Perón war **einzigartig** und ihre Heiligenbilder hängen noch heute in den ärmsten Hütten. Wenn es nach Argentiniens Oberklasse gegangen wäre, hätte man sie auf dem Scheiterhaufen verbrannt.

Carlos Gardel und der Tango

„Er war wie ein Stern, der, als er am hellsten strahlte, erlosch." Idole und menschliche Mythen gleichen einem Kometen. Die Legende, die Nachgeschichte ist der Schweif des Kometen, der das Idol und seine Lebensgeschichte überstrahlt und es zur „Unsterblichkeit" verdammt. Um jedes Idol gibt es aber auch zu Lebzeiten schon diese Aureole des Besonderen. Und *Carlos Gardel* macht da keine Ausnahme.

„Er hatte eine Träne in der Kehle" – vielleicht kann man es auf diese Kurzformel bringen, was die Leute an seiner Stimme so faszinierte. Über seinen persönlichen Mythos hinaus aber kann nüchtern festgestellt werden: *Carlos Gardel* hat den Tango **weltweit salonfähig gemacht.** Er hat Argentinien eine Stimme gegeben.

Aber war er überhaupt Argentinier? Er kam am 11. Dezember 1890 als *Charles Romuald Gardes* in Toulouse auf die Welt. Der Vater unbekannt (laut Geburtsregister), die Mutter, *Bertha Gardes,* eine Wäscherin von 25 Jahren. Welche eine Schmach, einen Bastard ins Leben zu setzen! Bertha Gardes muss unter dem Gerede der Leute gelitten haben, sonst hätte sie wohl nicht den tollkühnen Entschluss gefasst, allein **nach Argentinien**

027ar

auszuwandern. Sobald der kleine *Charles* mit zwei Jahren reisefähig war, schifften Mutter und Kind sich auf der *Dom Pedro* nach Buenos Aires ein.

In der argentinischen Metropole fand *Bertha Gardes* bald die gewohnte Arbeit als Wäscherin und Büglerin wieder, aber man musste sich nach der Decke strecken. Der kleine *Charles* wuchs in den Vierteln auf, in denen die neu angekommenen **Immigranten** hausten, später in der Nähe des Großmarktes, wo man auf den Gassen alle Sprachen der Welt hören konnte: Italienisch, Jiddisch, Spanisch, Bretonisch – und natürlich Lunfardo, das Rotwelsch der Halbwelt. Mitten in diesem brodelnden Kochtopf verschiedener Zungen und der Halbwelt der *farandula,* also der zweifelhaften Vergnügungen, der Bordelle, der Cafés und der Kneipen, wuchs

Charles Gardes auf. Seine Universität war die Straße, auch wenn sich *Bertha* bemühte, aus ihm etwas Anständiges zu machen.

Charles Gardes liebte es, dem **fahrenden Volk** der Sänger und Artisten nachzufolgen. Man feierte 1910 hundert Jahre Unabhängigkeit in Buenos Aires. Die Stadt leuchtete und es gab mehr Theater und Kabaretts als Kirchen. In jenem Jahr sollen 997 Aufführungen in spanischer, 414 in italienischer und 119 in französischer Sprache registriert worden sein. *Charles Gardes* faszinierte die ganze bunte Welt der Musik, die er wie ein Schwamm aufsog. Und irgendwann begann er selber zu singen und hispanisierte seinen Namen in *Carlos Gardel.*

Mit zwanzig Jahren sang er die **Schnulzen,** die man als *canciones criollos,* also als die Lieder der Gauchos bezeichnete und die mit Gitarrenbegleitung vorgebracht wurden. Ob es den Begriff „Tango" schon damals gab, ist nicht sicher, aber bald schon kristallisierte sich im Bauch von Buenos Aires genau jener Typ Musik heraus, dessen **Ursprünge** die Musikologen bis heute nachspüren. Ein Schuss Andalusien, ein wenig Normandie, die Gaucho-Tradition, die Milongas, die man auf dem Lande tanzte, das Schifferklavier *(bandoneon* – die Ziehharmonika: der deutsche Beitrag zum Tango!) und natürlich kiloweise Sentimentalität, *Tristezza,* Heimweh. Eine einzigartige musikalische Mischung.

Carlos Gardel, der junge Pummel – er war ein *buen diente,* also ein guter Esser – schaffte es mit seinen 120 Kilo bald, zusammen mit dem Gitarristen *José Razzano* aus Uruguay, auf die Plakate und in ein paar Stummfilmrollen. Aber der **Durchbruch** kam mit „Mi noche triste", dessen Text ein gewisser *Pascual Contursi* verfasst hatte: „Du ließest mich mit einer verletzten Seele zurück und mit Stacheln im Herz ..."

In seinem Privatleben, das sei vorausgeschickt, hatte *Carlos Gardel,* das Einzelkind, immer nur an seiner Mutter gehangen. Die Gerüchte, er habe die **Frauen** so schnell gewechselt wie seinen Frack, sind alle nicht belegt. Lange Zeit war er der Dauerverlobte einer gewissen *Isabel del Valle,* die er 1910 kennen gelernt hatte, aber er wohnte fast immer bei seiner Mutter, wenn er nicht auf Reisen war. „Ich lebe für den Tango", gab er auf indiskrete Fragen Bescheid.

Und dieser Tango schwappte weit über den Río de la Plata in die Welt hinaus. Die erste **„Tangomania"** machte sich breit, auch in Europa, sodass sich *Papst Pius X.* genötigt sah, vor der Immoralität dieser Musik und dieses Tanzes zu warnen und die Heeresleitungen in Berlin und Wien den Soldaten den Tango verboten.

Eine zweite Tango-Welle brach in den 1920er Jahren über Europa herein und Paris, die frivole Metropole, fieberte jedem neuen Sänger, jeder neuen Tangomelodie entgegen. Auch *Carlos Gardel* war reif für Paris.

Aber vorher musste er noch seinen Pass ändern, einerseits wegen der Wehrpflicht in Argentinien, andererseits wegen der französischen Wehrerfassung. So also erschlich er sich eine neue **Staatsangehörigkeit,** nämlich die von Uruguay. Das führte später schließlich dazu, dass sich drei Nationen um seine Person stritten.

1923 unternmmt *Gardel* seine erste Europareise, 1925 seine zweite – ein **Triumphzug durch Paris.** Nun konnte er es sich leisten, seine Mutter mitzunehmen in ihr heimatliches Toulouse. *Gardel* reiste mit Pomp und Gloria, so wie es sich für einen Argentinier gehörte. Er war nun so bekannt, dass selbst ein königliches Haupt, der Thronfolger von England und spätere König Eduard VIII., auf seiner Reise nach Argentinien *Gardel* zu hören wünschte. Und so gab es eine rauschende Tango-Session auf einem Herrensitz in der Pampa, die den Thronfolger so begeistert haben muss, dass er selber seine Ukulele aus dem Koffer gezogen und mitmusiziert haben soll.

Die Grammofonindustrie nahm *Gardel* unter Vertrag. Er hatte schon einige hundert **Schellackplatten** aufgenommen. Aber nun versprach die Paramount, ihn in der gesamten hispanischen Welt zu vermarkten und vielleicht sogar darüber hinaus. Statt nach Paris reiste *Gardel* nun immer häufiger nach New York. Er spürte instinktiv, dass er das Zeug zu einem zweiten *Maurice Chevalier* hatte. Dazu aber musste er Englisch büffeln. Und er musste auch das *lunfardo,* das den Tango gewürzt hatte, aus seinen Texten nehmen und in allgemein verständliches Spanisch bringen. So wechselte *Gardel,* obgleich zu seinen Mitarbeitern treu, mehrfach die Librettisten und seine musikalische Begleitung.

Immer wieder kehrte *Gardel* in seine Heimat zurück und gelegentlich wunderten sich seine Fans darüber, wie sich seine Musik **entfremdet** hatte – doch *Gardel* war nun ein Weltstar, der einzige argentinische, den es je gegeben hatte und so verehrte man ihn heißer denn je. „Er singt von Tag zu Tag besser“, behaupteten selbst Schwerhörige.

So wie *Al Johnson,* der amerikanische Popsänger, der in seinem ersten Tonfilm einen singenden Schwarzen verkörperte, wurde auch *Carlos Gardel* in die **Filmstudios** gelockt. Nun konnten die Massen ihn auch sehen: Längst nicht mehr pummelig, sondern eher sehnig und schlank, immer lächelnd (auch wenn er schluchzte), das Haar gemäß der damaligen Sitte voller Brillantine. So entstand das akustische Portrait des Tangostars, den man nun auch tagtäglich im Radio hören konnte. Denn das Radio hatte aus Argentinien eine Hörergemeinde gemacht.

028ar Foto: cg

Carlos Gardel stand auf dem Höhepunkt seiner Karriere. Nur Amerika blieb ihm noch zu erobern. Auf einem Rückflug von New York in seine Heimat zwang ihn die Paramount zu mehreren Engagements in der Karibik. Auch dort war man wild darauf, den Argentinier zu hören. Bei einer Zwischenlandung im kolumbianischen Medellin am 14. Juni 1935 ereignete sich dann die **Tragödie:** *Gardels* Maschine stieß beim Start mit anderen geparkten Maschinen zusammen. Fast alle 33 Passagiere fanden den Tod und *Carlos Gardel* war darunter.

Die Nachricht von seinem Tode ließ Buenos Aires buchstäblich erstarren. Die Stimme Argentiniens war tot! Theater und Radio unterbrachen ihr Programm, die Leute liefen auf die Straße und brachen in Tränen aus. Der Weltuntergang schien gekommen. Ähnliche Szenen erlebte Buenos Aires erst 20 Jahre später beim Tode von *Evita Perón.* Argentinier sprengen, so scheint es, jedes Maß, wenn es darum geht, ihrer **Sentimentalität** – ja fast möchte man sagen: ihrer enthusiastischen Trauer – Ausdruck zu verleihen. Die Überführung der sterblichen Überreste (Medellin – Buenaventura – Panama – New York – Paris – Rio de Janeiro – Buenos Aires) in die Heimat, ins „Pantheon der Künstler" (das *Gardel* mitfinanziert hatte) und schließlich 1937 in das pompöse Grab auf dem Friedhof *Chacarita* führte der Welt noch einmal vor Augen, mit welcher Inbrunst die Argentinier den Verlust eines Idols zu feiern wissen. *Doña Bertha,* seine Mutter, überlebte ihren Sohn um fast ein Jahrzehnt und in ihren letzten Jahren versponn sie sich in eine Welt der Erinnerung an ihren geliebten Charles.

Carlos Gardel ist ein **anderer Name für Tango.** Vor ihm gab es gute Tangosänger und -tänzer und nach ihm entwickelte sich eine neue Szene, die erst mit dem Triumph der Beatles und der angloamerikanischen Musik verkalkte. Die 1920er- und 1930er-Jahre waren Tango-Jahre. Und wenn wir heute weltweit eine neue Renaissance des Tango erleben, ist sie doch nur ein müder Abklatsch vergangener Zeiten.

Der Tango ist eine **nostalgische Angelegenheit** und ein Produkt der „instant culture" für Touristen, ein kulturelles Fertiggericht voller Klischees, geworden. Wer das heutige Argentinien mit dem Tango verbindet, der liegt daneben. Doch das Idol *Carlos Gardel* gehört zur kollektiven Seele dieser Nation. Jeder in Argentinien kennt ihn und es gibt noch genügend Leute, die behaupten, ihn gesehen zu haben, wie er als Wiedergänger des Nachts durch die Gassen streicht.

Gardel ist ein personifizierter, **kollektiver Traum.** Er war, wie es der Soziologe *Juan Jose Sebrelli* formuliert, „das Symbol der fesselnden und blendenden Träume der sozial Erledigten, die die Reichen hassen, weil sie selbst nicht reich sein können. Er ist derjenige, dem der Aufstieg gelungen ist von dem dunklen Loch zu den blendenden Festlichkeiten der internationalen Großbourgeoisie." Für einen Angehörigen der unteren proletarischen Schichten liegt die Lösung seiner Probleme nicht in der langsamen und geduldigen Arbeit, sondern in der plötzlichen Magie, die unmittelbar und mühelos die unsinnigsten Wünsche erfüllt. „Gardel musste nicht arbeiten, um sich zu retten – es genügte, dass er sang."

Carlos Gardel, das Denkmal. Aber neben ihm gab und gibt es unzählige ausgezeichnete Musiker, Komponisten und Instrumentalisten: *Homero Manzi, Enrique Cadicamo, Astor Piazzola, Anibal Troilo, Julio de Caro, Antonio Pugliese, Ubaldo de Lio* sind nur ein paar Namen, die immer noch eine Garantie für Qualität und Innovation darstellen. Wer gute Tangoplatten kaufen möchte, sollte bei diesen Namen beginnen. Darüber hinaus gibt es eine ganze Reihe von **Tangosängerinnen,** die mit ihnen aufgetreten sind: *Ada Falcon, Azucena Maizani, Tania, Libertad Lamarque, Susana Rinaldi.*

029ar Foto: cg

Ernesto Ché Guevara

Ein Denkmal mit seinem Namen wird man in Argentinien vergebens suchen. Und doch ist er einer der größten Söhne seines Vaterlandes: *Ernesto Guevara de la Serna,* geboren am 14. Juni 1928 in Rosario, ermordet am 9. Oktober 1967 in La Higuera, Bolivien. Sein Konterfei hing in den sechziger Jahren des vergangenen Jahrhunderts in nahezu jeder Studentenbude zwischen Berkeley und Berlin. Sein **Mythos** als Rebell und romantischer Revolutionär, als Kampfgefährte von *Fidel Castro* ging um die Welt. In Kuba haben sie ihm in Santa Clara ein gigantisches Mausoleum errichtet.

Ernesto „Ché" Guevara hat sich selber nicht als Argentinier verstanden, sondern als ein **heimatloser Berufsrevolutionär,** der die Mission hatte, die Welt in Aufruhr zu versetzen, um die Ketten des Imperialismus zu sprengen. Und doch beweist sein kurzes Leben, dass er so argentinisch war wie kaum ein anderer, was sich allein schon in seinem festen Glauben, Berge versetzen zu können, deutlich zeigt. Schon sein **Spitzname „Ché",** den ihm seine kubanischen Kameraden bereits vor dem Guerillakrieg gaben (und mit dem er später als Notenbankchef in Havanna die Banknoten unterschrieb), war etwa auf der gleichen Linie, wie man einst die Deutschen als „Krauts" und die Briten als „Tommies" bezeichnete. Das „Ché" von *Ché Guevara* ist das „Ché!", mit dem die Argentinier ihre plötzliche Verwunderung in einer Unterhaltung zum Ausdruck bringen oder einfach nur eine kurze Gesprächspause einlegen.

„El Argentino" (so wurde er anfangs auch von den Guerilleros genannt) war der einzige Fremde, dem *Fidel Castro* vertraute und den er auf die Höllenfahrt in die **Sierra Maestra,** den beginnenden Buschkrieg im Osten Kubas, mitnahm. Aber selbst im Dschungel wollte *Ché Guevara,* wenn es nur irgendwie möglich war, nicht auf seinen Mate verzichten – wo doch Kubaner höchstens Rum oder Kaffee trinken.

Millionenfach verbreitet: das berühmte Foto des Revolutionärs Ché Guevara

Ernesto Guevara de la Serna war das **Sorgenkind** unter den vier Kindern, die sein Vater *Ernesto Lynch,* ein Ingenieur, und seine Mutter *Célia de Guevara* hatten. Der Knabe litt seit seinem zweiten Lebensjahr an Asthma. Allein deswegen beschloss die Familie, aus dem stickigen Rosario erst nach Buenos Aires und ein wenig später ins Hochland nördlich von Córdoba zu ziehen. Die Luftveränderung schien dem Jungen gut zu tun, aber immer wieder musste *Ernesto* der Schule fernbleiben, weil er einfach keine Luft bekam und sein Keuchen und Husten *Donna Célia* jedes Mal zur Hysterie trieben. Denn sie fühlte sich für dieses Gebrechen ihres Ältesten schuldig, kam die Krankheit doch zum Ausbruch, als die Mutter den Zweijährigen in einem kalten Gebirgsbach planschen ließ.

Ché Guevaras **starke Mutterbindung** hielt ein Leben lang an. Nur an sie schrieb er bis zuletzt noch Briefe. Und *Célia de Guevara* hielt zu ihrem Sohn gegen alle Anfeindungen der konservativen Kreise, aus denen sie stammte. Vater *Ernesto Lynch,* seine Vorfahren waren Iren, hatte es zu einer selbstständigen Existenz gebracht. Die Guevaras zählten zur Mittelklasse. Doch in den Zeiten des Umbruchs (*Perón* herrschte in Argentinien) waren die *Guevaras* nicht auf Rosen gebettet. *Ernesto Lynch* versuchte mit harter Arbeit, aber auch mit einem gewissen Leichtsinn, sich in Geschäften zu engagieren, von denen er nichts verstand, um im Provinznest Alta Gracia seinen Status zu halten. *Dona Célia* hingegen führte das Leben einer Frau, der es nicht auf den Haushalt und die Konventionen ankam, sondern vielmehr darauf, ihren Kindern die Augen zu öffnen: Sie war zu einer kämpferischen **Sozialistin** geworden und schwamm nicht auf der Welle des Peronismus und der fast religiösen Verehrung von *Evita Perón.*

Man kann sagen, *Ernesto Guevara* wuchs im Ambiente eines **liberalen Bildungsbürgertums** auf, erst recht als man wieder nach Buenos Aires zog. Er konnte sein Studienfach frei wählen und er wählte die Medizin. Der Kommilitone *Ernesto* wurde von seinen Mitstudenten als *chancho* (Schwein) gehänselt, weil es ihm auf Äußerlichkeiten nicht ankam. Er lief wochenlang mit denselben Klamotten herum und futterte, was gerade auf den Tisch kam. Gleichwohl muss er bei den jungen Frauen gut angekommen sein.

Ernesto Ché Guevara langweilte sich in der geschniegelten Gesellschaft um ihn herum. Er ging, von seiner Mutter ermutigt, auf eigene Entdeckungstouren: erst per Anhalter in die Provinz, später mit Fahrrad und Motorrad weiter weg, selbst über die Grenze. Er trainierte das Überleben ohne einen Peso und ohne ein Stück Brot. Er schien fortwährend seine Grenzen auszutesten – auch und gerade gegen das Asthma, das ihn immer wieder einholte. *Ché Guevara* hat über diese **Selbstfindungsreisen**

Genossin Tamara

In der DDR war sie das Idol so mancher „jungen Pioniere". Über 200 Kollektive, Schulen und Straßen trugen ihren Namen: *Tamara Bunke* alias „Comandante Tania", die an der Seite von *Ché Guevara* in Bolivien fiel.

Tamara Bunke kam am 19. November 1937 als zweites Kind deutscher Emigranten in Argentinien zur Welt. Ihre Eltern waren überzeugte Kommunisten, die deshalb 1952 nach Deutschland zurückkehrten, in die östliche Hälfte, den „Arbeiter- und Bauernstaat" DDR. *Tamara Bunke* aber muss sich unter dem muffigen, preußischen Sozialismus nicht sonderlich wohl gefühlt haben, obgleich sie durch besondere Leistungen glänzte. Sie stellte mit 18 Jahren ihren Aufnahmeantrag in die SED und arbeitete neben dem Studium der Romanistik als Dolmetscherin im Außenministerium. Aber ihr geheimer Wunsch war, nach Argentinien zurückzukehren.

Ché Guevara besuchte als Wirtschaftsminister Kubas 1960 die DDR und *Tamara Bunke* durfte dolmetschen. Dies war ihr persönlicher Wendepunkt: Fasziniert von diesem Mann und von der kubanischen Revolution, fasste sie den Entschluss, nach Havanna zu gehen. 1961 verließ sie die enge DDR und tauchte in Kuba mitten hinein in die Revolution, in der es galt, einen „neuen Menschen" zu schaffen. Oder sogar das Geld abzuschaffen, wie es *Ché Guevara* propagierte. Die Faszination über dieses sozialistische Experiment erfasste damals ja nicht nur *Tamara Bunke:* In der ganzen Welt rühmten die Intellektuellen Kubas Utopie.

Tamara Bunke konnte schießen und reiten und ihre „revolutionäre Moral" war über jeden Zweifel erhaben. So wurde sie zur militärisch-konspirativen Ausbildung herangezogen und bildete schließlich die Vorhut des Kommandos von *Ché Guevara* in Bolivien, der annahm, dass dort in dem armen Andenland die Revolution fällig sei. *Tamara Bunke* spähte als „Laura Gutierrez Bauer" die höchsten Kreise in La Paz aus und knüpfte ein logistisches Netz für die Kämpfer von *Ché Guevara.* Als dieses Netz zerbrach - keiner der Kubaner hatte mit der Lethargie der bolivianischen Bauern gerechnet - marschierte sie im Haufen der verlorenen Guerilla mit. Im August 1967 fiel sie im Kampf am Río Grande, nicht weit von der Stelle entfernt, wo *Ché Guevara* gefangen genommen wurde, der von der deutschen „Comandante Tania" so fasziniert war wie sie von ihm.

Tagebuch geführt, wie er überhaupt bis zu seinem Tod so gut wie jeden Tag Notizen gemacht hat, Notizen von großer Präzision und hoher literarischer Qualität. Nicht zu Unrecht wird er als Autor in den literarischen Almanachs der Welt geführt.

Am Anfang seiner „Laufbahn" zum Revolutionär stand die **Entdeckung der Armut** in Lateinamerika und seine Empörung über die ungerechten Zustände, die er in Bolivien, Peru und schließlich in Mittelamerika vorfand. *Guevara* besuchte in Peru nicht nur die Inkaburg Macchu Picchu, sondern auch eine Lepra-Kolonie. Er wollte Arzt der Armen und Ausgestoßenen sein, Tropenkrankheiten waren seine Spezialität. Aber der Arzt *Guevara* glaubte herauszufinden, dass die Völker Lateinamerikas (ja der ganzen Welt!) unter einer viel schlimmeren Geißel litten: Kapitalismus und Imperialismus. In Guatemala kam er erstmals auf die **Schwarze Liste** der „Subversiven", weil er bis zuletzt dem Gesundheitsdienst der sozialistischen Regierung von *Victor Arbenz* in Guatemala gedient hatte, die von der CIA beseitigt wurde. Es war schließlich Kalter Krieg.

Zunächst in Guatemala, dann in Mexiko schloss *Ché* **Kontakt zu Fidel Castro** und den kubanischen Oppositionellen, die während der 1950er Jahre davon träumten, die *Batista*-Diktatur in Kuba mit Waffengewalt zu beseitigen. *Ernesto Ché Guevara* hat seine Wandlung vom bürgerlichen Mediziner zum knallharten Guerilla in seinen Tagebüchern genau beschrieben. Am Ende des Guerillakrieges und der Ausrufung der Revolution Ende 1959 zog er mit *Fidel Castro* und seinen Getreuen als Sieger in Havanna ein. *Ché Guevara* war die **Allzweckwaffe** der Kubaner: Auf internationalem Parkett verstand er es, die Revolution mit einem Heiligenschein zu versehen; in Kuba kam er als Mann mit Herz und Kopf gut an, weil er sich für nichts zu schade war. *Castro* muss auf seinen Argentinier richtig neidisch gewesen sein, aber *Ché* machte niemals nur den Versuch, dem „Maximo Líder" *Castro* die Führung streitig zu machen. Er, der heimatlose Linke, wollte die Revolution in die ganze arme Welt tragen.

„Du bleibst da draußen ein Fremder, komm zurück!", mahnte ihn seine Mutter. Und tatsächlich hat *Ché Guevara* versucht, in Nord-Argentinien einen Aufstand anzuzetteln. Das blieb jedoch so **erfolglos** wie das Abenteuer im Kongo, in Peru und zum Schluss in Bolivien, wo er und seine zwei Dutzend Getreuen trotz heimlicher Unterstützung aus Havanna kläglich an der Lethargie der Indios scheiterten.

Das ist nun alles lange vorbei. Und trotzdem: *Ché Guevara* ist der **romantische Held** schlechthin. Romantische Helden sind eine Erfindung Europas. Und ihre Vertreter sind fast immer Figuren, die europäische Gesichtszüge haben – denken wir nur mal an „Subcommandante Marcos" in Chiapas, der sich eine Maske überzog, um seine weiße Haut zu kaschieren. Er ist ohne Zweifel ein Remake von *Ché Guevara,* dem Jungen aus der argentinischen Mittelklasse, dem irischen Halbblut.

Die **Ideologisierung** von einsamen Helden – nennen sie sich bloß „Comandante" oder „Líder Maximo" – ist eine lateinamerikanische Spezialität. *Ché Guevara* ist sozusagen auch ein moderner *Martín Fierro,* der offizielle Nationalrebell Argentiniens. Ohne Idole kommt die Politik in Argentinien nicht aus. Und *Ché Guevara* wusste dieses Bild sehr genau zu stilisieren. Überhaupt ist die „Stilfrage" (obgleich doch „das Schwein" keinen Wert aufs Äußerliche legte) eine Sache, die in Argentinien enormen Wert besitzt. *Ché Guevara* hat den Anti-Stil kreiert (Baskenmütze und roter Stern), der dann Mode wurde.

Zudem ist *Ché Guevara* der klassische **tragische Held,** den Argentinien immer wieder produziert. *Carlos Gardel, Evita Perón,* selbst *Maradona* – alle scheiterten sie, jedoch nicht an sich selber, sondern als Opfer von Krebs, eines Flugzeugunglücks, der harten Drogen oder des Imperialismus. Hätte *Ché Guevara* rechtzeitig eingesehen, dass die Weltrevolution eben doch eine Schimäre war, hätte er sich ins bürgerliche Leben rechtzeitig zurückgezogen, dann wäre er nicht zum Denkmal seiner selbst geworden. An diesem Denkmal hat der Argentinier hart gearbeitet.

Jorge Luis Borges, der blinde Poet

Jeder Argentinier kennt seinen Namen, aber kaum einer hat ihn gelesen. Er ist der Goethe Argentiniens, der Olympier der Literatur: Neben oder gar über ihm gibt es keinen anderen. Und beinahe hätte er den Nobelpreis bekommen, wenn er nicht solch ein Sturkopf gewesen wäre.

Gebildete Argentinier bekommen leuchtende Augen, wenn man den Namen *Borges* fallen lässt und noch viel mehr wissen sie es zu schätzen, wenn man ein paar Verse von *Borges* zitieren kann. Mit *Jorge Luis Borges* identifiziert sich das Bildungsbürgertum in Argentinien so sehr, dass man nicht umhin kann festzustellen: Er ist das literarische Denkmal Argentiniens schlechthin. Und dabei ist er Zeit seines Lebens ein absoluter Nonkonformist gewesen, der auf alle heiligen Kühe der Argentinier gespuckt hat. Über Argentinien: „Das Land gibt es nicht, es ist eine reine Prahlerei. Und die Argentinier, besonders die porteños, sind ein oberflächliches, frivoles, snobistisches Pack." Über die Demokratie: „Ein weit verbreiteter Aberglaube, ein Missbrauch der Statistik." Und über Gott: „An einen Gott zu glauben, scheint mir kümmerlich. Wo es so viele Götter gibt, an die man glauben kann, scheint mir, einen zu wählen ist eine übertriebene Sparsamkeit.". Über Amerika bemerkt er: „In Amerika ist alles viel kleiner: Das Lama ist kleiner als das Kamel, der Jaguar ist kleiner als der Tiger, der Ñandu ist kleiner als der Vogel Strauß. Manche mögen das nicht wahrhaben wollen, die behaupten, in Amerika sei alles größer." Auch der Tango kommt nicht gut weg: „Wie man in Brasilien so über ihn sagt: Es ist das Gejammer eines Gehörnten." Nicht einmal für den Fußball hatte *Borges* etwas übrig: „Der Fußball ist populär, weil die Dummheit populär ist."

Jorge Luis Borges, der **literarische Dandy** aus alter Aristokratie, hat *Perón* und die Peronisten gehasst, hat weder mit *Marx* noch mit *Freud* angebandelt, hat die *parrilladas* (Grillrestaurants) wie die Psychoanalyse verspottet, Fernsehen und Radio mit Verachtung gestraft, auch schon

Spinoza

Die durchscheinenden Hände des Juden
bearbeiten im Halbdunkel die Gläser,
und der vergangene Nachmittag ist Angst und Kälte.
(Die Nachmittage gleichen Nachmittagen.)
Die Hände und der Raum des Hyazinths,
der an der Grenze des Ghettos verblasst,
sind für den stillen Mann kaum vorhanden,
der ein lichtes Labyrinth erträumt.
Weder stört ihn der Ruhm, diese Spiegelung
von Träumen im Traum eines anderen Spiegels,
noch die schüchterne Liebe der Jungfern.
Frei von Metapher und Mythos,
stellt er eine mühevolle Linse her: den unendlichen
Plan von ihm, der alle seine Sterne ist.

Jorge Luis Borges (aus „Antologia personal", 1961,
Deutsch von *Johannes Beilharz*)

mal den Zionismus mit dem Faschismus verglichen und im Übrigen den Kriegsparteien geraten, die umkämpften Malvinas/Falkland-Inseln doch besser an Bolivien zu verschenken, damit die endlich einen Zugang zum Atlantik erhalten.

Borges, der Agent provocateur, der Zyniker, war im Grunde seiner Seele so argentinisch, wie man es nur sein kann. Allein schon dadurch, dass er von sich (und allen, die bei Geiste sind) behauptete: „Wir Amerikaner, egal ob Nord oder Süd, sind Europäer im Exil." Und was sein Leben anbetrifft, dass er sich ohne Bücher überhaupt nicht vorstellen konnte, so ist die Grundmelodie darin eine zutiefst melancholische, eine des manchmal heroischen, meistens aber lächerlichen Scheiterns. Darüber war er sich völlig im Klaren. Diese Melodie ist aber auch die des Tango. Bloß mochte *Borges* den Tango nicht, weil er kein Prolet, sondern ein Aristokrat war. Ein **Aristokrat des Geistes** natürlich, denn über seine Klasse und Herkunft hat er natürlich auch seinen Spott ausgegossen.

Jorge Luis Borges kam am 24. August 1899 in Buenos Aires zur Welt. Er blieb das verwöhnte **Einzelkind** eines Anwalts, der Freidenker wie Vegetarier, und einer Mutter, *Doña Leonor,* die im Gegensatz dazu streng katholisch, bigott und konservativ war. Die Vorfahren beider Seiten stammten aus dem Gründungsadel der Republik und bestimmend für sein Leben war die Gegenwart zweier Großmütter: Eine pflegte das reinste Castellano, die andere kultivierte ihr heimisches Oxford-Englisch. Klein-„Georgie" wuchs so bilingual wie bikulturell auf, erst recht als die Familie für ein paar Jahre nach Genf übersiedelte – teils aus Geldnot, teils weil der Vater in der Schweiz sich verschiedener Augenoperationen unterzog, die letztlich doch nichts fruchteten.

Diese genetische Anomalie, die **fortschreitende Erblindung** nämlich, hatte „Georgie" von der Vaterseite geerbt und prägte ihn in seinem Leben. Aus dem Handicap machte *Borges* eine Stärke, nämlich das, was er lesen konnte, zu verschlingen und das wenige, was er sah, um so präziser literarisch zu verarbeiten. (Mit *Ché Guevaras* Asthma und dessen Kampf gegen „die Verhältnisse" wiederholt sich dieses Muster.) Nach seinem Tode zirkulierte ein geradezu borgesianischer schwarzer Humor in literarischen Kreisen: *Borges* sei der Beweis für die Nicht-Existenz eines Gottes. Warum? Wenn Gott wirklich existierte, hätte er *Borges* nicht blind, sondern stumm gemacht. *Borges* blieb alles andere als stumm. Er gilt bis dato als der Literat, der die meisten Interviews gegeben hat, und das schon deshalb, weil er in seinen letzten Lebensjahrzehnten auf Vorlesen und Diktat angewiesen war.

Nach dem Intermezzo während der Jahre des Ersten Weltkriegs in der Schweiz, wo *Borges* ganz nebenbei noch Französisch (ungeliebt) und Deutsch (bewundert) erlernte, ging es wieder zurück nach Buenos Aires. „Georgie" war nun kein Kind mehr und sein Vater wollte ihn mit den besten Absichten in die Männerwelt einführen, indem er ihn mit ins Bordell nahm. Das aber muss den sensiblen Zwanzigjährigen so sehr geschockt haben, dass er Zeit seines Lebens keine Frau mehr anrührte. Alle seine **Amouren** blieben platonische, literarisch überhöhte und inszenierte Affären. Bis er als Sechzigjähriger endlich mit *Maria Kodama* eine Halb-Japanerin fand, mit der er eine Seelengemeinschaft bis zu seinem Tode (1968) pflegte und genoss, die entfernt an die Liaison von *Jean-Paul Sartre* und *Simone de Beauvoir* erinnert.

Borges, noch in den besten Mannesjahren ein **Muttersöhnchen** unter der Fuchtel von *Doña Leonora* und dazu ein halbblinder Tollpatsch, war, was die praktische Seite des Lebens betraf, völlig untauglich. Er lebte in seiner eigenen **Geisteswelt,** zu der einige durchaus attraktive Begleiterinnen Zugang hatten, wenn sie denn des Englischen mächtig waren und ein Gespür für literarische Qualität besaßen. Mit einer von ihnen, *Estale Canto* (selber mit extremer Kurzsichtigkeit geschlagen), streifte er durch

Buenos Aires, sein Buenos Aires, dem er in unzähligen Versen und Feuilletons ein Denkmal setzte. Nur musste er jede Stunde zu Hause bei seiner Mama anrufen, um sich zu vergewissern, dass sie noch nicht unter die Straßenbahn geraten waren.

Jorge Borges und seine Geliebten, das war eine unendliche Odyssee der Anbetung und der Frustration. Jedes Mal, wenn es „ernst" wurde, flüchteten die Frauen vor diesem unappetitlichen, aber gleichwohl so unglaublich reinen, ja himmlischen Götterboten des Wortes in andere Ehen mit spießbürgerlicher Sicherheit. Wer mit *Borges* zu tun hatte, der wurde kontaminiert mit analytischer **Schärfe** und radikaler **Ehrlichkeit:** ein *Karl Kraus* der hispanischen Literatur.

Dass *Jorge Luis Borges,* der **Freigeist,** auch nur eine Sekunde dem peronistischen Massenwahn verfallen konnte, war absolut unmöglich. Seine Gegnerschaft gegen den Volkstribun und Caudillo *Perón* (den er niemals auch nur beim Namen nannte) und sein „Flittchen" *Evita* war natürlich ästhetisch getragen, so wie man in den feinen Kreisen in Deutschland über den „böhmischen Gefreiten" *Adolf Hitler* herzog. *Borges* machte sich nicht einmal die Mühe, sich über die offensichtliche soziale und psychosoziale Seite des Peronismus, also über seinen Klassencharakter, Gedanken zu machen. *Borges* dachte nicht in politischen, sondern nur in individuellen und ästhetischen Kategorien. Als Dank für seine Haltung wurde er später zum Chef der Nationalbibliothek ernannt.

Sein Werk ist verstreut in abertausend Reden, Aufsätzen, Kritiken, Besprechungen und Reflexionen, vielen Sonetten und nur wenigen Romanen. Das literarische Leben zwischen 1930 und 1980 in Argentinien war ohne *Borges* nicht denkbar, aber er entzog sich allen Zirkeln, Klubs und Soireen. Er war **uneitel bis zur Selbstverleugnung** und über sich und sein Werk so kritisch wie gegenüber anderen. Den Nobelpreis für Literatur bekam er nicht, weil er sich in den Kopf gesetzt hatte, Chile zu beehren, das damals unter der Diktatur von *Pinochet* für aufrechte Demokraten tabu war. „Ich werde immer ein künftiger Nobelpreisträger sein. Das scheint eine skandinavische Tradition zu sein."

Das literarische Schaffen von *Jorge Luis Borges* ist den Lesern nichtspanischer Sprache weitgehend verschlossen geblieben, wenige seiner Werke sind ins Deutsche übersetzt. Aber als Gigant der Weltliteratur wurde er immer **hochgeschätzt,** sodass seine häufigen Reisen nach Europa (London, Paris, Madrid) selbst als Blinder noch große Wellen schlugen. Über die poetische Kunst hat er einst Folgendes geschrieben: „Die Musik, die Zustände des Glücks, die Mythologie, die von der Zeit gezeichneten Gesichter, bestimmte Morgenstunden und bestimmte Orte, die uns etwas sagen wollten oder die uns etwas nicht vergessen wollten: Das sind die Momente der Erleuchtung oder das ist das, was man als ästhetische Aussage verstehen mag."

Jorge Luis Borges stellt mit seinem Leben und mit seinem Werk eine **Verkörperung der argentinischen seelischen Essenz** dar, eine tiefe Melancholie über das Versagen, eine Weisheit, die man tragikomisch nennen kann. *Borges* starb 1980 in Genf, wohin er sich zurückgezogen hatte, um sich dem argentinischen Klamauk nach Glamour, Bombastik und Todeskult zu entziehen. Er entzog sich seinem Land, aber darin war er eben ein Argentinier. *Borges* sei ein Mann gewesen, der die Welt in einer Streichholzschachtel unterbringen konnte, hieß es. Hier ist eine dieser lyrischen Streichholzschachteln: „Las tardes a las tardes son iguales" – „Die Abende und die Abende sind mal zu mal gleich."

Maradona und der Fußball

Fußball ist nun wirklich das, was die Argentinier ernst nehmen und wo sie keinen Spaß verstehen. Fußball treibt die Nation an und um, **Fußballgötter** stehen über den katholischen Heiligen, zumindest solche wie *Diego Armando Maradona*. Topspieler, Trainer und Topmodels, die ganze Schickeria aus Glamour und „Gooool!" ersetzen in Argentinien das, wofür früher in einigen Ländern Europas die Königshäuser und der Hochadel standen: für den siebten Himmel der Reichen und Schönen, für die Erlauchten der *farandula,* der nicht enden wollenden Balz um Ruhm und Ehre, Reichtum und Schönheit.

030ar

Fußball ist eben nicht nur Sport. Der Fußball ist eine **Institution,** vielleicht sogar die wichtigste in Argentinien. Keiner kann sich dem Fußball entziehen, es sei denn, er akzeptiert es, als Exzentriker durchs Leben zu gehen. Die Fans verfolgen nicht nur jedes Spiel ihres Vereins, sie malen ihre Gesichter mit den Farben ihres Teams an, sie fahren wie von der Tarantel gestochen Fahnen schwingend durch die Städte und lassen Knallfrösche und Raketen steigen. Oder sie ziehen mit Steinen und Knüppeln in den Krieg, dass die Polizei größte Mühe hat, sie in Schach zu halten. Argentinische Fans sind so gefürchtet wie die britischen Hooligans.

Wenn freitags, samstags oder sonntags ein wichtiges Spiel startet, unterbrechen selbst die Kellner in den Cafés ihren Dienst und starren in die Röhre. Und in den Kneipen ist die Hölle los. Wer zu einer solchen Stunde in Buenos Aires seine Ruhe sucht, der kann nicht zu Hause bleiben, denn die ganze Nachbarschaft lärmt mehr denn je. Auch ein Restaurant bietet **keine Zuflucht,** denn selbst dort dröhnen die Fernseher. Man muss sich schon in einen Park zurückziehen oder auf einen Friedhof. Nur da ist es dann totenstill, denn die Friedhofswärter haben sich in die Leichenhalle zurückgezogen – zum Fernsehen.

Das Fußballfieber der Argentinier wird von einer Generation zur nächsten vererbt. Ein Fußball ist in der Regel das erste Spielzeug, das ein Argentinier bekommt, bevor er überhaupt laufen kann. Im Kindergarten und in der Schule wird bereits gebolzt und so gut wie alle Jungen wissen die Namen „ihrer" Mannschaft besser aufzusagen als die Verse der Nationalhymne. Die Zugehörigkeit zu einem Fußballverein, also die fast totale **Identifizierung mit dem Klub,** ist mehr als eine Marotte: Sie ist eine Obsession. Den Verein wechselt man nicht, man bleibt ihm ein Leben lang treu. Und wer sich einen Partner fürs Leben sucht, der sollte nicht nur wissen, was das Horoskop sagt, welches Sternzeichen ihn oder sie erwartet, sondern auch in welchen Klub man da einheiratet: Am Ende passt man dann doch nicht zusammen!

Zehn der besten zwanzig **Fußballvereine** Argentiniens kommen aus Buenos Aires, allen voran die *clásicos* Boca Juniors (gelb/dunkelblau) und River Plate (weiß mit roten diagonalen Streifen), dazu gesellen sich noch Independiente, Racing Klub, San Lorenzo, Huracán, Argentinos Juniors, Ferrocarril Oeste, Velez Sarsfield, Lanus und Platense. Santa Fé, Rosario, Córdoba und La Plata sind mit je zwei Teams vertreten, Jujuy mit einem.

Ganz gleich, aus welcher Ecke man in Argentinien stammt: Wenn Boca Juniors gegen River Plate antreten, dann ist das mehr als ein Spiel, dann ist es, als ob Himmel und Hölle miteinander kämpfen. Oder besser gesagt: Die „da unten" gegen die „da oben". **Das Duell** zwischen Boca Juniors und River Plate – *el clásico* – treibt Argentinien regelmäßig ins Delirium. Die Boca-Fans sind hart und ungezähmt wie ihr Stadtteil, die Anhänger von River Plate, des schärfsten Rivalen um die Meisterschaft, nennen sie verächtlich *gallinas,* Hühnchen. Der Plate-Fan, dessen Verein sich im vornehmen Stadtteil Belgrano niedergelassen hat, ist kein Arbeiter, er ist höherer Angestellter, Kaufmann oder Industrieller.

Doch wie in all den anderen Klubs der Stadt, dem Rosario Central, dem Union, dem Newells Old Boys, träumen die Spieler auch dort nicht mehr von der Karriere im Trikot ihres Heimatvereins. Heute träumt man davon, in einer **europäischen Liga** zu spielen. Am meisten wird hier bewundert, wer als Kicker in Madrid oder Mailand Erfolg hat. Diesen Spielern widmen die Gazetten ganze Seiten. Denn niemals wird man aufhören, nach Europa zu blicken. Gleichzeitig aber empfinden die *porteños* Trauer, dass in Buenos Aires nur noch die zweite Klasse spielt.

Der Fußball **kam durch die Engländer nach Argentinien,** wie kann es anders sein. Die britischen Unternehmen, welche die ersten Schienen durch die Pampa schlugen, brachten ihre Ingenieure und Facharbeiter mit – und die spielten am Feierabend gleich neben der Arbeitsstelle Fußball. Übrigens ganz demokratisch, die Ingenieure zusammen mit den Arbeitern. Was als eine interne Angelegenheit der Gringos galt, färbte auf die Einheimischen ab. Entweder direkt oder über den Umweg Italien, wo schon vorher die Engländer (in Genua) die Italiener mit dem Fußballfieber angesteckt hatten. Und so kamen italienische Einwanderer mit diesem Virus befallen nach Argentinien oder guckten in der Hafengegend den Gringos das Spiel ab.

Der Hafen um den Brackwasserfluss Riachuelo, das Viertel La Boca, die Vorstadt Quilmes, die Arbeiterquartiere im Süden der Stadt: Dort wurde der argentinische Fußball geboren. Die ersten aktenkundigen Vereine waren dann auch River Plate (1901) und Boca Juniors (1905). Und diese beiden Klubs sollten auch fast ein Jahrhundert lang das Fußballgeschehen im Lande bestimmen. Natürlich gab und gibt es andere Vereine mit teilweise weit besseren Leistungen als River und Boca. Aber die Spiele zwischen den beiden **Erzrivalen,** die *superclásicos*, sind für den argentinischen Fußball immer viel wichtiger gewesen als beispielsweise die Rivalität der Ruderklubs von Cambridge und Oxford in England.

Der argentinische Fußball hat im Laufe der Zeit viele **Änderungen** erfahren und Häutungen durchgemacht. Erst eine reine Amateurangelegenheit (unter teilweise englischen Trainern), dann ab den 1920er Jahren erste Spiele im Ausland (Boca in Europa, 1925), in den 1930er Jahren schließlich die Wandlung zum kommerziellen Profifußball. In den 1940er Jahren erfolgte die „Politisierung" des Fußballs durch *Perón,* 1978 schließlich die Weltmeisterschaft just in der Zeit der grausamen Militärdiktatur.

Boca blieb in La Boca und River zog weg aus der Hafengegend nach Norden in die feine Ecke. Boca blieb beim Proletariertouch, River wurde gesellschaftsfähig. Aber Boca war begehrt – insbesondere dann, wenn Politiker Popularität suchten. So stieß 1924 Präsident *Marcelo T. Alvear*

Argentinien sportiv

- **Rugby:** Beim Sport sind die Argentinier englische Snobs: Fußball für die Proleten, Polo für die Aristokraten – und Rugby für die Halbstarken aus der Mittelklasse. Schon 1871 soll die erste Partie gelaufen sein. Doch beim Rugby haben nicht nur die porteños mitzureden, denn auch aus Rosario und Córdoba kommen starke Teams. Angstgegner Argentiniens beim Rugby sind die Südafrikaner: die argentinischen *Puams* gegen die südafrikanischen *Springboks*. Gute argentinische Rugby-Spieler werden immer sehr schnell nach Europa (Italien) transferiert. Rugby führt heute ein Schattendasein, gleichwohl ist Argentinien bei globalen Austragungen immer wieder vertreten.
- **Ski:** Es gehört zum guten Ton jeder wohlhabenden Familie in Buenos Aires, die heranwachsenden Söhne und Töchter auf die Pisten von Bariloche und Las Leñas zu schicken. Das Pisten-Runterrutschen ist dabei nur der halbe Spaß, Après-Ski ist eigentlich viel wichtiger. Folglich sind die Lokale und Cafés in Bariloche härter umlagert als die Pisten am Cerro Otto. Skifahrer zeichnen sich durch ihre Ausrüstung aus, weniger durch ihr Können. Man macht eben auch hier „gute Figur" – und warum auch nicht? Der Wintersport ist den porteños so vertraut wie den Neapolitanern. Doch darum geht es nicht: Wer zum Skifahren fliegt oder fährt, der beweist damit ja nur, dass er ein kultivierter Europäer ist.
- **Polo:** Das Spiel der Könige und Magnaten ist in Argentinien angeblich seit 1875 zu Hause. Außerhalb der angelsächsischen Welt kann nur Argentinien beim Polo mithalten – das aber gleich gewaltig. Unter den zehn weltbesten Polo-Stars sind mehr als die Hälfte Argentinier. Zum Polo braucht man Pferde, und das nicht zu knapp ...

  Wie auch der Fußball wurde Polo von den Engländern im 19. Jahrhundert nach Argentinien gebracht. Seit 1893 finden in Hurlington (Vorort von Buenos Aires) nationale Austragungsspiele statt, 1922 erfolgte dann die Gründung des nationalen Polo-Verbands. Gespielt wird in der Herbstsaison von März–Mai und in der Frühjahrssaison August–November. Der Hurlington-Polo-Klub gilt bis heute als der feinste im Lande.

  Polo wird im Team gespielt, jedes der beiden Teams verfügt über vier Reiter, die eine Holzscheibe mit ihren Poloschlägern vom Pferd aus in eines der Tore schlagen müssen. Nach jeweils sieben Minuten Spielzeit, dem chukker, werden Seiten und Pferde gewechselt. Ein langes Spiel kann bis zu acht chukkers dauern. Jeder Spieler muss daher über einen großen Pferdebestand verfügen.

das erste Spiel der Saison von Boca an: natürlich in Cut und Bowler-Hat, versteht sich.

Perón machte den Fußball zur **Staatsangelegenheit.** Er ließ selbst noch im letzten Dorf Plätze anlegen. Und er war erzürnt darüber, dass unter den damals 18 Millionen Argentiniern bloß 150.000 aktiv Sport trieben. Das wollte er ändern, denn Sport und vor allem Fußball sollten nun die Massen ertüchtigen. Das Verhältnis von Sport-Aktiven und -Passiven hat sich bis heute nicht geändert. Argentinier sind keine Sportskanonen, aber sie sind große *aficionados,* **Fans** ihrer Mannschaft. Und die *superclásicos* zwischen Boca und River muss man als guter Argentinier auf jeden Fall gesehen haben.

Boca und River wurden dabei reich (und standen ab den 1980er Jahren immer kurz vor dem Bankrott). River legte sich 1935 das neue Riesenstadion „El Monumental" im Norden zu, Boca zog im Süden nach: 1940 wurde die „Pralinenschachtel" *(la bombonera)* eröffnet. Beide Stadien sind noch heute die wichtigsten **Austragungsorte** des argentinischen Fußballs. Noch jeden Sonntagnachmittag, wenn in der *bombonera* Boca Juniors aufspielt, bebt in dem armen Winkel von Buenos Aires die Erde wie damals zu Zeiten des genialen Gauklers: **Maradona.**

Und als im Jahr seines Rücktritts vom Profifußball ein Spiel der Nationalmannschaft dort stattfindet, singen sich die Fans warm wie immer, und die Stimmung steigt. Plötzlich kehrt für den Bruchteil einer Sekunde Totenstille ein, andächtige Stille. Dann röhrt es aus Tausenden von Kehlen: „Maradooooo, Maradoooo, Maradoooooo!!" Die Haare am Körper stellen sich auf, Gänsehaut breitet sich aus. Ein kleiner, fetter Mann ist in einer Privatloge zu erkennen, Hände winkend: *Maradona* ist in der Arena erschienen. Der Held. **Der Gott.** Für immer und ewig werden sie dem Spieler mit der Nummer 10 die Treue schwören.

Geboren wurde *Diego Armando Maradona* am 30. Oktober 1960 um 7 Uhr morgens in ärmlichen Verhältnissen im Umland von Buenos Aires als fünftes Kind von *Diego Maradona* und seiner Ehefrau *Dalma Salvadora Franco.* Er fing mit neun Jahren an, in der jüngsten Mannschaft der Argentinos Juniors Fußball zu spielen, den „Cebollitos" oder „Zwiebelchen", die fortan 136 Spiele lang ungeschlagen blieben. Die Leute verpassten ihm daraufhin den Spitznamen *pibe de oro* (Goldjunge). 1976, sechs Jahre später, spielte er mit 16 Jahren bereits das erste Mal in der ersten Division im Profiteam der Argentinos Juniors. Und vier Monate später landete er in der Nationalmannschaft. Dennoch ließ ihn 1978 der argentinische Nationaltrainer *Menotti* nicht an der Weltmeisterschaft teilnehmen, da er ihn dafür zu jung befand. 1979 zeigte es Maradona dem Trainer und **gewann den Jugend-Weltcup,** wo er auch zum besten Spieler des Turniers gewählt wurde.

Es ging aufwärts mit *Maradona.* 1981 spielte er für die Boca Juniors. 1982 nahm er an der Fußballweltmeisterschaft in Spanien teil. Er spielte dort insgesamt zwar recht gut, patzte jedoch in den entscheidenden Spielen gegen Brasilien und Italien und wurde wegen eines Fouls des Platzes verwiesen. Im selben Jahr wechselte *Diego* für eine Rekordsumme nach Spanien zum FC Barcelona, spielte aber dort unfall- und krankheitsbedingt nur wenig. 1984 ging er **nach Neapel,** wieder als teuerster

Spieler der Welt. Dort blieb *Maradona* sieben Jahre und gewann mit dem SSC Neapel zwei italienische Meisterschaften, einen nationalen Pokal, einen UEFA-Cup und einen italienischen Super-Cup. Wie in Argentinien begegneten ihm die Neapolitaner mit Zuneigung und Liebe und verehrten ihn wie einen Gott.

Mexiko 1986 – das war der **Höhepunkt seiner Karriere.** In Mexiko spielte *Maradona* seine zweite Fußballweltmeisterschaft. Er kam, sah und siegte! *Diego,* in perfekter körperlicher Verfassung, schoss die argentinische Nationalmannschaft fast im Alleingang zum Sieg: fünf eigene Tore, fünf vorbereitete Tore, bester Spieler des Turniers. Im Viertelfinale gegen England schoss er das Tor, das als „Die Hand Gottes" in die Geschichtsbücher einging – und ein weiteres Tor, das viele als das schönste Tor der Fußballgeschichte betrachten.

Nach seiner Leistung bei der WM und dem goldenen Jahr in der italienischen Liga wurde *Maradona* als einer der besten Fußballspieler der Welt betrachtet, wenn nicht als der beste. Nach der WM 1990 folgt schließlich der **Abstieg auf Raten.** Maradonas Laufbahn wird getrübt von Trainings- und Spielverweigerungen, Vaterschaftsklagen, Steuerschulden und Verkehrsdelikten. Es folgen Drogenmissbrauch und Entziehungskuren, dazwischen immer wieder kurze Engagements bei verschiedenen Vereinen.

Als er nach sieben Jahren Neapel verlassen wollte, ließ ihn der damalige Präsident des SSC Neapel, *Ferlaino,* nicht ziehen. *Maradona* war es leid, sich weiterhin dem Druck und den vielen Journalisten auszusetzen. Im März 1991 wurde *Maradona* bei einer **Doping-Kontrolle** positiv getestet und für 15 Monate disqualifiziert. 1992 spielte er für den FC Sevilla, 1993 kehrte er nach Argentinien kurzzeitig zum Klub „Newell's Old Boys" zurück. 1994 spielte er bei der Weltmeisterschaft in den USA, wurde aber bereits nach zwei Spielen wegen des Gebrauchs des Aufputschmittels Ephedrin vom Turnier ausgeschlossen.

Im Jahr 1999 musste *Maradona* als **Koks-Leiche** in die Privatklinik Cantegrill von Punta del Este geschleppt werden: 20 Kilo über Normalgewicht, Kokain- und Alkohol-Abhängigkeit, psychisch-motorische Störungen, Herzrhythmusfehler, so lautete die Diagnose. *Diego Maradona* verzog sich nach Kuba zur Entziehungskur. Als Sportler gestorben war er schon länger. Dass er zu harten Drogen griff, fiel schon seinen Kameraden von FC Barcelona in den 1980er Jahren auf. Im März 1991 suspendierte ihn der italienische Fußballverband für 15 Monate; im April 1991 flog er mit einer ganzen Gruppe von *amigos* auf, in deren Appartement raue Mengen von harten Drogen gefunden wurden. Immer wieder vergab man großzügig dem Nationalhelden, der doch bei der WM in Mexiko mit 3 : 2 im Endspiel gegen Deutschland Argentiniens zweiten Weltmeistertitel errungen hatte. Aber immer wieder eckte *Maradona* an.

Am 25. Juni 1994 erneut ein Desaster: *Maradona* hatte mit einem 2 : 0 gegen Nigeria Argentiniens Ehre verteidigt. Bei der nachfolgenden Doping-Kontrolle fiel das Los auf *Maradona.* Und der hatte wieder Drogen, diesmal Kokain, im Blut. 15.000 US-$ Strafe waren weniger schlimm als eine weitere Sperre von 15 Monaten. „Sie hacken mir die Beine ab!", jammerte der Star. Dabei hatte er sich selber immer wieder durch Drogen verstümmelt. Nach einem letzten Spiel seiner Boca Juniors mit 2 : 1 gegen River Plate erklärte der 37-jährige am 25. Oktober 1997 das **Ende seiner Fußballkarriere.** Seine Drogenkarriere setzte er fort.

Diego Maradona, der aus der Gosse kam, war der Ruhm zu Kopf gestiegen. Nicht seine Abhängigkeit von harten Drogen, sondern seine **Gier nach Glamour** sei sein Problem, meint der bekannte Schriftsteller *Eduardo Galeano* aus Uruguay. *Maradona* lebt noch irgendwo im Schatten, weit weg in Kuba. Sein Name aber strahlt so hell wie eh und je am Fußballhimmel südlich des Äquators. Im Fußball lassen die Argentinier keine Gotteslästerung zu. *Maradona* kann machen, was er will. Der Traum ist stärker als die graue Wirklichkeit, jedenfalls in Argentinien.

Fluchtpunkte

Jedes Mal, wenn Weihnachten vor der Tür steht und die großen Ferien beginnen, setzt sich ein Zug von Lemmingen aus Buenos Aires heraus Richtung Süden in Bewegung: Die *porteños* ziehen in die **Sommerfrische,** mit Sack und Pack über die Autobahn Ruta 2 ins 418 km entfernte Seebad Mar del Plata. Dann ist der Winterschlaf zu Ende. Der langweilige Fischereihafen mit seinen knapp 500.000 Bewohnern wandelt sich über Nacht in eine Art Las Vegas plus Travemünde, in eine Urlaubsmetropole, in der drei Millionen *porteños* um einen Platz an der Sonne kämpfen.

Es geht um Zentimeter, denn der Stadtstrand von Mar del Plata ist nicht gerade eine Copacabana. Zusätzlich ist es selbst im Sommer viel zu kalt und die Fluten sind so eisig wie die der Ostsee. Also drängelt sich halb Buenos Aires auf wenigen Hektar groben grauen Sands, mietet Stühle, Körbe, Hütten, lässt sich häuslich nieder und beäugt sogleich neidisch oder furchtsam, was der Nachbar und die Nachbarin denn so anstellen. Im Nu ist die ganze Küstenlinie unterhalb der Promenade in eine Art amphibische **Kleingartenkolonie** verwandelt, in der aber nicht geackert und gejätet, sondern eisern die Haut zutage getragen wird – bis

031ar Foto: ab

sich zu Neujahr hin die ersten Opfer des Ozonlochs in den Schatten zurückziehen.

Die Menschenkolonie an den südlichen Gestaden dürfte den Seelöwen und -hunden einigermaßen bekannt vorkommen. So anders sehen deren Kolonien ja auch nicht aus. Und sie dienen durchaus auch ähnlichen Zwecken: dem Sehen und Gesehenwerden, der **Brautschau** und dem **Nestbautrieb.**

Am Anfang all dessen stand der soziale Gedanke. *Juan Domingo Perón* und seine *Evita* wollten etwas für die Arbeiterschaft unternehmen. Gesunde Proletarier – zufriedene Werktätige – folgsame Volksgenossen. Das Seebad als **Volksbad,** Mar del Plata eine Ferienkolonie für Familien, die sich sonst keinen Urlaub leisten konnten. Der „Kraft durch Freude“-Gedanke der Peronisten trieb die Bauwirtschaft in ungeahnte Höhen. Binnen weniger Jahre wurde aus Mar del Plata ein Travemünde einschließlich aller Betonburgen.

Der organisierte Ferienrummel an den recht frischen Gestaden des Südatlantik hat seit den Tagen *Peróns* wieder nachgelassen. Keiner fährt mehr auf Firmenkosten in die Ferien. Doch als die Argentinier noch glaubten, reich zu sein, da trieben sie in Mar del Plata die **Immobilienpreise** in ungeahnte Höhen. Denn wer sich zur Mitteklasse zählt, der wohnt nicht im Hotel oder zur Miete, sondern besitzt natürlich sein eigenes Appartement für den Urlaub, und wenn es auch zehn Monate im Jahr versalzt. Die Folge davon ist in Mar del Plata ab Karnevalsende zu sehen: Geisterstraßen, Geisterplätze, Geisterstrände. Verriegelt und verrammelt – so trostlos sieht es im November nicht einmal an der Costa Brava aus.

Mar del Plata ist schon lange nicht mehr chic – wer es ein wenig exklusiver will, der zieht nach Pinamar oder Villa Gesell ein paar Kilometer weiter. Oder er fliegt gleich nach Punta del Este hinüber nach **Uruguay.** Dort regiert in der Saison zwar der reinste Nepp, doch „was nichts kostet, taugt auch nichts", das weiß doch jeder Argentinier.

Mag Mar del Plata einmal den Klang von *plata dulce,* von süßem Geld gehabt haben, so heißt das Eldorado heute **„El Country".** Himmel und Hölle liegen hier nah beieinander. Das streng bewachte Portal zur Glückseligkeit sieht ein bisschen feudaler und anheimelnder aus als der Eingang zu einem ähnlich hermetisch abgeriegelten Komplex nur wenige Kilometer entfernt. Hier wie da ist ein riesiges Gelände mit Draht und Mauern abgesichert und von draußen lässt sich nicht erkennen, was drinnen vor sich geht. Der Unterschied zwischen beiden Anlagen: In die eine wird man eingewiesen, in die andere zieht man freiwillig. Das eine ist ein gewöhnliches Gefängnis, das andere ein Country.

Für viele halbwegs betuchte Argentinier sind Countries **ein Stück Himmel,** das man sich kaufen kann. Jeden Morgen im Grünen zu frühstücken, tagsüber Vögel in allen Farben und Größen zu beobachten, abends unter dem Sternenzelt zu dinieren und nachts ohne Belästigung durch Verkehrslärm schlafen zu können, ist für die Bewohner jener gettoartigen Siedlungen, die in immer größerer Zahl vor allem im Norden, aber auch im Südwesten von Buenos Aires entstanden sind, schon die Glückseligkeit.

Die Countries scheinen nur Vorteile zu bieten. Eines der zugkräftigsten Argumente für das Leben im Country ist der hohe **Freizeitwert,** denn fast immer gehören zur Infrastruktur der Wohngebiete Klubhaus, Golfplatz, Reitschule, Schwimmbad und Tennisplätze. Der zweite, in jüngster Zeit immer wichtiger gewordene Grund für das Wohnen im umzäunten grünen Paradies ist die **Sicherheit.** Das Country bietet Schutz vor einer immer aggressiveren Umwelt. Innerhalb des Geländes ist alles offen und freizügig. So verheißt es zumindest die Werbung.

Die **Angst** davor, dass die in weiten Teilen der Provinz Buenos Aires eskalierende Gewalt und Kriminalität auch in die grünen Paradiese eindringen könnten, ist in jüngster Zeit allerdings erheblich gewachsen; mancherorts trägt sie schon paranoide Züge. Die Plünderungen von Supermärkten im Großraum Buenos Aires, die im Dezember 2001 zum Sturz der Regierung des damaligen Präsidenten *De la Rúa* geführt haben, lassen manche Country-Bewohner befürchten, ihre Inseln des Friedens und der Ruhe seien das nächste Ziel des plündernden Mobs.

In einem Country versammelten sich vor kurzem die Bewohner auf dem Golfplatz, um die Evakuierung mit einem Hubschrauber zu simulieren und vor ihren Häusern den Abtransport in Lastwagen zu üben – für 4000 Personen! Allenthalben wurden in den Siedlungen die **Schutzvorkehrungen** verstärkt. Sicherheitsfirmen machen mit der Unsicherheit das große Geschäft. Früher sei das Wachpersonal an den Eingängen unbewaffnet gewesen, inzwischen habe man es mit Schusswaffen ausgestattet, berichtet *Mariana* über ihre Wohnsiedlung.

Die Countries liegen an der Peripherie der Hauptstadt Buenos Aires, bis zu 60 Kilometer vom Zentrum entfernt. Diese Randlage teilen sie mit **Elendssiedlungen,** den *villas,* die oft in ihrer direkten Nachbarschaft entstanden sind oder schon vor der Anlage der Edelsiedlungen bestanden. Entsprechend häufig sind **Überfälle** auf Country-Bewohner in der Umgebung ihrer Siedlungen. Manche Country-Bewohner wagen sich monate- oder gar jahrelang nicht aus ihrem goldenen Käfig aus Angst, angegriffen zu werden. Im Norden von Buenos Aires erhalten besonders Ängstliche auf Wunsch Geleitschutz durch den Sicherheitsdienst bis zur mehrspurigen Panamericana-Autobahn. Auf deren Zufahrten muss man an vielen Ampeln halten und dort es ist schon häufig zu Überfällen gekommen.

Die Soziologin *Maristella Svampa* versucht allzu aufgeschreckte Gemüter zu beruhigen. Die Leute in den Armenvierteln wollten etwas zu essen und keine Golfschläger stehlen. *Svampa* hat eine der bislang umfangreichsten Studien über das Phänomen der Countries und geschlossenen Siedlungen in Argentinien geschrieben. Vorbild für die Wohn-Enklaven sind ähnliche **geschlossene Siedlungen** in den Vereinigten Staaten und anderen lateinamerikanischen Ländern. Ein Grund für das Aufkommen der Countries liegt sicherlich darin, dass unter *Perón* die Abkapselung der Reichen geächtet war und das Ziel darin bestand, die Arbeiterschaft in die höhere Gesellschaft zu integrieren.

Ursprünglich waren die Countries in Argentinien reine Freizeit- und Sportanlagen: Ein **Rückzugsgebiet für die Elite** oder sogar für eine Elite innerhalb der Elite, die sich des naturverbundenen Lebens unter freiem Himmel erfreute und Sport treiben wollte, vor allem Pferdesport und Golf. Das Wochenende auf dem Land war der Familie gewidmet. Das älteste Country Argentiniens ist der Tortugas Country Klub aus dem Jahr 1930. Er hat bis heute seine hochherrschaftliche Atmosphäre bewahrt.

Zurzeit gibt es im Großraum von Buenos Aires 434 geschlossene Wohnsiedlungen, darunter 252 Privatsiedlungen, 139 Countries sowie 36 **Chacras.** Chacras stellen eine „ländliche" Variante dar, in der man sich zusätzlich um Ökologie, Folklore und Tradition bemüht. Laut Gesetz dürfen in einem Country höchstens 350 Häuser gebaut werden, jede Einheit muss eine Fläche von mindestens 600 m^2 haben. Die laufenden **Kosten** in den kleineren geschlossenen Privatsiedlungen liegen je Einheit bei umgerechnet rund 50 €, in den Countries bei 100–200 €. Viele Countries werden als Aktiengesellschaften geführt, deren Aktionäre die Bewohner sind.

Die **typischen Country-Siedler** sind junge Ehepaare zwischen 30 und 40 Jahren mit zwei oder mehr Kindern und relativ hohem Einkommen: Freiberufler, Architekten, Ärzte, Rechtsanwälte, Ingenieure, Informatiker, Systemanalysten, erfolgreiche Geschäftsleute. Oft besitzen sie noch eine Zweitwohnung in der Stadt. Für einige ist das Country Fluchtburg, für andere ein sozialer Abstieg, wenn sie etwa den Hauptwohnsitz in der Stadt nicht halten können. So scheuen sich manche Bewohner, anderen gegenüber einzugestehen, dass sie in einem Country wohnen.

Das Café

Wahrscheinlich gibt es keine Stadt auf der Welt, wo das Café, die *confiteria,* so wichtig ist wie in Buenos Aires, die Wiener mögen vergeben. Den *porteños* ist das Café fast wichtiger als die eigene **Wohnung** und viele von ihnen verbringen dort mehr wache Zeit als in den eigenen vier Wänden. Das Café ist die „Botschaft der Metaphysik, ein Ort sozialer Kommunikation, wo man die Welt wieder geistig in Ordnung bringen kann", schreibt der sonst so prosaische Pirelli-Führer Argentinien.

Aber es stimmt schon: Im Café ist man fast so **geborgen und sicher** vor der rauen Wirklichkeit wie an Mutters Brust. „Fugarse de los otros" – vor den Verpflichtungen, vor den Anderen sich entziehen, ins Café. Man kann dort natürlich auch konspirieren und Pläne schmieden – aber schaut man sich in den Cafés von Buenos Aires um, wird man erstaunt sein, wie viele Damen und Herren still und in sich versunken vor ihrem Frischgebrühten sitzen und mit nachdenklicher Geste ab und zu den Kaffee umrühren. Nicht stören! Jetzt nimmt der Argentinier seine Auszeit.

Vielleicht ist das Café der **Ort der Freiheit und Unverbindlichkeit,** Fluchtpunkt vor der Familie, der Welt, dem geschäftigen Treiben. Das kleine Café an der Ecke, das *cafetín,* hat seinen festen Platz im Herzen der Argentinier und es wird im Tango gebührend besungen.

Cafés kommen und gehen, aber einige **traditionelle Häuser** bleiben bestehen. Darunter befindet sich das „Café Tortoni", in dem noch heute Jazz gespielt wird, aber auch *Carlos Gardel* gesungen hat. Dann wäre das „Richmond" in der Calle Florida zu nennen, das „La Paz", das „La Giralda", das „La Biela", „El Café Homero" und „El Taller". Die Moden wechseln, die Zeiten auch. Aber als Treffpunkt und Ankerplatz wird das Café überleben.

Es gibt ein Drinnen und ein Draußen – und dazwischen steht eine Scheibe, die die Hemisphären trennt. Wer ein argentinisches Café betritt, der verlässt die Welt der Zudringlichkeit. Mag der Schuppen drinnen noch so nüchtern sein und der Kaffee etwas fad, so legt sich über den Gast doch eine unsichtbare Haut, die die Wunden heilt und der **gestressten Seele** eine Pause gönnt. Deshalb sind die Cafés von Buenos Aires gerade dann besonders gut besucht, wenn es draußen drunter und drüber geht.

Café cortado (Espresso mit einem Schuss Milch), *expres* (schwarz und scharf), *torrefacto* (mit Zucker schwarz gebrannt) oder *Café con leche* (Milchkaffee), mit Whisky oder Rum: So riesig ist die **Auswahl** nicht, aber immer gibt es ein Glas Wasser dazu und einen winzigen Biskuit. Wer sich keinen Kaffee für einen Peso und darüber leisten kann, der ist nun wirklich arm dran.

Anderswo, beispielsweise in Wien, mögen die Cafés pompöser oder wie etwa in Athen auch lauter sein. Aber nirgendwo auf dem Globus haben Cafés eine solche **Bedeutung** wie in Buenos Aires. Der Schriftsteller *Alberto Salas* nennt die Cafés von Buenos Aires „Breitengrade" der Stadt, wo „die Zeit verschluckt wird", und der Tango-Poet *Enrique Santos Discepolo* preist sie als „Schulen für alles mögliche". Als Tango-Schulen natürlich auch. Und hier erhebt sich auch der Tag mit krossen Halbmond-Hörnchen. Bis heute ist das so: Dem Café gehört die erste und die letzte Stunde und viele zwischendrin.

Das „Café de los Catalanes" soll anno 1799 das erste in der Stadt gewesen sein. Das „Gran Café Tortoni" aber, 1858 gegründet, ist das älteste Haus, das bis heute (in der Avenida de Mayo) einlädt. Im engsten Stadtkern von Buenos Aires, einem Geviert von zehn Gassen, zählt der Kaffeeforscher *Rafael Longo* allein 73 Cafés, die Namen tragen von „An-

032ar Foto: cg

gelitos" bis „Zürich". In Buenos Aires gibt es deutlich **mehr Cafés als Kirchen,** denn hier ist das Seelenheil auch ohne Beichte zu bekommen.

„Vamos a tomar un cafecito" - mal schnell einen kleinen Kaffee nehmen und dann stundenlang über dem kleinen Tässchen tratschen, das steckt den *porteños* im Blut. Und kein Ober würde es wagen, die Session mit der Bitte um Bezahlung zu unterbrechen. Das Café ist ein **Wohnzimmer,** eine Gerüchteküche, ein Parteilokal, eine Leseecke, ein Liebesnest und auch ein Arbeitsplatz. Unzählige Gedichte und Romane sind auf den Papierservietten der Cafés entstanden. Den strengen Geruch von Tabaksqualm und nassem Leder, den Krakeel aus Männerkehlen und der Quetschkommode, die Lemurenexistenz der Vorstadt und der Unterwelt hat das Café längst hinter sich gelassen. Natürlich gibt es sie noch, die nikotinverrosteten Vereinslokale, Fußballkneipen und plüschigen Boudoirs, allesamt „Cafés", aber im Verlauf der Jahrzehnte ist das Café doch immer anständiger geworden, sodass sich auch die Damen der guten Gesellschaft hineintrauten.

Die Kaffeestube ist ein Hort der **inneren Emigration.** Zwei, drei *cortado* und die Welt kommt wieder ins Lot. Schon sehen wir die Kaffeetrinker in angeregtem Mienenspiel, ihre Hände können sie nicht still halten, sie wedeln die schlechten Gedanken weg, schneiden zackig durch die Luft, klimpern mit dem Kaffeelöffel, hauen auf den Tisch. Hier wird die Zukunft gestaltet. Trotz alledem.

Schwarze, Juden, Indianer und Deutsche

Viele Argentinier glauben, ihr Land sei ethnisch so homogen wie Spanien. Ein paar Minderheiten mag es ja geben, aber im Übrigen unterschieden sie sich ja alle von den anderen Latinos, besonders von den braunen Brasilianern nebenan, weil Argentinier größer und blonder seien. Nicht, dass man das auszusprechen wagte, aber ein bisschen als Herrenrasse Südamerikas fühlen sich die Argentinier schon, zumindest als die **europäischsten Menschen** in Lateinamerika.

Gänzlich menschenleer war der Südteil des Subkontinents bei der Ankunft der Spanier natürlich nicht. Doch die autochthone **indianische Bevölkerung** wurde so schnell und gründlich **vernichtet,** dass eine Mestizen-Bevölkerung (Mestize = Mischling zwischen Indianer und Weißem) in der ethnischen Mischung von Indios und Eurasiern wie in den Andenländern und vor allem in Mittelamerika erst gar nicht entstehen konnte.

Die **autochthone Indiobevölkerung** in dem Gebiet des heutigen Argentinien hatte bei weitem nicht die Stärke und Zahl wie die Stämme in den Anden oder in Mittelamerika. Den Schätzungen der Ethnografen zufolge belief sich die gesamte Indio-Bevölkerung vor Ankunft der Spanier in Süd-Südamerika auf höchstens 700.000, wahrscheinlich sogar nur rund 300.000 Menschen, die über ein riesiges Gebiet verstreut als Jäger und Sammler ein steinzeitliches Nomadendasein führten. Durch die Pampas zogen die Querandi-Indianer, die mit ihren Kugel-Lassos Rheas (eine Straußenart) und Guanacos oder Pampashasen jagten – nicht gerade fette Beute.

In Patagonien und Feuerland lebten Mapuche- und Yamana-Indianer, die sich hauptsächlich aus dem Meer ernährten. Sie waren geschickte Kanulenker, aber ihre Behausungen bestanden aus primitiven Fellhütten und trotz des harten, kalten Klimas hatten sie keine besonders ausgefeilte Kleidung entwickelt. *Charles Darwin* und anderen Forschern aus dem 19. Jahrhundert verdanken wir zahlreiche Schilderungen über das geradezu erschreckend primitive materielle Dasein der Feuerländer. Die Indios im Gran Chaco und den Andenregionen hatten das Nomaden-Stadium längst überwunden und es bereits zu städtischen Siedlungen gebracht. Die vorkolumbianischen Hochkulturen aus dem Andenraum hatten tiefe Spuren hinterlassen, gleichwohl war das trockene zentralsüdamerikanische Tiefland wohl nur der Außenraum dieser Hochkulturen geblieben. Ob im Süden oder Norden – die **Besiedelung** des Riesenraumes durch die Amerindios blieb dünn und sporadisch.

Mit jeder Expedition der goldhungrigen Conquistadores ging die **massenweise Vernichtung** voran, sei es durch Feuerwaffen, sei es durch

Krankheitskeime. Weit wehrloser als die hochzivilisierten Inkareiche fielen die Indianer-Nomaden den Europäern zum Opfer. Hochgerechnet mögen heute von den 36 Millionen Argentiniern vielleicht ein oder zwei Prozent indianischen Ethnien zugerechnet werden, vielleicht zehn bis 15 Prozent als Mestizen durchgehen, als Menschen mit dem Blut der alten Stämme der Quetchua, Toba, Wichi im Norden, der Guarani im Osten an der Grenze zu Paraguay und der Mapuche und Tehuelche-Indios Patagoniens. Hin und wieder findet man heruntergekommene, halb verhungerte Indio-Sippen am Rande der Landstraße: Menschen, die völlig am Rande der Gesellschaft leben. Anders als in Mexiko, wo selbst Nachkommen rein spanischer Familien die Namen von Aztekenherrschern angenommen haben, wo man also jedenfalls von Staats wegen stolz ist auf die vorkolumbianischen Ahnen, denkt in Argentinien, dieser scheineuropäischen Welt, kein Mensch daran, sich mit (fremden) Indianerfedern zu schmücken. „Qué Indio!": Dieser Schreckensruf heißt so viel wie „Welch ein Barbar!".

Argentinier lieben eine blasse Hautfarbe, so blass wie das Blau in der Flagge. Dass noch zur Kolonialzeit fast die Hälfte der Bevölkerung in Buenos Aires eine schwarze Haut zu Markte trug, mag kein Argentinier glauben. Aber so war es. Argentinien importierte ebenso **afrikanische Sklaven** wie alle anderen Kolonien Lateinamerikas. Gewiss, in der Karibik und in Brasilien war wegen der Plantagenwirtschaft der Bedarf an „menschlichen Arbeitstieren" weit höher als am Río de la Plata. Doch ohne schwarze Viehhirten, Handlanger, Dienstboten, Kindermädchen und Handwerker kam die koloniale Gesellschaft nicht aus und die junge Republik auch nicht.

Einige Dokumente in den Archiven der Hauptstadt belegen, dass um 1800 nur ein Drittel der damaligen Stadtbevölkerung hellhäutig gewesen sein kann, die Mehrheit sei unverkennbar afrikanischer Herkunft gewesen. Sie haben so gut wie keine Spuren hinterlassen, auch nicht in der Sprache, der Musik, der Kunst oder bei den Ortsnamen. Wo sind sie geblieben? In den Straßen der Metropole erblickt man weniger schwarze Gesichter als in Hamburg oder London. Haben sich die Afrikaner vermischt mit den hellhäutigen Europäern? Dann müssten die Argentinier eine ähnlich schöne braune Färbung haben wie die Brasilianer.

Die gängige Geschichtsschreibung behauptet, die Afrikaner seien wie die Fliegen an Seuchen und Krankheiten gestorben. Oder das Klima habe ihnen zu schaffen gemacht. Die Wahrheit ist eine andere: **Afrikanische Argentinier** sind als Kanonenfutter verreckt. So gut wie alle Mannschaften in den Expansionskriegen und Feldzügen der Ausrottung gegen die versprengte indianische Bevölkerung im Norden wie im Süden setz-

033ar Foto: cg

ten sich aus schwarzen Soldaten zusammen. Die Afro-Argentinier trugen die Hauptlast dieser Kämpfe, nur die Offiziere waren weiß. So war es auch noch im Krieg der Triple-Alliance gegen Paraguay (1865–1870). Schwarze wurden zwangsrekrutiert, ihre Stellen in den Städten und Haushalten mit europäischen Einwanderern aufgefüllt. Genau genommen war dies ein doppelter **Vernichtungskrieg,** dem sowohl die Indianer als auch die Afro-Argentinier zum Opfer fielen. Hinterher war Argentinien fast gänzlich von „Rothäuten" wie von Schwarzen „befreit". Dieses dunkle Kapitel der Geschichte Argentiniens wird in den Schulen gerne schnell übergangen.

Die europäischen Emigranten, die seit etwa 1860 in Scharen an den Río de la Plata strömten, hielten zwar eine Zeit lang im Familienverband zusammen, aber dann setzte doch eine „Entfärbung" der kulturellen und ethnischen Abgrenzungen ein – jedenfalls unter den südeuropäischen Emigranten und vor allem in der Arbeiterschaft. Eher abgeschottet vom **Schmelztiegel Argentinien** blieben kleinere nordeuropäische Kontingente, besonders im Hinterland und in Patagonien, wo Waliser und Iren bis heute unter sich geblieben sind.

Die Einwanderung von **deutschsprachigen Gruppen** blieb bis zum Zweiten Weltkrieg im Wesentlichen auf Buenos Aires beschränkt und hier bildete sich mit Schulen, Vereinen und Zeitungen auch ein reger

Kulturbetrieb heraus. Ein großer Teil der deutschsprachigen Emigranten war jüdischen Glaubens. Mit der Judenverfolgung ab 1933 im Deutschen Reich spalteten sich diese Zirkel auf in die „arischen" Anhänger Adolf Hitlers und in diejenigen, die diesen Spuk nicht mitmachen wollten: Liberale, Sozialisten, Demokraten – und natürlich alle jüdischen Bürger deutscher Herkunft. Unter den Juden gab es aber nochmals eine Trennung, nämlich zwischen den orthodoxen Gläubigen (zumeist Flüchtlinge aus Osteuropa) und den säkularisierten Juden Westeuropas. Beim Besuch des berühmten Physikers Albert Einstein 1925 war es ein kleines Kunststück, die jüdischen Gruppen überhaupt auf ein gemeinsames Empfangskomitee einzuschwören.

Als Folge der Judenverfolgung während des 19. Jahrhunderts und erst recht nach dem Sieg der Nazis 1933 schwoll der **Zustrom jüdischer Flüchtlinge** kräftig an. Argentinien blieb eine Alternative für die Flucht, wenn die USA nicht in Frage kamen. In Buenos Aires schien ja ein Stück Europa zu warten. Allerdings war der **Antisemitismus** auch in Argentinien eine nicht unbekannte Erscheinung, die sich immer wieder publizistisch breitmachte und unter *Perón* mit den Händen zu greifen war.

Gleichwohl wuchs in Buenos Aires die jüdische **Diaspora** zu einer starken Gemeinde heran, die unter allen Minderheiten in der Hauptstadt das lebendigste Eigenleben entwickelte. In Buenos Aires leben heute – natürlich nach New York – die meisten Menschen jüdischen Glaubens (300.000) außerhalb von Israel. Und sie lebten bis zu den Terroranschlägen auf die Botschaft Israels und das jüdische Gemeindezentrum AMIA (1992 und 1994) vergleichsweise ohne Angst und Furcht.

Wenige Straßenzüge weiter mögen ihre schlimmsten Verfolger untergetaucht gewesen sein. Das Netzwerk aus alten Nazis und die heimlichen Sympathisanten im peronistischen Regierungsapparat hatten mit Hilfe des Vatikans dafür gesorgt, dass etliche prominente **Naziverbrecher** in Argentinien untertauchen konnten. Viele dieser kriminellen, aber auch viele unbescholtene Deutsche zogen eine Existenz auf dem Lande vor. In Bariloche, dem Wintersportort in den Anden, entstand so ein großes Nest von Auslandsdeutschen, die unter sich bleiben wollten.

Einige weitere, landwirtschaftliche Kolonien mit deutschstämmigen Einwanderern verwurzelten im „Zweistromland" der Mate-Provinz Misiones. Der kurioseste **Ableger deutscher Tradition** aber spross in den Bergen südlich von Córdoba. Dorthin, nach Villa Coronel Belgrando und Umgebung, hatte die Regierung Matrosen des Panzerkreuzer „Graf

Don Erico

Der alte Mann, „Don Erico", wie sie ihn in San Carlos de Bariloche nur nannten, der Ehrenmann, der sich so ehrenhaft um die Deutsche Schule und das Vereinsleben der Deutschen gekümmert hat, dieser *Erich Priebke* lebte unauffällig. Aber dann kam das Auslieferungsersuchen der italienischen Justiz. Denn *Erich Priebke* soll im März 1944 in Rom als Offizier der Waffen-SS hunderte von unschuldigen Bürgern erschossen haben – in einer Racheaktion für Partisanenangriffe.

„Befehl ist Befehl", so *Erich Priebke*. Er war wohl nur ein kleiner Fisch aus dem Schwarm der schätzungsweise 50.000 Nazis, die nach Kriegsende das zertrümmerte „Großdeutsche Reich" verließen, um in Südamerika unterzutauchen. Fluchthilfe leisteten Geheimbünde wie „Odessa" (Organisation der ehemaligen SS-Angehörigen) oder „Spinne", das Rote Kreuz, die Caritas und vor allem der Vatikan. Kardinal *Montini,* der spätere Papst Paul VI., leitete damals das vatikanische Flüchtlingsbüro, das zahlreichen Nazi-Größen mit Pässen, falschen Namen und selbst geistlicher Verkleidung geholfen haben soll. Besonders willkommen waren die deutschen Braunhemden in Argentinien.

Die untergetauchten Nazis brachten nicht nur „Expertenwissen" mit, sondern auch Gold. Gold, das aus den Gaskammern von Auschwitz und Treblinka stammte und das SS-Schergen und NS-Parteibosse rechtzeitig beiseite geschafft hatten. Dazu soll der legendäre „SS-Schatz" gehört haben, der angeblich im Juni 1944 per U-Boot nach Argentinien gebracht worden ist. Von den 100 Millionen Dollar, die nach dem Krieg von Schweizer und Liechtensteiner Konten nach Argentinien überwiesen wurden, hat *Perón* jedenfalls – laut Nazi-Jäger *Simon Wiesenthal* – 60 Millionen in die eigene Tasche gesteckt: als Gegenleistung für 7500 neue Identitäten. Die verbliebenen 40 Millionen, so vermutet die Journalistin *Gaby Weber,* seien dafür verwendet worden, um den alten Kämpen Renten auszuzahlen und ihnen Kredite für den neuen Anfang in Südamerika zu geben. Die flüchtigen Bonzen aus dem „Dritten Reich" fanden bei den deutschstämmigen Kolonisten in Südbrasilien, Argentinien, Bolivien, Paraguay und Chile Unterschlupf und Deckung. Schließlich war Südamerika ein bevorzugtes Feld der NS-Auslandspropaganda gewesen und in den Dörfern der „Deutschen" hatte man ein eigenes Bild von der alten Heimat gepflegt: kaisertreu, bibelfest und stramm.

Adolf Eichmann, Walter Kutschmann, Josef Leo Schwammberger, Josef Mengele und *Erich Priebke* – all das sind Namen, die für den Terror der Nazis stehen, aber auch dafür, dass Argentinien jahrzehntelang über solche Leute schützend die Hand gehalten hat.

Spee" nach dessen Selbstversenkung vor Montevideo gebracht. Es gab ein ziemliches Hin und Her mit diesem versprengten teutonischen Haufen und den schon früher dort ansässigen Deutschen. Das alles ist Vergangenheit. Heute versteht es die Kleinstadt, mit aufgeklebten Butzenscheiben, imitiertem Fachwerk und Lederhosen touristisches Kapital aus seiner Exotik zu schlagen.

Die deutschstämmigen Argentinier treten sonst kaum in Erscheinung. Anders ist es mit den **turcos,** den Nachkommen **libanesischer und syri-**

scher Einwanderer, die sich vorzugsweise im dürren Andenvorland niedergelassen haben. Mit *Carlos Menem* aus La Rioja kam ein Sohn syrischer Einwanderer sogar bis in den Präsidentenpalast, die Casa Rosada. Sein Bruder, *Eduardo Menem,* war lange Zeit Senator und in den westlichen Provinzen stößt man allenthalben auf Lokalpolitiker mit arabischen Namen. Die größte islamische Gemeinde von Händlern aus dem Nahen Osten hat sich im Dreiländereck von Argentinien, Paraguay und Brasilien mit rund 60.000 Einwohnern entwickelt.

Argentinien ist heute **eher Auswanderer- als Einwandererland.** Doch vor dem Bankrott im Jahre 2001 war das noch ganz anders. Rund zwei Millionen (!) Bolivianer und Peruaner sind in den 1990er Jahren als Gastarbeiter und meist über die „grüne Grenze" in den Süden gezogen. Erneut verhieß der Río de la Plata ein wenig Silber, ein wenig Glück. Die Mestizen und Indios aus den Anden verdingten sich als Straßenkehrer, Putzfrauen und Packer zu den schwersten Arbeiten und zu den übelsten Konditionen. Offiziell wollte keiner in der Regierung von diesen Leuten Kenntnis nehmen. Und als Argentinien zum ökonomischen Sturzflug ansetzte, waren es diese **Lumpenproletarier,** die als erste vor die Tür und in den Bus nach Lima und La Paz gesetzt wurden. Wie viele von ihnen geblieben sind, ist schwer abzuschätzen. Doch in den Slums, die sich entlang der verrosteten Bahngleise in und um Buenos Aires aus Wellblech und Latten erstrecken, tragen so gut wie alle Bewohner unverkennbar indianische Gesichtszüge.

Der liebe Gott und der Tod

Argentinier glauben an alles Mögliche, vor allem an das Unmögliche, doch in die **Kirche** gehen sie nicht. Obgleich immerhin neun von zehn Argentinier römisch-katholisch getauft sind, bedeutet das nicht, dass sie fromm sind. Sonntags in die Kirche zu gehen – das mag auf dem Lande noch üblich sein, die *porteños* wandern lieber auf den Fußballplatz. Höchstens jeder zehnte geht regelmäßig in die Messe, aber es gehört sich natürlich, die Kinder zu taufen, die Ehe auch vor dem Altar zu schließen und ein anständiges christliches Begräbnis zu bekommen.

Die argentinischen „Taufschein-Christen" betrachten die katholische Kirche als Garnierung und Dekor, so wie man eben die Braut in weißen Tüll kleidet und vor jeder Kirche, an der man vorüberfährt, ein Kreuz vor die Brust schlägt. Auch die Taxifahrer machen das. Und dann ist die Religion ja auch gut für **Sitte und Anstand,** darauf achten besonders Mütter und Tanten. Deshalb gilt es nicht als fein, wenn sich jemand offen als

Agnostiker oder Atheist outet. Das ist so, als wenn man bekennen würde, man sei schlecht erzogen.

Die Kirche gehört natürlich auch zum politischen Protokoll. In der **Verfassung** steht, dass nur ein Christ, der in Argentinien das Licht der Welt erblickt hat, zu höchsten Ämtern im Staate befähigt ist. Deshalb musste sich Präsident *Carlos Menem,* der Nachkomme syrischer Einwanderer und nach islamischen Brauch verheiratete (und später geschiedene) Peronist, rechtzeitig um den päpstlichen Segen bemühen, um überhaupt Karriere machen zu können. Aber das war kein Problem. Schon deshalb, weil der argentinische Klerus lässlich im Glauben, aber knochenhart in der Liturgie ist. Mit anderen Worten: Argentiniens Bischöfe stehen da, wo die weltliche Macht ist – weswegen sie mit der Militärdiktatur bestens kooperierten.

In Kirchenkreisen lautet die Devise: Bloß nicht anecken! Dem **argentinischen Klerus** sitzt der Schock noch im Nacken, als unter *Perón* der Pöbel daran Rache nahm, dass die Kirche immer nur die Gedankenpolizei der Oligarchie gewesen war. Einen gefallenen Engel wie *Evita Perón* ließ man nicht in die Kathedrale. Dafür bekamen aber dann die *padres* Prügel. Ein paar Gotteshäuser gingen in Flammen auf und der Vatikan rief zum Rückzug in die Innerlichkeit. Die Kirche soll ihren Segen geben und basta! Dass ihre Vertreter in die intimsten Dinge hineinreden oder sogar in der Politik mitmischen, erträgt kein Argentinier mehr, gleich welcher politischen Couleur.

Aber andererseits: Für die Innigkeit, den heißen Glauben, für die Mystik und das Wunder gibt es kein besseres Mittel als den Weihrauch. Man muss ja nur einmal in den **Wallfahrtsort Luján** fahren, einhundert Kilometer von Buenos Aires entfernt in der Pampa gelegen. Dorthin pilgern jedes Jahr vier Millionen Argentinier zur Madonna *Maria von Luján,* der Schutzheiligen Argentiniens. Hier, in dem ansonsten elenden Provinznest, ragt die neogotische Kathedrale in den Himmel. Wie an solchen Stätten üblich, blüht vor allem das Devotionaliengeschäft. Aber welcher Präsident hat es je gewagt, auf eine Tour dorthin zu verzichten? Luján ist eine Messe wert, aber eine zweite muss nicht sein.

Die **Heiligenbildchen,** die man vielleicht in Luján erstanden hat, schmücken dann die Stoßdämpfer und Windschutzscheben. Ob die Argentinier nun wirklich daran glauben, dass, wie eine Umfrage ergab, die meisten Verkehrsunfälle durch göttliche Fügung passierten/glimpflich verliefen/nicht passierten, mag dahingestellt sein. Jedenfalls kann es

Bildnis der Mutter Gottes in Luján

034ar Foto: cg

nichts schaden, mit der Mutter Gottes verziert das Auto zu steuern. Jeder kennt diesen Witz: Kommt ein Pater und ein Taxifahrer an die Himmelspforte. Petrus lässt nur den Taxifahrer ein. Fragt der Pater: „Warum?" Antwortet Petrus: „Bei Deiner Messe hat keiner gebetet. Aber wenn der Taxifahrer fuhr, hat noch jeder gebetet!"

„Este hogar es católico!" – „Dieses Haus ist katholisch!" Man kann solche Plaketten kaufen, die wie vor dem bissigen Hund warnen: Evangeli-

035ar Foto: cg

sche, Diebe und Bettler müssen draußen bleiben! Das gilt eben für draußen – drinnen im Heim und im Herz sieht es anders aus. Die argentinischen Bischöfe beklagen jedes Jahr aufs Neue die **„profunde Glaubenskrise“**, in der sich das Land befände. Tatsache ist, dass nur noch ein verschwindend kleines Häuflein von Frommen regelmäßig zur Messe geht. In Wahrheit sucht, wer wirklich mit seinem Herrgott spricht oder hadert, andere Wege. Die römisch-katholische Kirche ist in den ärmsten Hütten Argentiniens nicht mehr zu Hause, wenn sie es denn je war.

Pachamama, die heilige Mutter Erde der indianischen Urbevölkerung, steckt viel tiefer in den Seelen vieler Argentinier als die Jungfrau Maria. Und zwischen diesen beiden Extremen, dem Schamanismus der Indios und der kolonialen Kirche, schwanken die **religiösen Prägungen** wie das Schilf im Winde. Es ist kein Wunder, dass auch in Argentinien unter der glatten staatsreligiösen Oberfläche der fromme Synkretismus (= Vermischung verschiedener Religionen) brodelt. Er äußert sich beispielsweise in der Verehrung der „La Difunta Correa“. Die „Verblichene Correa“ führt uns in die echten Labyrinthe der Volksfrömmigkeit, die sich in Argentinien immer wieder zeigt – nicht zuletzt auch im Kult um den „Engel der Armen“, *Evita Perón.*

Jene „Verblichene Maria“ soll eine tapfere Frau gewesen sein, die mit einem Neugeborenen ihrem Mann in den Bürgerkrieg gefolgt sei. In der

Wüste von San Juan erlag sie, das Kind im Arm, dem Hunger und Durst. Als ein paar Soldaten auf den Leichnam der Mutter trafen, entdeckten sie, dass der Säugling an deren Brust offenbar frisch gestärkt und bei bester Gesundheit war. Ein Wunder! Wenig später gab es in Vallecito, ihrem Todesort, eine erste Kapelle. Der Triumph des Lebens über den Tod hinaus, der feste Glaube, dass nach der Niederlage der Triumph folgt, die Rache des Jenseits gegenüber der Realität: Diese Art des Glaubens, ja des **irrealen Fanatismus,** scheint besonders in Argentinien zu Hause zu sein. Jedenfalls sprossen nicht nur in San Juan, sondern auch im ganzen Hinterland Argentiniens die Kapellen der Verblichenen Maria wie Kakteen aus der dürren Erde. Sie blühen an den Pistenrändern Nordargentiniens und tauchen unvermittelt am Wegesrand auf. Kultstätten voll beladen mit Krücken, Fotos und anderen Dingen, die immer die gleiche Geschichte erzählen: Die Verblichene Maria hat in höchster Not geholfen, so wie sie ihr Baby noch nach dem Tode genährt hat.

In Vallecito liegt das Arsenal der Hoffnung. Diese Müllhalde der Spiritualität sagt uns mehr über die Seelenängste als jedes Protokoll der Psychoanalytiker und urbanen Seelenklempner, die in Buenos Aires ihr Handwerk betreiben. Der katholische Klerus nimmt davon, wenn überhaupt, nur angewidert Kenntnis. Schließlich hat man genug damit zu tun, den **Aberglauben** der modernen Menschen in verlässliche Bahnen zu lenken.

Dem **Tod** entrinnt niemand. Und zum Tode haben die Argentinier ein ganz besonderes Verhältnis. Erstmal eines, das auch die Wiener pflegen, nämlich ein durchaus pragmatisches: das der „schönen Leiche". Ein Toter will gefeiert werden, ob es ihm behagt oder nicht. In Argentinien sind Totenfeiern das, was in Brasilien der Karneval ist. In Brasilien feiert man das Leben, in Argentinien aber den Tod.

Die Städten der morbiden Todeskultur sind die **Friedhöfe.** Jeder Ort in Argentinien hat einen und nicht selten sind die pompösen Grabmäler dort solider gebaut als die Hütten vor den Friedhofsmauern. Die allergrößten Ruhestätten der Welt besitzt Buenos Aires. Der **Friedhof Chacarita** ist so ausgedehnt, dass man zu Fuß die Distanzen zu den Gräbern nicht bewältigt – man nimmt den Friedhofsbus. Doch selbst dann ist es ratsam, eine Karte der Totenstadt mitzuführen, denn man kann sich allzu leicht verirren. Irgendwo in dem Häusergewirr liegen *Carlos Gardel* und *Juan Domingo Perón* begraben. Die Friedhofswärter – oder besser: Totenstadtführer – helfen gerne weiter. Und obgleich Chacarita den Wie-

Recoleta, der Traditionsfriedhof von Buenos Aires

ner Zentralfriedhof an Ausdehnung übertrifft, stehen die Gräber und Mausoleen am Río de la Plata auch noch dichter beieinander. Man hat den Eindruck, als bewege man sich auf einer Madison Avenue der Geister. Wäre man ein Zwerg, so müsste man sich wie in Manhattan fühlen. Vielleicht geht es den Großstadtkatzen auch so, die sich für Chacarita als urbanen Wohnort entschieden haben.

Aber Chacarita ist nichts gegenüber **Recoleta.** Das ist die Wall Street der Beweihräucherung. Wer Recoleta nicht besucht hat, hat Buenos Aires nicht gesehen. Der Traditionsfriedhof der Hauptstadt befindet sich im Barrio Norte, dem eleganten Viertel der Kneipen, Cafés und Psychodoctores. Polyglotte Totenführer erwarten den Gast und man kann wetten, an jedem Tage mindestens ein Team von Fotografen oder Fernsehleuten zu erwischen. Recoleta verdient fünf Sterne – oder sollte man besser Kreuze sagen? In die Breite kann Recoleta nicht mehr wachsen, der Totenbezirk ist ringsum von den Hochhäusern und Appartementburgen der Lebenden umgrenzt. Die Raumknappheit führt zu ungeheuren „Grundstückspreisen": Eine Grabstelle, falls überhaupt vorhanden, kann glatt über 50.000 Dollar verschlingen. In Recoleta ruht nur der, der es im Leben zu etwas gebracht hat. Byzantinische, romanische und gotische Minikathedralen und Heldendenkmäler wetteifern um das Auge des Betrachters. Recoleta ist auch ein Architekturmuseum. Aber vor allem ist Recoleta das Pantheon der Nation.

Wenn nun schon alle Avenidas und Straßen im Zentrum von Buenos Aires die Namen der großen Familien tragen, ihre Gebeine ruhen in Recoleta. 6500 **Familiengruften** sollen es sein und in jeder liegen im Schnitt 15 Skelette. Sie liegen natürlich nicht, sie ruhen. Sie ruhen auf den marmornen Kissen aus, die ihnen Unsterblichkeit sichern sollen. Ein Bastard wie *Evita Perón* gehört da eigentlich nicht hin. Das bescheidene Grabmal der *Duartes* liegt denn auch in einer Seitengasse, über und über mit frischen Blumen und den Bronzeplatten ergebener Gefolgschaft bedeckt.

Recoleta gibt zu denken. Wenn es wahr ist, dass man Argentiniens Geschichte im Telefonbuch findet, dann findet man die Geschichte derer, die das Sagen hatten, in Recoleta und diese Geschichte erzählt von Triumph und Verzweiflung. Die **Grabarchitektur** von Recoleta ist eine pompöse Geste der Hilflosigkeit. Die Vorstellung, anonym in fremder Erde verscharrt zu werden, muss den Gründervätern dieses Landes ein Gräuel gewesen sein. Wenn man schon im Exil sterben muss, dann aber mit Glanz und Gloria. Mögen die Pioniere in Nordamerika ihre Wolkenkratzer und Freiheitsstatuen hinterlassen haben, die Argentinier schenkten der Nachwelt ihre seltsamen Pyramiden.

036ar Foto: cg

Mamas, Modepuppen und Machos

Im Macho-Land Argentinien erzählt man sich einen bösen Scherz: Woran der Reisende wohl erkenne, dass er sich in der Schweiz befinde? Das ist da, wo die Kühe hübscher sind als die Frauen. Doch man könnte dem entgegensetzen, dass sich die **argentinischen Frauen** herausschmücken wie die die Schweizer Kühe vor dem Almauftrieb. Ein Klischee?

Jedenfalls verbringen die Damen am Río de la Plata täglich mehr als eine Stunde vor dem Spiegel – das will ein Forschungsinstitut festgestellt haben. Makelloser Teint und stolzes Auftreten wird heranwachsenden Mädchen schon früh eingetrichtert. Dass Vierjährige sich die Finger- und Fußnägel anmalen, gilt als normal und dabei können sie auf den **Beistand der Mutter** hoffen, die auch ihren Ehrgeiz einsetzt, um ihre Tochter erfolgreich in einen Schüler-Schönheitswettbewerb zu platzieren. Eleganz, Stil und Charme sind für das weibliche Geschlecht wichtiger als Intelligenz, Selbständigkeit und Bildung – jedenfalls nach dem traditionellen Kodex, der von den Massenmedien und Kosmetikinstituten gebetsmühlenhaft verbreitet wird. In dieser Absurdität wird Argentinien in Lateinamerika bloß noch von Venezuela übertroffen.

Wie eine solche Frau aussehen muss, haben *Evita Perón* und ihre vielen blonden Remakes vorgemacht. Das **Ideal** ist die **Barbiepuppe.** So viele Blondinen wie in Argentinien gibt es nicht einmal in Schweden – dank Wasserstoffperoxid und anderer Bleichmittel. Denn von ihrer genetischen Grundausstattung her sind die meisten Frauen in Argentinien ja wohl nicht heller als die dunkelschnauzigen Herren der Schöpfung. Die Argentinierinnen scheinen auf einem Laufsteg durchs Leben zu schreiten. Kritisch wird das Outfit möglicher Konkurrentinnen gemustert – und mit einer gewissen Blasiertheit, aber gleichwohl innerer Befriedigung werden die bewundernden Blicke und gelegentlichen *piropos* (anzügliche Bemerkungen) der Herren eingefangen.

Die Frauen machen etwas her. Make-up und Maske sind die Mauern, die sie um sich bauen. Aber wage keiner, diese Festung gleich im ersten Anlauf zu stürmen! So leicht es ist, selbst auf der Straße mit jungen wie reifen Brasilianerinnen ins Gespräch zu kommen, so lässig lassen Argentinierinnen entsprechende Versuche an sich abtropfen wie ein imprägnierter Regenmantel. Im **Geben von Körben** sind sie Weltmeisterinnen.

Die attraktive Unnahbarkeit der argentinischen Aphroditen schlägt daheim um in eine kaum vorstellbare **Dominanz,** die aus den Machos graue Mäuse macht. Mag der Argentinier die Lufthoheit über seine Stammtische besitzen, am heimischen Herd wird er höchstens als Diener geduldet. La Mama ist die Heilige, sie wacht über die Erziehung der Brut, sie scheucht die Hausangestellten herum (zur Ausstattung einer Mittelklassefamilie gehört die *empleada*) und sie bestimmt den Rhythmus. Der Gatte darf warten, selbst wenn man schon vor einer Stunde mit Freunden verabredet war. Die Rechnung bezahlt natürlich er. Es ist unvorstellbar, dass eine Argentinierin auf ihren Teil besteht. Und ein Mann, der sich von einer Frau aushalten lässt, muss nicht ganz bei Trost sein.

In der Öffentlichkeit hat die Gattin die **Rolle einer unterwürfigen schöneren Hälfte** zu spielen. Ihrem Mann ins Wort zu fallen oder zu widersprechen würde ihr im Traum nicht einfallen. Daheim aber bekommt er es dann aufgetischt. Weil der Mann im Haus so wenig zu sagen hat, kompensiert er das auf der Straße durch um so potenteres Auftreten. Und umgekehrt: Weil die Frau in der Öffentlichkeit so wenig zu sagen hat und selbst bei der Wahl des Ehegatten unter der Fuchtel des Vaters stand, rächt sie sich später durch geradezu hysterische Attacken auf den Mann daheim. Aber ihr schlimmster Feind ist ihr **Gewicht.** Der Krieg gegen die Kalorien und um die schlanke Taille ist geradezu ein Existenzkampf. Kaum ein Klatsch unter Frauen, der sich nicht um Magerquark, Zellulitis oder Konfektionsgrößen dreht – und natürlich darum, ob das Töchterchen auch den richtigen Mann angelt.

Argentinische Frauen stehen leuchtend im Schatten des Mannes. Jedenfalls war das lange Zeit so. Man braucht nur einmal die Schulbücher für den Geschichtsunterricht durchzublättern: Keine argentinische *Jeanne d'Arc,* keine *Rosa Luxemburg* und auch keine *Queen Victoria,* nichts. Erst mit *Evita Perón* tritt zum Schrecken der Damen der Gesellschaft nun auch noch ausgerechnet ein Vorstadt-Luder in das Licht der Scheinwerfer. Die Folge: Massenhysterie auf den Straßen, Depressionen in den Salons. *Evita Perón* hat für die **Emanzipation** der Frauen in Argentinien mehr getan als jede/r andere. Sie setzte beispielsweise gegen den Widerstand der gesamten politischen Klasse das Wahlrecht für Frauen durch. Sie verstand sich als kämpferische Feministin, trat heraus auf den Balkon vor die jubelnden Massen und agitierte selbst gegen ihren Mann, den Oberst *Juan Domingos.* Aber dann trat sie wieder zurück in dessen Schatten. Sich gegen diesen weichlichen Göttergatten aufzulehnen, wäre politischer Selbstmord gewesen. Immerhin: Seit *Evita* war eine politische Rolle der Frau, wenn auch noch von der Macht des Mannes abgeleitet, vorstellbar. Mit ihrer Nachfolgerin *Isabelita* hatte Argentinien ja sogar kurzfristig eine Frau an der Spitze des Staates, aber nur eine lächerliche Kopie von *Evita.*

Wenn Not am Mann ist, dürfen nun auch **Frauen in der Politik** einspringen. *Hilda „Chiche" Duhalde* durfte sogar an der Seite ihres Mannes, des Präsidenten *Eduardo Duhalde,* Ministerin spielen. Das hätte *Menem* kaum zugelassen. Als dessen Gattin, First Lady *Zulema,* aufmüpfig wurde, schickte er sie in die Wüste. Dafür durfte dann das Töchterchen, *Zulemita,* am Arm des Vaters auf den Staatsempfängen First Lady respektive First Daughter spielen. Und nun hat, 2007, auch Präsident *Nestor Kirchner* den Dreh gefunden, seine Gattin vorzuschicken, damit er sie später wieder im Amt beerben kann.

Doch auch in Argentinien leben die Menschen nicht mehr im 19. Jahrhundert. In den Zeiten der Krise und der Not haben Frauen auf einmal ganz neue Chancen – wie einst die „Trümmerfrauen" in Deutschland. **Die „Mütter der Plaza de Mayo",** also jene Frauen, die noch heute regelmäßig mit ihren Kopftüchern als Zeichen des Protestes dafür demonstrieren, dass endlich alle Verbrechen der Militärs gesühnt werden, die Auskunft über den Verbleib ihrer gefolterten Töchter und Söhne fordern

037ar Foto: cg

und die nicht Ruhe geben, bis sich Argentinien seiner dunklen jüngsten Vergangenheit stellt, sind ein erstes Anzeichen des stärker werdenden Selbstbewusstseins argentinischer Frauen. Diese Frauen scheren sich nicht um ihr Aussehen und deshalb haben sie auch nicht die geringste Chance, in die Frauenmagazine zu kommen (siehe Seite 66).

In der turbulenten Ära nach dem schmählichen Amtsende von *Carlos Menem* richteten sich zudem die Hoffnungen vieler Argentinier auf eine Frau, die nun so gar nicht dem Barbie-Ideal entsprach: auf **Graciela Fernandez Meijide,** die immerhin die Führung der Provinz Buenos Aires erstritt und beinahe die Chefin der antiperonistischen Regierungskoalition „Alianza" geworden wäre. *Graciela Meijide,* die einen Sohn unter den Militärs verloren hatte, kümmerte sich wenig um ihr Make-up. Die Augenschatten aus nächtelangen Wahlkampagnen und ihre unprätentiöse Art flößten bei den Wählern eher Vertrauen als Ablehnung ein. *Graciela Meijide* schien auf dem besten Weg, eine argentinische *Golda Meir* (Israel) zu werden. Doch dann manövrierten sie die Parteibosse der Radikalen, *Raul Alfonsin* und *Fernando de la Rúa,* auf Machoart ins Abseits.

Mit der „Dicken" **Elisa Carrió,** die fast ganz allein im Kongress eine Aufdeckung der Skandale um *Carlos Menem* betrieb, trat erneut eine Anti-Barbie ins Rampenlicht der Politik. *Elisa Carrio,* die mit ihrem Slogan „Que se vayan todos!" – „Sollen die Politiker doch alle abhauen!" den Nerv der allgemeinen Frustration nach dem Bankrott Argentiniens traf, schaffte es bis zur Kandidatur bei den Präsidentschaftswahlen im April 2003, aber sie konnte sich nicht durchsetzen. Das Regieren überlassen die Argentinier dann doch immer noch lieber den alten Männern.

Zwar haben sich viele Argentinierinnen bis in die Vorstandsetagen vorgeboxt, aber sie nehmen dort eher untergeordnete Posten ein. Eine Frauenquote wie etwa bei den politischen Parteien in Deutschland ist in Argentinien vorerst unvorstellbar. Also geht es weiter: Die Machos bestimmen draußen, wo es langgeht, die Frauen daheim. Man kann sich denken, dass bei einer derart **rigiden Rollentrennung** eine wirkliche Kommunikation über die Geschlechtergrenzen hinweg kaum stattfindet. Davon leben die Psychotherapeuten recht gut. Partnerschaftliche Ehen sind nach dem traditionellen Kodex nicht vorgesehen. Man wird kaum einen Argentinier auf der Straße sehen, der einen Kinderwagen schiebt. Soweit der Stand von Gestern. Dass es längst emanzipierte Beziehungen zwischen den Geschlechtern gibt, kann keiner bestreiten. Aber an der europäischen Latte gemessen sind es bislang nur zarte Pflänzchen ...

Die rigide Rollentrennung reichte natürlich bis ins **Schlafzimmer.** Der Mann war der Eroberer, die Frau nahm's hin – und kriegte Migräne. Da durfte sie sich nicht wundern, wenn ihr Gatte andere Wege ging. Eine heimliche Geliebte zu haben, gilt unter Männern als Statussymbol. Aber die Fassade muss gewahrt werden. Denn wenn die Ehegattin davon erfährt, ist die Hölle los und vor jedem Scheidungsanwalt wird sie ihre Forderungen durchsetzen. Man kann sich leicht denken, dass für die meisten Argentinier und Argentinierinnen der Sex ein Problem ist. Die Massenmedien schreien: Du musst! Aber drinnen im Schlafzimmer sieht es trübe aus.

Was nicht ins **heterosexuelle Schema** passt, ist völlig unakzeptabel. Ein schwuler Bürgermeister wie in Berlin, ein bekennender Homo als Spitzenpolitiker wie in Holland wären in Argentinien Sonderlinge, die erbarmungslosen Schmähungen ausgesetzt wären. Argentinier haben vielleicht Probleme mit ihrer Nationalität, aber nicht mit ihrer Sexualität glauben die Argentinier.

Jung, schön und aus gutem Hause – was braucht man mehr?

Kranke Seelen

Keine anderes Volk verbringt so viele Stunden auf der **Couch der Seelendoktoren** wie das aus Buenos Aires. Dort gehört es schon zum guten Ton, einen Psychoanalytiker zu konsultieren, so wie man in Brasilien seine Nase richten lässt oder den Busen mit Silikon voll stopft. Den Brasilianern geht es um die Schale, den Argentiniern um den heilen Kern.

Es ist diese Zerrissenheit, welche die Bewohner der Stadt noch immer in sich tragen, die Freude am eigenen Unglück. die erklärte Absicht, melancholisch zu sein. In Palermo, einem eleganten Viertel der Mittelklasse mit dem Beinamen „Villa Freud", sucht man auf der Couch nach Linderung. Die Suche nach ihrer Identität (Wir erinnern uns: Argentinier sind Italiener, die Spanisch sprechen, sich wie Engländer aufführen und davon träumen, Franzosen zu sein.) lässt die **Neurosen** blühen. Und es gilt nicht als Stigma, sondern als Statussymbol, professionellen psychologischen Beistand zu suchen. Der wöchentliche Gang zum Therapeuten ist unter denen, die es sich leisten können, so unvermeidlich und selbstverständlich wie der Besuch eines Friseurs. Mit etwa zwanzigtausend praktizierenden Psychoanalytikern hält Buenos Aires weltweit den Rekord in der beruflich organisierten Aufarbeitung von Seelenkrankheiten. Selbst die Therapeuten therapieren sich untereinander und Arbeitgeber wie Gewerkschaftsbosse suchen für sich und ihre Schäfchen schon mal ganz selbstverständlich Beistand bei den Jüngern Siegmund Freuds, um Konflikte in der Arbeitswelt zu lösen.

Die **Konzentration von Psychoanalytikern** stammt aus besseren Zeiten. Hunderte von europäischen Ärzten, darunter viele jüdische Flüchtlinge, hatten sich Ende der 1930er Jahre vor den Nazis nach Buenos Aires retten können und nicht wenige Schüler des Wiener Nervenarztes *Freud* waren darunter. Mit Vorliebe ließen sich die Herren Doctores im Viertel Palermo nieder. Es dauerte nicht lange und die Kunden standen Schlange. Die Suche nach den Antworten auf die zentralen Fragen des Woher und Wohin füllte die Praxen und Portemonnaies der Seelenärzte. Wo sonst kann man in Argentinien seine seelische Last abladen? Die **Kirche** ist nur noch der Wächter über die guten Sitten. Die Reichen brauchen weniger Therapeuten als Vermögensberater, das dumpfe Volk mag den Peronisten auf den Leim gehen. Was bleibt der argentinischen Mittelklasse da noch übrig? Der Gang zum Therapeuten!

Die Krise beschert immer neue schlechte Nachrichten

038ar Foto: cg

Der Siegeszug der Psychoanalyse setzte zeitlich in etwa mit dem Kater, also der Desillusionierung, nach dem Ende des Regimes von *Juan* und *Evita Perón* ein. Die Hexenjagd der Militärdiktatur zwang vielen Bürgern **traumatische Erlebnisse** auf: Wo war die Tochter oder der Sohn geblieben, die eine vorlaute Lippe über das Regime riskiert hatten? In Argentinien konnte man damals in den siebziger Jahren wegen eines Scherzes oder eines falschen Buches in der Folterkammer enden. Seelischer Beistand war überlebenswichtig.

Gleichwohl – der Gang zum Therapeuten war immer schon weniger ein Ergebnis der turbulenten Zeiten und Krisen als des **Einkommens.** Gepflegt ausgehen, das bedeutete auch, zum Therapeuten zu gehen. Unter *Carlos Menem,* dem Jahrzehnt von „Pizza und Champagner", ging es den Therapeuten leidlich gut. Der Rubel rollte und 50 US-$ für eine Stunde Aussprache auf der Couch war nicht zu viel verlangt.

Mit dem Bankrott Argentiniens sind solche „Vergnügungen" für die argentinische Mittelklasse unerschwinglich geworden, obwohl doch die Konfiszierung aller Sparguthaben eine weitere traumatische Erfahrung war. Die **Krise** hat die Mittelschicht getroffen wie nie zuvor. Informatiker, Unternehmer, Kaufleute, Studenten, Lehrer, selbst Therapeuten wissen nicht mehr weiter. Viele haben ihren Job verloren und die Zahlungsmoral leidet. Schlechte Beispiele gibt es genug: Die Regierung bezahlt ihre Schulden nicht, die Banken mauern. Das Motto kann nur noch lauten: Rette sich, wer kann!

Heute kommen die Leute, die es sich noch leisten können, immer häufiger in die Praxen, weil sie sich immer mehr um Leib und Leben sorgen. Wer bleibt noch nachts an roten Ampeln stehen? Wer will schon seine Kreditkarte nutzen, wenn professionelle Fälscher darauf lauern, das Plastikgeld zu klonen? Seitdem ständig von Entführungen und Betrug in der Presse berichtet wird, ist das einst turbulente Nachtleben der La Plata-Metropole deutlich abgeflaut. Die **Angst** kriecht in die Magengrube, der psychische Verschleiß ist gewaltig. Noch nie gab es so viele **Infarkte, Magengeschwüre und Depressionen.** Beruhigungsmittel verkaufen sich daher prächtig, die Apotheken haben Geld in der Kasse. Aber die Therapeuten schauen in die Röhre. Gleichwohl gibt es sie noch, wenn auch nicht mehr so wie früher auf dem hohen Ross am Kopfende der Couch sitzend. Einige versuchen es durch Spezialisierung, sie annoncieren als „christliche Therapeuten“ oder als Anhänger „holistischer Theorien“. Der bunte Markt für Seelenklempnerei und Esoterik blüht. Warum nicht eine Bachblütentherapie in Buenos Aires?

Die argentinische Hauptstadt hat das Zeug zur **Therapie-Metropole** einer kaputten Welt. Hier praktizieren die Experten und Gurus der verklemmten Seele. Denn wer wollte bestreiten, dass die Argentinier immer etwas anderes sein wollen als das, was sie sind? Dass sie ein enormes Identitätsproblem mit sich herumtragen? Doch diese Makro-Analyse einer kollektiven Seele erklärt nicht alles. Wer zum Seelendoktor geht, der kommt ja auch privat oft nicht weiter. Die Beziehungskrisen sind das Unterfutter für die Analysten-Couch. Wie gerne plaudern die Argentinier über ihre „Traumata“ und die guten Ratschläge der teuren Analysten! Unter Männern und unter Frauen spricht man darüber, aber auch nur streng nach Geschlecht getrennt.

Zur vollen Wahrheit gehört dann wohl auch, dass die **Kommunikation zwischen den Geschlechtern** in Argentinien blockiert ist. Männer wie Frauen spielen ihre Rollen und sie legen sie nicht ab. Ein Mann, der sich am Busen seiner Frau ausweint? Eine Memme! Eine Frau, die auf ihr Make-up verzichtet? Eine Schlampe! Politische Massenhysterie *(Evita!!)* und private Hysterie um Gesichtsverlust und Eifersucht sind wohl nicht zu trennen. Der Besuch beim Therapeuten ist der Ausweg: Was der Onkel Doktor sagt, braucht man selbst nicht zu sagen. Man braucht die Rolle nicht abzuwerfen, braucht nicht erwachsen zu werden – das übernehmen die Spezialisten. Auch mit der Therapie – oder gerade deswegen – kommen die Argentinier nicht aus dem Tretrad ihrer Obsessionen.

Das andere Ufer: Uruguay

Argentinien ist das Thema dieses Buches. Aber nehmen wir einmal an, ein Argentinier würde über die Deutschen und ihre Kultur schreiben: Könnte er Mozart auslassen, der ein Österreicher war? Natürlich nicht. Deutschland und Österreich gehören zum gleichen **Kulturraum,** und so ist es auch mit Argentinien und Uruguay. Alle Vergleiche hinken. Aber so wie Deutschland und Österreich allerengste Nachbarn und Bewohner des gleichen kulturellen Hauses sind, so verhält es sich auch mit Argentinien und Uruguay. Übrigens sind auch die Größenverhältnisse ähnlich. Uruguay passt mit seiner Fläche wie seiner Bevölkerung etwa zehnmal in Argentinien hinein. Der Río de la Plata wie der Río Uruguay trennen die beiden Länder weniger, als dass sie sie verbinden in einer gemeinsamen Wasserstraße eines Kultur- und Wirtschaftsraumes.

Uruguay ist so etwas wie ein **Kontaktabzug Argentiniens.** Schon der Name des Staates, „Republica Oriental del Uruguay", verweist auf die lange, gemeinsame Geschichte mit Argentinien. Warum sollte sich Uruguay schon als „Östliche Republik" bezeichnen, wenn es denn keine „Westliche" gäbe – und das ist natürlich Argentinien. Selbst die argentinische Sonne (auf seiner Fahne) leuchtet auch auf Uruguays Flagge. Argentiniens Pampa setzt sich auf dem östlichen Ufer des Río de la Plata fort. Uruguay ist so flach wie Schleswig Holstein, nur zwölf Mal so groß. Wie die Pampa lebte und lebt Uruguay von Viehzucht (und ein wenig Ackerbau) und von den Dienstleistungen eines Staates mit strengem Bankgeheimnis und laxen Geldkontrollen. Als Argentinien zu den reichsten Ländern der Erde zählte, genoss Uruguay den Ruf, die **„Schweiz von Südamerika"** zu sein.

Von diesem Glanz zeugen heute noch die prächtigen Paläste in **Montevideo,** der Hauptstadt, die wiederum wie ein kleines Buenos Aires aussieht. In Montevideo leben 1,3 der 3,3 Millionen Einwohner Uruguays. Schon deshalb spielt sich in der Hauptstadt fast das gesamte kulturelle, ökonomische und politische Geschehen ab. Die übrigen Orte sind bis auf das Seebad Punta del Este verlorene Nester in der *Cuchilla,* der uruguayischen Pampa.

In der Kolonialzeit war die „Provincia Oriental" (Ostprovinz) ein Teilgebiet des spanischen Vizekönigreichs Río de la Plata und um 1810 lebten nicht mehr als 60.000 Menschen in diesem Gebiet: *estancieros* und *gauchos,* Viehbarone und Viehtreiber – und Millionen Rinder und Schafe. Als die Junta in Buenos Aires im gleichen Jahr ihren Abfall von Spanien erklärte, rettete sich ein Teil der spanischen Truppen auf das Ostufer des Río de la Plata nach Montevideo.

Punta del Este, ein Sylt in Südamerika

Wenn es Buenos Aires dreckig geht, klagt Punta del Este. Argentinien ging es ganz schön dreckig. Aber nun kann jeder Argentinier ruhig seine „Matratzendollars" hervorholen, ohne dass gleich der Gerichtsvollzieher an die Tür klopft. Keiner muss mehr nach Punta del Este reisen, um die Dollars zu verpulvern, die er vor dem Rabenvater Staat in Uruguay versteckt hat. „Pura pinta!", reine Illusion, die Argentinier werden wiederkommen!

Wenn die großen Ferien nahen, bricht Argentinien in zwei entgegengesetzte Richtungen auf und auseinander, nur das Volk bleibt da, wo es hockt. Die Mittelklasse fährt mit Kind und Kegel gen Süden an den Strand von Mar del Plata. Die Schönen und die Reichen aber verbringen ihren Urlaub im Ausland, in Punta del Este an der Atlantikküste Uruguays: fern vom Schreibtisch, ungestört und unter ihresgleichen. Die wichtigsten Dinge lässt man sich vom Büro per Telefon durchgeben, die Fernsehnachrichten aus Buenos Aires kommen per Parabolantenne herein.

Von Ostern bis Weihnachten ist Punta del Este eine Geisterstadt, in der nicht einmal 10.000 Hausmeister, Rentner und Fischer hausen; in der Adventszeit aber erwacht das Seebad aus seinem Winterschlaf. Eine halbe Million Urlauber bevölkern im Ferienmonat Januar die Strandhotels und Appartementburgen. Kein Liegeplatz im Jachtklub ist dann noch frei, Tische nur auf Vorbestellung zu haben, Karten für die Disco „Bull Dog" restlos ausverkauft, aber Sie können im Kasino Ihr Glück versuchen oder zollfrei französischen Champagner erwerben, zu den ortsüblichen Preisen selbstverständlich! Und die sind gesalzen.

Als ersten Gast vor Punta del Este verzeichnen die Annalen den englischen Seeräuber *Sir Francis Drake,* immerhin ein Adliger. Er zieht es vor, an Bord zu bleiben, bis die Luft rein ist. Zweihundertzwanzig Jahre später, 1807, gehen britische Seesoldaten an Land, um Uruguay kurzfristig in Besitz zu nehmen. Der Naturforscher *Charles Darwin* und der italienische Freiheitsheld *Garibaldi* logieren bei den Fischern von Maldonaldo. Doch die wenigen regelmäßigen Besucher am stürmi-

Doch auch in Uruguay regte sich der **Widerstand gegen die Kolonialmacht.** Zusammen mit argentinischen Freischärlern ging man zum Guerillakrieg gegen die spanischen „Royalisten" über. Kurzfristig gelang es diesen, die rebellische Bevölkerung in Schach zu halten, doch schon 1812 belagerten argentinische Truppen und Rebellen aus dem Landesinneren Montevideo erneut. *José Gervasio Artigas,* der Nationalheld, rief eine Konföderation aller La-Plata-Provinzen aus. Die argentinischen Provinzen machten gerne mit, schon um die Übermacht von Buenos Aires loszuwerden. Doch dieser Traum hielt nicht lange. Als 1815 die argentinischen Hilfstruppen abzogen, erließ *Artigas* eine Reihe von Gesetzen, die auf ökonomische Abschottung und Eigenbestimmung hinausliefen. Als jedoch auch noch die Großgrundbesitzer entmachtet werden sollten, war es mit dem Frieden vorbei.

1816 marschierten portugiesische Truppen aus Brasilien ein und provozierten eine „Revolution der Armseligen", die erst nach vier Jahren nieschen Kap beschränken sich auf Robbenschläger und Walfänger. Erst zur Jahrhundertwende entdeckten exzentrische Engländer und großstadtmüde Künstler den Reiz von frischer Luft und kaltem Wasser: „British House", „Hotel España" und „Hotel Biarritz" sind die ersten Adressen. Das Bad im Meer wird Mode. Die argentinischen Viehbarone und Getreidekönige schicken ihre Familien per Dampfer nach Punta del Este, Brighton und Oostende fallen durch den Krieg in Europa bedauerlicherweise aus. Eisenbahn und Automobil rücken Punta del Este noch näher an Montevideo und Buenos Aires. Das Seebad wird mondän. Wer etwas auf sich hält, baut am Strand eine Sommerresidenz im Tudor-Stil oder ein friesisches Bauernhaus mit Reetdach und Kamin. „Faites vos jeux!" – das Kasino öffnet seine Pforten, der Cantegrill-Country-Klub lädt zum „Five o'clock-tea", Bridge-Abende, Golfturniere und Polo-Spiele stehen auf dem Programm.

13. Dezember 1939: Eine Wolke verdunkelt den Horizont. Weit draußen im Atlantik tobt die Schlacht der „Admiral Graf Spee" mit „Ajax", „Achilles" und „Exeter". Der Zweite Weltkrieg hat begonnen. Während in Europa geschossen wird, rollen in Punta del Este die Roulette-Kugeln. *Anita Ekberg, Jeanne Moreau, Ives Montand, Yul Brunner, Tina Turner* und natürlich auch *Onassis:* Die Fotos aus den 1940er und 1950er Jahren sind schon etwas vergilbt. Punta del Este hatte damals seine besten Tage. Jetzt ist es ruhiger geworden im sommerlichen Refugium der Reichen. Durch dicke Hecken und schattige Pinienwälder abgeschirmt pflegt man den diskreten britischen Lebensstil. Nur das Nacktbaden hat sich am Südatlantik noch nicht durchgesetzt. Stattdessen können binokularbewaffnete Neugierige speckige Seelöwen draußen auf der „Isla de los Lobos" beobachten. Wer weniger Appetit auf Meerestiere hat, ordert vielleicht im „Tabla del Rey Arturo", also in König Arthurs Runde, ein zartes tellergroßes Steak und einen argentinischen Rotwein dazu. Den Sundowner schlürft man am besten oben im alten Leuchtturm: einen schottischen Whisky, of course.

dergeschlagen wurde. Inzwischen mischte sich die englische Flotte ein und unter britischer Mithilfe wurde Uruguay schließlich als **Pufferstaat** zwischen Argentinien und Brasilien aus der Taufe gehoben. Das war 1828 und zwei Jahre danach gab sich Uruguay schließlich eine Verfassung.

Die Magna Charta konnte aber den inneren Konflikt, an dem Uruguay wie Argentinien litten, nicht per Federstrich beseitigen: der **Konflikt zwischen der Metropole und dem Hinterland.** Der Parteienstreit zwischen *Colorados* und *Blancos,* zwischen den eher ländlichen und städtischen Anhängern, lähmte das Land so lange, bis diese beiden Traditionsparteien eher aus Schwäche denn aus Überzeugung sich auf friedliche Koexistenz, wechselnde Regierungen und große Koalitionen entschieden. Dabei ist es mit wenigen Unterbrechungen bis heute geblieben.

In Argentinien war es *Hypolito Yrigoyen,* der die Trennung von Staat und Kirche und die Modernisierung der Gesellschaft betrieb, in Uruguay Präsident *José Batlle y Ordóñez.* Uruguay wurde ein **laizistischer Staat,**

Papierkrieg am Río de la Plata

Papier ist bekanntlich geduldig; aber über dessen Herstellung sind die beiden Nachbarn am Río de la Plata, **Argentinien und Uruguay,** in heftigen Streit geraten, der am Ende vor dem Internationalen Gerichtshof in DenHaag gelandet ist und trotzdem weiter schwelt.

Buenos Aires neidet Montevideo die Errichtung von zwei Zellulosekombinaten in Frey Bentos, am Ufer des Río Uruguay, der die Grenze zwischen den beiden Ländern bildet. Argentinien lässt zu, dass Lokalpolitiker zusammen mit Umweltschützern immer wieder die Brücke nach Uruguay blockieren. Entspricht das den Regeln der südamerikanischen Zollunion *Mercosur,* der beide angehören? Werden die beiden Zellulosefabriken tatsächlich den Grenzfluss verdrecken?

Für Uruguay sind die 1,8 Milliarden US-Dollar, die die Unternehmen *Ence* aus Spanien und *Botnia* aus Finnland in die Zellulosefabriken investieren, kein Pappenstiel, sondern richtig dicke Brocken. Schließlich könnten damit 10.000 Arbeitsplätze in der strukturschwachen Region geschaffen werden. Außerdem winken ansehnliche Deviseneinnahmen – die Papiermühlen würden die Hälfte ihres Ausstoßes nach Europa exportieren und ein Drittel nach China. Hätte Argentinien den Deal gemacht, wäre das genauso. Doch die Spanier und die Finnen haben sich für Uruguay entschieden. Und Uruguay hat sich für **Weltbankkredite** stark gemacht, damit das Projekt Gestalt annehme. Die Weltbank hat die Konditionen und die Umweltverträglichkeit geprüft und die Kredite zugesagt. Doch plötzlich stand in Washington der argentinische Botschafter auf der Matte: Die Weltbank solle grundsätzlich keine Kredite für Zellulosefabriken mehr geben, forderte er.

Von Beginn an hatte man in Montevideo versucht, den großen Bruder und Nachbarn in das Proket miteinzubeziehen. Man hatte eine bilaterale Kommission eingerichtet, die die **Umweltverträglichkeit** der Papiermühlen prüfen sollte. Aber die Kommission kam zu keinem einheitlichen Votum. Und in Argentinien stieg der politische Druck. In Buenos Aires ging man zur Politik der Nadelstiche über. Doch in Montevideo ließ man sich davon nicht beeindrucken, die beiden Multis aus Spanien und Finnland begannen mit dem Bau der Fabriken.

Der lachende Dritte im Papier-Krieg zwischen Argentinien und Uruguay sitzt nur wenige hundert Kilometer weiter im Norden: Brasilien ist mit 255 Zellulosefabriken der weltweit größte Produzent für den Papierrohstoff.

der weitaus radikalste in Lateinamerika. Vielleicht war dies ein Grund dafür, dass eine eigene Form des Peronismus in Montevideo und Umland nicht Fuß fassen konnte. (*Perón* verbot den Argentiniern nach Uruguay zu reisen; nur unter seiner Herrschaft litt das Verhältnis zum kleinen Bruder.)

Eine **Militärdiktatur** bekam das Land denn doch (1973), drei Jahre vor Argentinien und etwa zur gleichen Zeit wie Chile. Sie dauerte bis 1980 und vertrieb mehr als eine halbe Million Bürger aus dem Lande. Nicht alle gingen auf Grund der Furcht vor den Militärs, viele flüchteten auch vor dem Terror der Stadt-Guerilla, den *Tupamaros,* die 1985 nach der Wiederherstellung der Demokratie sang- und klanglos verschwanden.

039ar Foto: cg

Das kleinste südamerikanische Land ist ein großes **politisches Museum.** Auf der Avenida Libertador Lavalleja, die zum pompösen Palacio Legislativo, dem Parlament, hinführt, ist jedes dritte Haus ein Parteilokal: Alle ideologischen Richtungen aus der europäischen Geschichte des 19. und 20. Jahrhunderts scheinen vertreten zu sein und sie alle drucken ihre eigenen Gazetten und Journale. Die Leidenschaft der „Urus" für die Politik (und an zweiter Stelle für den Fußball) ist so groß, dass die Verfassung großzügig darauf Rücksicht nimmt: Die Parteien, die zu den Nationalwahlen antreten, können für das höchste Amt im Staate so viele Kandidaten aufstellen, wie sie wollen. Präsident wird derjenige, dem es gelingt, die meisten Stimmen innerhalb seiner Partei auf sich zu ziehen, vorausgesetzt, die Summe aller Stimmen für alle Kandidaten dieser Partei ist größer als die Summe der Stimmen aller Kandidaten aus einer anderen Partei. Dieses anachronistische „Lema-" (Motto-)**Wahlsystem** führt dazu, dass Parteifreunde sich untereinander mehr drangsalieren, als gemeinsam gegen die Konkurrenz Front zu machen – sie paktieren sogar über die Parteigrenzen hinweg. Und das führt dazu, dass noch niemals ein Präsident in Uruguay von der Mehrheit der Bevölkerung gewählt wurde.

Luftaufnahme vom Seebad Punta del Este, Uruguay

Alle Versuche, die durch die Verfassung garantierte Spielwiese der politischen Honoratioren wenigstens einzuzäunen, sind bislang gescheitert. Selbst geübten politischen Beobachtern fällt es schwer herauszubekommen, wo die Unterschiede zwischen den zahlreichen Aspiranten für das höchste Amt im Staate und für die Sitze im Senat (31), der Abgeordnetenkammer (99) und der Rathäuser liegen. Zumal die Parteibonzen eines eint: die **Angst vor dem Wahlvolk.** Denn die 3,3 Millionen Bewohner Uruguays haben gleich mehrfach per Volksbegehren und -entscheid Verfassungsänderungen und Gesetzesvorlagen zurückgewiesen, die zuvor das Parlament mit breiter Mehrheit beschlossen hatte. So lehnten die Bürger 1992 beispielsweise die Privatisierung von Staatsbetrieben ab.

In Uruguay laufen die Uhren anders. Während sich in ganz Lateinamerika der Staat aus der **Wirtschaft** zurückzog, bestehen die Leute am Ostufer des Río de la Plata darauf, dass alles beim Alten bleibt. Der Staat soll alles bezahlen, die Pensionen und Renten (37 % des Haushalts werden dafür aufgewandt), die Schulen und die Jobs. Kein Wunder: Jeder fünfte Bürger bezieht Rente, jeder zehnte ein Beamtengehalt, Babys mitgerechnet! Auf zwei Berufstätige kommt ein Pensionär. Wer soll das bezahlen?

Früher, vor 70 Jahren, als man Uruguay die „Schweiz Südamerikas" nannte, da kam das Geld aus den Schlachthäusern und Textilfabriken. Heute ist damit kein Staat mehr zu machen. Brasilien und Argentinien, die mächtigen Nachbarn im Norden und Westen, haben Uruguays Land- und Textilwirtschaft mit niedrigen Löhnen längst ausgepunktet. Uruguays Bankengeheimnis und Finanzpolitik – könnten die eine Rettung sein? Montevideo ist lediglich der **Fluchtort und Waschplatz von Milliarden US-Dollar.** Uruguay ist nicht mehr die Schweiz Südamerikas, sondern bloß noch ein zu groß geratenes Liechtenstein am Wasser.

Die Wirtschaft Uruguays ist eng verzahnt mit der des großen Bruders Argentinien. Wenn Argentinien einen Schnupfen hat, kriegt Uruguay die Lungenentzündung. So wurde denn auch die kleine Republik mit in den **Strudel des argentinischen Staatsbankrotts** gezogen. Das Land hat sich davon noch lange nicht erholt und erst wenn die Argentinier wieder in Punta del Este Urlaub machen, ist man aus dem Gröbsten raus. Montevideo und Punta del Este galten den wohlhabenden Argentiniern als sichere Hafenplätze für ihre Dollars, die sie vor den Augen der heimischen Finanzbeamten versteckten. Der Staatsbankrott in Buenos Aires, die Entwertung der Guthaben und die Einschränkung bei der Verfügbarkeit über die eigenen Konten führten dazu, dass die Argentinier in immer größerer Zahl mit der Fähre nach Uruguay fuhren, um ihre Schwarzgeldkonten zu plündern. Seit dem Ausbruch der Argentinienkrise hat die Zentralbank von Uruguay 79 Prozent ihrer Devisenreserven eingebüßt.

Argentinien und Chile – wie Katz und Hund

Sie sitzen auf dem südamerikanischen Faustkeil, der bis zur Antarktis vorstößt: die Argentinier auf dem breiten Blatt im Osten, die Chilenen auf dem schmalen Grad im Westen – den letzten Winkeln eines Weltreiches, das einst *Isabella die Katholische* zusammen mit *Kolumbus* aus der Taufe hob. Sie sprechen die gleiche Sprache, ein recht vulgäres Spanisch. Die Argentinier (37 Millionen) schmettern, die Chilenen (15 Millionen) verschlucken es, sparsam wie sie sind. „Deutsche und Österreicher trennt die gemeinsame Sprache", behauptete angeblich der Kritiker *Karl Kraus,* selbst ein Österreicher. Für Argentinier und Chilenen gilt das ebenso. Gottlob scheiden eisige Gipfel die beiden Nationen; sie würden sich sonst noch viel fremder vorkommen.

Auf der einen Andenseite also Argentinien, ausgedehnt wie Indien und leer wie Kasachstan, auf der anderen Seite Chile, ein schmales Handtuch am Pazifik. Dazwischen die Mauer, stellenweise 6000 Meter hoch. Die Wetterkarte argentinischer Zeitungen reicht bis zum Südpol, spart aber Chile aus. Die chilenischen Wetterfrösche beobachten selbst die Osterinseln in der Südsee. Aber ob es wenige Kilometer östlich der Anden, in Argentinien, regnet oder schneit, scheint sie nicht zu interessieren. Argentinier und Chilenen sind Nachbarn, die sich die kalte Schulter zeigen.

Wegen dreier Felsen, den Inseln Nueva, Lennox und Picton am östlichen Ausgang des Beagle-Kanals (der Feuerland von Patagonien trennt), wären Argentinien und Chile 1978 beinahe übereinander hergefallen. Beide Seiten beanspruchten die winzigen Eilande für sich. Erst 1985 gelang es Papst *Johannes Paul II.* den Konflikt zu schlichten. 2005 hat der chilenische Filmemacher *Alex Bowen* über diesen Beinahe-Krieg einen ironischen Streifen gedreht: *Mi mejor enimigo* – „Mein bester Feind". Solche Ironie mögen weder Chilenen noch Argentinier, der Streifen wurde zum Flop. Heilige Kühe wie nationalen Befindlichkeiten rührt man eben nicht an.

An die Kehle gehen sich Chilenen und Argentinier heute nicht mehr. Sie reklamieren nur noch halsstarrig ein jeweils riesiges Tortenstück Antarktis für sich – obgleich die keinem gehört. Und sie frotzeln übereinander. Fragt ein Chilene: „Warum laufen die Argentinier bei Blitz und Donner aus dem Haus?" Sie glauben, der Liebe Gott würde sie fotografieren. Oder: „Wie begeht ein Argentinier Selbstmord?" Er steigt auf sein Ego und springt herunter. Und wahrlich: Argentinier gelten weder als bescheiden noch als leise. Die Ladies tragen das Make-up dick auf und die Nase hoch. Die Machos treiben die Motoren auf Vollgas. Und im Restaurant wird ungeniert über den Tisch hinweg gebrüllt. Geschnatter, Geklapper, Gewisper – keine andere Nation gibt sich so extrovertiert, frönt so ausgiebig dem Klatsch. Nein, nicht nur die Damen, auch die Herren der Schöpfung.

Die Chilenen dagegen schweigen lieber. Über Sex und Politik spricht man in dem schmalen Land besser überhaupt nicht. Und wenn die braven Nachbarn längst im Bette schlummern, machen sich die Argentinier zum Ausgehen fein. Gehen die Chilenen am nächsten Tag früh zur Arbeit, schlafen die Argentinier noch – obgleich bei ihnen der Zeiger eine Stunde vorgeht. So denken die einen über die anderen – von Anfang an schlecht: Denn die Chilenen haben vor Hundert Jahren indianischen Viehdieben argentinische Rinder abgekauft, also mit Hehlerware gehandelt. Außerdem half *Augusto Pinochet* heimlich der Eisernen Lady in dem für Argentinien schmachvollen Krieg um die Malvinas, die in England Falkland-Inseln heißen. Und wer hat die Chilenen vom spanischen Kolonialjoch befreit? Natürlich der Argentinier *José San Martín.*

040ar Foto: cg

LEBEN IM ALLTAG

Essen und Trinken

Da liegt der Batzen auf dem Teller, **El Bife de Chorizo,** pfundschwer, dick wie ein Kissen, saftig goldbraun mit vom Rost gezeichneten Zebrastreifen, umrahmt von einer glasigen Fettkruste, benetzt von *Chimichurri,* der pikanten Soße, die Geruchsnerven mit dem unnachahmlichen Duft der Fettsäure- und Kohlenstoff-Moleküle reizend – eine Provokation für Vegetarier und eine kühne Herausforderung an unser Fassungsvermögen.

„Möchten Sie *Costilla con Lomo* (Filetbeefsteak), *Bife de Costilla* (Rippenbeefsteak), *Bife de Chorizo* (Rumpsteak), *Bife de Lomo* (Rinderfilet) oder Rinderrippen, Rinderbrust, Rostbraten, Medaillon, Lende, Hals, Nuss, Kamm, =Keule, Hoden, Hesse oder Blatt? Ein T-Bone-Steak – 700 Gramm vielleicht? Wie wäre es mit Bratwurst, Zigeunerspieß, Hammel-

Grillstand im abendlichen Buenos Aires

042ar Foto: cg

braten, einer halben Ziege oder einem ganzen Hähnchen, alles frisch vom Grill?", fragt der Fleischermeister im Kellnerkittel. Er soll doch bitte die **Ansichtsplatte** bringen. Da liegen die rot marmorierten Panzerplatten aufgebahrt in ihrem Saft und man braucht bloß mit dem Finger zu zeigen: Diese da, die will ich wagen. Reiner Rinderwahnsinn, aber das Fleisch ist frei davon.

Sechzig Schafe und drei Ochsen werden pro Nacht im Restaurant „La Estancia" vertilgt, und das schon seit 33 Jahren. Wer hier eintritt, der weiß, was ihn erwartet. Gleich neben der Schwingtür prasselt das höllische Feuer. Auf senkrecht in die Glut gerammten Spießen hat *Luis Fabrini* fetttriefende Ziegenhälften gekreuzigt. Der Schweiß rinnt dem **Kesselschmied** von der Stirn und ins Halstuch hinein, das er wie jeder gute Gaucho vor der Brust geknotet hat. Seine weiten Pluderhosen, die *bombachas,* stecken in Stulpenstiefeln, am silberbeschlagenen Gürtel trägt er den *facón,* den Dolch und in der Pranke hält er das Hackbeil wie ein Henker.

In Liniers, der südlichen Vorstadt, liegen die *Corrales de Mataderos,* die **Umschlagplätze für das Schlachtvieh.** Nachts werden die Herden in aberhundert *jaulas,* den rußenden Bullen der Landstraße, herangefahren. 10.000–20.000 Ochsen, Kühe und Kälber drängen sich in den weit über hundert Pferchen; sie stampfen, stauben, brüllen und koten. Beim letzten Sonnenaufgang, in den sie stieren, werden sie gewogen, taxiert und versteigert. Keine leichte Aufgabe für die Pferde und Reiter, die unter lautem Hüh und Hott und Hundegebell das Hornvieh (Aberdeen Angus, Brafords, Brahaman, Brangus, Herfords, Hollsteiner, Jerseys, Limousin, Nelore und Shorthorn) durch die Gatter und Tore treiben. Die Männer stempeln den Rindern mit Kalkfarbe die Nummern der *consignatarios* (Viehhändler) aufs Fell und geben ihnen Wasser zu saufen. 200, 300 oder 400 Kilo Lebendgewicht pro Kuh, das Kilo zu 0,70–0,90 Pesos in Stückzahlen von zwölf oder zwanzig Tieren kommen jeweils unter den Hammer. Sobald die Glocke schlägt, drängen sich die Viehhändler und Einkäufer der Schlachthöfe mit ihren Handys um die Herden. Liniers macht den Preis. Eine **Radiostation** auf dem Viehmarkt sendet die Quoten bis in die letzten Winkel Argentiniens. An einem Tag wechseln oft 80 Millionen Pesos die Hände, *Mataderos* ist der größte Umschlagplatz für Hornvieh in der ganzen Welt.

Zwölf Millionen Rinder kommen in Argentinien jedes Jahr unter das Messer (dreimal mehr als in Deutschland) und das, obwohl auch am Río de la Plata der Fleischkonsum pro Kopf von rund 90 auf 65 Kilo zurückgegangen ist: So bleiben pro Tag und Bürger, zahnlose Babys und Greise inklusive, immer noch umgerechnet 200 Gramm auf dem Teller.

Über ganz Buenos Aires liegt oft dieses simmernde, leicht speckige **Aroma von Holzkohle und Rinderfett,** das aus den Schloten der *parrilladas* (Grillrestaurants) steigt. Aber wie es die Argentinier schaffen, aus ganz gewöhnlichen, nicht einmal gut abgehangenen Fetzen Fleisch eine unnachahmliche Köstlichkeit auf den Teller zu zaubern, das bleibt ihr Geheimnis. Liegt es am groben Salz, mit dem das Fleisch – und mit nichts weiter – gewürzt wird? Liegt es am Feuer, am Holz, an der Grillkohle? Oder liegt es am Fleisch selber, am Fleisch frei grasender Rinder, die sich allein von Halmen und Kräutern ernähren und nie im Leben anderes gefressen haben? Vermutlich liegt es an alledem zusammen. In jeder argentinischen Metzgerei hängt eine große Schautafel. Auf ihr ist das Rind in einem Aufriss dargestellt und gestrichelte Linien grenzen den Halsgrat von der Schulter, diese vom Bauch, jene von der Keule usw. Jedes Kind kennt die rund ein Dutzend Bezeichnungen für die essbaren Teile eines Rindes. Und jeder Teil hat seine eigene Textur und seinen eigenen Geschmack.

Sie stampfen, stauben, brüllen und koten: Rinder auf der Viehauktion

Was der Grill, die *parrillada,* hergibt (der in der Regel über die Jahre unglaubliche Fettkrusten ansetzt), das kommt auf den Tisch. *Churrasco* ist die Sammelbezeichnung, mit *asado* sind eher entbeinte Fleischstücke gemeint. Argentinier mögen das Fleisch in der Regel nicht ganz durch, ein wenig **rot und blutig** muss das Steak im Inneren sein. Zum *churrasco/asado* gehören natürlich Pommes Frites *(papas fritas)* und ein Zwiebel-Tomaten-Salat, den die Argentinier ebenso gut zu bereiten verstehen, wie sie Fleisch grillen. In Patagonien und Feuerland wird das Rind durch Lamm ersetzt – ebenfalls eine gebratene Köstlichkeit; für den, der es mag.

In Argentinien triumphiert die älteste Menschheitsküche: das Feuer, das Holz und das Fleisch, die heilige Dreifaltigkeit der Kochkunst. Und sonst? Auf der Suche nach einem argentinischen **Nationalgericht** ist der Engländer *Dereck Foster,* ein erfahrener Gourmetkritiker der argentinischen Presse, mit seinem typisch britischen Humor auf zwei ungewöhnliche Gerichte gestoßen: *Revuelto Gramajo* und *Panqueque de Manzana,* also Bauernomelette à la Gramajo und Apfelpfannkuchen. Das soll man glauben, wo doch ganz Argentinien nach Grillwürstchen und Rinderrippe duftet? Das Bauernomelette, in dem die kalten Reste von Gemüse, Wurst und Hühnerfleisch mit Ei zusammengerührt werden, hat jener Playboy *Arturo Gramajo* in den 1930er Jahren in Paris erfunden, als ihn zu unpassender Stunde der Hunger überfiel und das Ritz längst die Küche geschlossen hatte. Also rührte sich der Argentinier seinen Bauernschmaus selber zusammen – und *Revuelto Gramajo* trat mit ihm seinen Siegeszug in Argentinien an. Mit dem Apfelpfannkuchen verhält es sich ähnlich wie mit dem Wiener Schnitzel, das in Argentinien „à la Milanesa" heißt. Weil kein Mensch weiß, wie diese Dinge so populär wurden.

Wenn die Argentinier nicht gerade auf Rindfleisch herumkauen, dann verschlingen sie (zum Frühstück und beim Kaffee) *media-lunas,* die immer und überall frischen halbmondförmigen Hörnchen, die einen ähnlichen Status besitzen wie in Frankreich die Croissants. Aber zu späterer Stunde schlägt dann die Glocke für die *Empanadas,* den Bissen für dazwischen, die **Maismehl-Pastete,** die als *Tortilla, Tamales, Pastellito, Pastel* oder eben *Empanadas* den Siegeszug aus den Anden über ganz Lateinamerika angetreten hat. Anders als die Halbmondhörnchen zum Frühstück verfügen die *Empanadas* über eine Formenvielfalt, die fast jede geometrisch denkbare Figur abgibt. Leicht und locker liegen sie in der Hand, denn aus der Faust werden sie genossen. Wobei man eine Serviet-

Dick wie ein Kissen: El Bife de Chorizo vorm Braten

041ar Foto: cg

te dabei haben sollte, denn einmal angebissen könnte sich aus dem Inneren der Teigware eine Soße über das Hemd ergießen. Und diese Soße stammt von der Füllung, die fast immer aus gekochtem Gemüse vermischt mit gemahlenem oder zerstückeltem Fleisch vom Federvieh besteht. Wer nicht auf *Empanadas* steht, der kann ja mal den Eintopf *Locro* versuchen: Das ist sozusagen die flüssige Version der gleichen Füllung.

Wo es guten **Wein** gibt, steht auch die kulinarische Kunst hoch in Ehren. Eine Regel, die weltweit gilt, denkt man nur an Frankreich, Italien, Österreich, Süddeutschland, Spanien oder selbst Kalifornien und Südafrika. Aber Argentinien ist da eine Ausnahme. In Argentinien bekommt man wundervolle Weine - doch die Gerichte, die sie begleiten sollen, lassen zu Wünschen übrig. Das gilt natürlich nicht für Gourmet-Tempel in Buenos Aires, für feine Restaurants in den Städten, aber es gilt für das platte Land. Selbst in Mendoza, der Hochburg des Weines (in und um Mendoza reifen fast 70 Prozent der gesamten Ernte) wird man vergeblich nach netten Beiseln, Kellern oder Jausenstationen suchen, in denen neben dem Wein Gerichte von gleicher Qualität auf den Tisch kommen.

Wein wird in Argentinien seit anno 1562 angebaut. Das geschah mehr **aus religiöser Verpflichtung** denn aus Durst: Der Wein wurde zur ka-

043ar Foto: cg

tholischen Messe gebraucht, um ihn als Blut Christi auszugeben. Die sonnenreichen Regionen im Windschatten der Anden entwickelten sich zu den ganz großen Anbaugebieten, in erster Linie von Rotwein. Argentinien gehört heute zu den sechs größten Wein-Produzenten der Welt und würden die Argentinier sich mit der gleichen Inbrunst der Kelterei annehmen wie die Chilenen, könnten sie den gleichen Kultstatus erringen. Immerhin fielen die großen Weingüter Argentiniens nach und nach in spanischen oder französischen Besitz. Aber wer die Region besucht, wird feststellen, wie viele kleine Familienunternehmen es immer noch gibt, die ihren eigenen, ganz speziellen Traubensaft keltern.

Von Mendoza, La Rioja oder San Juan ist es ein weiter Weg bis an die dicht besiedelte Küste mit Buenos Aires. Der Wein wurde anfangs beschwerlich auf Ochsenkarren 1000 Kilometer quer durch das Land transportiert, teils in Fässern, teils in Tierhäuten. Man kann sich vorstellen, dass die Knechte auf diesen Karawanen ihren Teil von der Fracht abzapften und die fehlende Menge mit Wasser aufgossen. So kam der Wein

Bei der Weinlese

verschnitten an und jede Fuhre schmeckte anders. Mit der Eisenbahn und neuer Kühltechnik änderte sich das. Man bekommt heute in Argentinien überall den gleichen, billigen und guten Rotwein zum gleichen Preis. Darunter befinden sich Sorten, die in Europa kaum bekannt sind, der **Malbec** beispielsweise, aber auch Trauben, die wegen der Reblaus in Europa untergegangen sind, in Argentinien aber noch nach alter Sitte gekeltert werden.

Argentinische Rotweine sind in der Regel robust und schwer. Unter 12 Prozent macht es da keiner. Von Weinpanscherei ist nicht mehr die Rede. Die Weine brauchen keine Zusätze oder Verschnitte, denn die Natur ist den Reben gnädig. Aber gnädig sind die Wirte mit den Mägen der Trinker nicht. Eine feste Unterlage für die schweren Weine besteht in der Regel nur in den immer gleichen Mais-Pasteten oder im kulinarischen Klassiker, dem Rindersteak.

Die argentinischen **Ureinwohner,** also die Stämme der Ona, Haush, Yahgan oder Alacaluf, die indianischen Jäger und Sammler, fanden einen von der Natur durchaus reich gedeckten Tisch vor. An der Küste finden sich Muscheln (über 120 Sorten hat man gezählt), Fische und Krustentiere, in der trockenen Pampa und in Patagonien Guanakos, Strauße, Pampashasen, Wild- und Wasserschweine. Doch wegen ihrer nomadischen Lebensweise hatten die Ureinwohner (anders als die Inkas und Azteken) kaum Gelegenheit und Zeit, Landwirtschaft zu betreiben und eine ausgefeilte Küche zu entwickeln. Man jagte das Wild und legte es übers Feuer.

Die **Gauchos,** die umherschweifenden Viehtreiber und Desperados der Pampa, machten es genauso. Mit den Rinderherden wuchs das Angebot an Fleisch, aber nicht gerade die kulinarische Vielfalt. Man zog den Rindviechern das Fell über die Hörner, riss den Rumpf in ein paar

Dulce de leche

Dulce de leche ist Argentiniens Nutella. Es ist eine Art Brotaufstrich aus Karamell und sehr beliebt zum Frühstück oder als Nachtisch. In Bäckereien wird dulce de leche viel verwendet, um Torten und Gebäck zu verfeinern. Eine argentinische Spezialität sind alfajores, zwei flache Süßkekse mit dulce de leche-Füllung, meistens mit Schokolade überzogen. Die Tradition versichert, dass ein geheimnisvolles *dulce de leche,* einmal probiert, für die Ewigkeit süchtig macht. Die kulinarische Spitze erklimmt die Karamell-Paste, wenn sie zum Pudding verarbeitet wird. Flan con dulce de leche, eine Art Creme Caramel, schmeckt am besten hausgemacht und wird zum Nachtisch *(postre)* gereicht.

Teile auseinander und spießte die Brocken mit dem Degen auf, um sie am Feuer halb gar zu braten. Das alles konnte man binnen einer halben Stunde bewerkstelligen und die Gelage – mit Mate-Tee versüßt – müssen eine ziemlich eklige und blutige Angelegenheit gewesen sein. Was von der **Kochkunst** übrig blieb, das war gerade mal ein eiserner Kessel, den man über das Feuer hing, um darin Wasser für den Tee zu kochen oder ein paar Innereien für den späteren Konsum zu garen.

Eine weitere Methode, Fleisch zu konservieren, bestand darin, es an der Sonne zu trocknen. *Charque*, das **luftgetrocknete Fleisch** gehört heute noch in Nordargentinien zu den Standardgerichten. Dort finden sich bis heute auch noch die Zutaten jener so reichhaltigen Nahrung, welche die Inkas und ihre Vasallen zu bereiten verstanden. Schließlich verdankt die Welt den Altamerikanern eine Reihe von Kulturpflanzen, die heute aus der Küche nicht mehr wegzudenken sind: Kartoffel, Tomate, Mais, Bohnen, Maniok und Banane beispielsweise. Für den Rest Argentiniens aber gilt: Die Europäer mussten erst kommen, um mit ihren Rindern, Schweinen, Hühnern und ihrem Wein dem Geschmack auf die Sprünge zu helfen.

Doch was ist von **Europas Küche** in Argentinien geblieben? Die meisten Einwanderer kamen von der iberischen Halbinsel und aus Italien und da war die Küche beinahe noch im Mittelalter stehen geblieben. Anders als in Frankreich, wo man gewissermaßen von den Speiseresten des Hofes die Küche übernahm, war die Volksküche damals im 18. Jahrhundert doch auf einem recht einfachen Stand: Man aß, um satt zu werden. Und deshalb brachten die europäischen Hungerleider wohl kaum die Kochbücher ihrer Vorfahren mit, denn die gab es nicht.

Lebenslauf eines Argentiniers

Die **Familie** hat in Argentinien wie in allen romanischen Ländern einen zentralen Stellenwert. Allerdings ist die Zeit, da drei Generationen unter einem Dach lebten, auch hier vorüber. Gleichwohl sind Tanten und Onkel, Omas und Opas für die Kleinfamilie mit rund zwei Kindern ein wichtiger Rückhalt, besonders bei der Erziehung der Kinder. Geburt und Taufe werden deshalb auch gebührend von der Sippschaft gefeiert. Und Babys wie **Kinder** genießen eine fast uneingeschränkte Freiheit: Keiner regt sich über Kindergeschrei auf und den Kleinen werden alle Bitten widerspruchslos erfüllt. Selbst in den nächtlichen Streifzügen und Diners kommen die Kinder mit und sie sind es auch von klein auf gewohnt, bis spät in die Nacht aufzubleiben.

044ar Foto: cg

Im Grunde behandelt man Kinder wie **kleine Erwachsene.** Zurechtweisungen oder Verbote von Dritten gegenüber der eigenen Brut werden scharf zurückgewiesen. Lehrer haben daher kein leichtes Leben: Im Zweifel für die Kinder, die sich, wenn sie aus reichem Hause stammen, gegenüber Dienstpersonal ziemliche Frechheiten erlauben und das auch dürfen. Allerdings werden die Kleinen in ein preußisches Korsett gesteckt, was Kleidung und Pünktlichkeit (die ja sonst nicht besonders hoch im Kurs steht) betrifft. Mehrfache Kleiderwechsel am Tag sind nicht außergewöhnlich. Sich schmutzig zu machen, dazu haben die Kinder kein Recht.

Die Kinderzeit endet bei den Señoritas mit der *quincena,* dem Debütantenball, der Einführung ins gesellschaftliche Leben. Und der gleicht mehr einem Hochzeitsfest als einem Kindergeburtstag. Von da an sind die Mädchen junge Damen, jedenfalls im Verständnis der Eltern. Die **Jungen** genießen mehr Freiheit und unterliegen nicht der strengen Etikette. Aber das große Erlebnis für alle Heranwachsenden ist die Klassen-

Schmuck gekleidet geht es in die Schule

046ar Foto: cg

fahrt, die zum Ende des *colegio* (Gymnasium), also mit etwa 17 Jahren unternommen wird. Meistens geht es dann im Juli/August nach Bariloche zum Skifahren; oder die *viaje de egresados,* die Klassenfahrt der Abiturienten, wird in den November/Dezember vorgezogen und an der Küste in Mar del Plata verbracht.

Mit dem Ende der Schule beginnt der Ernst des Lebens. In der Regel sorgen Papa und Mama oder einflussreiche Verwandte dafür, dass man irgendwo als Hilfskraft eine Anstellung findet. Aber kaum ein Mädchen wird es wagen, in eine Werkstatt zu gehen. Friseurin, Krankenschwester oder Sekretärin: Das sind die **klassischen Frauenberufe.** Wer höher hinauswill, muss studieren.

Heranwachsende Argentinier werden erst relativ spät flügge. Man bleibt, solang es geht, am heimischen Herd. Selbstständige Reisen unternehmen junge Leute meist erst, wenn sie verheiratet sind. **Intime Beziehungen** werden daheim nicht geduldet, da muss man dann schon in die Natur oder auf den Rücksitz ausweichen oder in eines der zahlreichen *albergues transitorios* (Stundenhotels). Leicht ist es nicht, eine Liebesbeziehung zu pflegen, die dann doch nicht in den Hafen der Ehe mündet.

Die große Stunde für das Leben schlägt dann vor dem Traualtar. Für die bürgerliche Gesellschaft ist die **Ehe** keineswegs bloß eine „Gewinngemeinschaft" oder ein Vertrag auf Gegenseitigkeit mit der Absicht, eine Familie zu gründen. Nein, viel traditioneller noch als im ebenfalls katholischen Italien gilt die Ehe in Argentinien als sakrosant, also im Prinzip auf ewig. Je höher man sich in der Gesellschaft verankert glaubt, desto mehr ist das so. Und es ist noch nicht lange her, dass die Ehe auch zivilrechtlich als unauflösbar galt – so wie es immer noch im Nachbarland Chile der Fall ist.

Ganz abgesehen von der religiösen Untermauerung, dem Sakrament der Ehe, war die Trauung in der argentinischen Aristokratie immer auch ein **Instrument zur Absicherung** der gesellschaftlichen Stellung und zur Sicherung einer familiären Dynastie – und daher Männersache. Erst wenn sich die Familienbosse einig waren, durften sich auch die heiratswilligen Töchter und Söhne das Ja-Wort geben. Liebe war erlaubt, aber nur solange sie sich in standesgemäßen Grenzen bewegte. Diese traditionelle, im Hinblick auf die Familiendynastie geschlossene Ehe hat sich in Argentinien bis heute gehalten. Zwar sind die gesellschaftlichen und standesgemäßen Grenzen nicht mehr so eng gezogen, aber auf die **Mitgift** wird ganz genau geachtet. Dabei kommt es nicht so sehr darauf an, ob der künftige Ehepartner selber beruflich aufgestiegen ist oder das verspricht zu tun, als dass er Kapital oder wenigstens gute Beziehungen in die Ehe einbringt.

Dem jungen Herrn Gemahl aus reichem Hause wird von seinen Eltern schon mal gestattet, dass er sich in eine Modepuppe oder einen Filmstar verknallt, aber eine Unschuld vom Lande darf es nicht sein. Wenn schon kein Geld zu erwarten ist, soll zumindest ein wenig **Glamour** dabei abfallen. Umgekehrt wird es keiner höheren Tochter gestattet sein, einen Boxer oder einen genialen, doch armen Poeten zu ehelichen. Denn die Ehe ist für die Frau aus gutem Hause mindestens eine Lebensversicherung. Der Wechsel aus dem behüteten Hort in den Hafen der Ehe darf nicht durch einen Sprung ins kalte Wasser der Selbstständigkeit gefährdet werden.

Dieses höchst traditionelle Modell einer – immer kirchlich sanktionierten – Partnerbindung gilt für die Eliten oder die sich dafür halten, aber eben auch als Vorbild für die ganze Gesellschaft. Das zeigt sich an der pompösen Ausrichtung der **Eheschließung.** Die Klatschspalten der Zei-

„Dem jungen Herrn wird schon mal gestattet, dass er sich in eine Modepuppe verknallt ..."

tungen leben davon: Da wird für alle penibel registriert, wer wen kriegt, wohin das Brautpaar in die Flitterwochen verschwindet (selbstverständlich am besten nach Europa) und wo man nun das gemeinsame Domizil aufschlagen wird. Steht alles in der Presse.

Für die weniger Betuchten und Prominenten ist es aber ebenfalls Ehrensache, die Hochzeit so auszurichten, dass ihr **Ewigkeitswert** durch Videos und Fotos, das prächtige Brautkleid, den Cut mit Zylinder, das Hochamt in der Kirche, die Hochzeitskutsche und -torte die Bedeutung der Eheschließung herausstreicht. Das ganze barocke Brimborium wird namentlich von den Brautmüttern sorgsam geplant und notfalls mit schweren finanziellen Opfern in Szene gesetzt. Mal einfach so heiraten, das geht nicht. Das wäre ein schwerer Stilbruch selbst in den ärmsten Hütten. In Argentinien heiraten also nicht zwei, sondern immer viel mehr Menschen miteinander. Und ohne den kirchlichen Segen darf das nicht sein, auch wenn das Brautpaar den Rest des Lebens niemals mehr eine Kirche betritt.

Über den Alltag in der Ehe schweigt die Sozialspalte der Presse; sie kommt erst wieder zur Geltung, wenn die **Scheidung** ansteht. Dann fliegen die Fetzen. Obgleich es doch heißt, dass die schmutzige Wäsche bitte zu Hause gewaschen werden sollte. Hieß es vordem „Wer kriegt wen?", heißt es nun „Wer kriegt was?". Beides interessiert die Leser.

In Argentinien enden nicht weniger Ehen vor dem Scheidungsrichter als in Europa, also in etwa jede vierte. Bloß sind die Auseinandersetzungen darüber vermutlich härter. Weil es eben, im Kopf der Leidtragenden und Betroffenen nicht nur um das Ende einer Beziehung geht, sondern oft auch um das **Ende der sozialen Stellung** und den Nimbus der betroffenen Familien. Die Fassade bricht zusammen und das ist fast schlimmer, als wenn das Haus brennt.

Zwar sind nach dem Gesetz beide Elternteile nach einer Scheidung gleichberechtigt hinsichtlich der weiteren **Erziehung** vorhandener Kinder, aber der Mutter wird in der Regel doch Priorität eingeräumt. Weil eben der Mann als Krieger in den Arbeitsalltag zieht, gilt die Frau und Mutter als Hüterin des Herdes. Folglich sind Scheidungsfragen vor allen Dingen Auseinandersetzungen um die materielle Ausstattung. Und nicht selten enden sie im Bankrott beider Seiten.

Eine **gleichberechtigte Partnerschaft** in der Ehe ist in Argentinien eher ein schwaches und selten aufzufindendes Pflänzchen. Die berufstätige Frau und der Mann am Herd: Das wird als eine exotische Erfin-

Liebespaare im Park – vor der Ehe herrscht eitel Sonnenschein

047ar Foto: cg

dung empfunden. Kein argentinischer Macho hielte es aus, daheim zu wirken und werkeln, während die Señora zur Arbeit geht.

Die im Grunde harsche **Rollenteilung und Geschlechtertrennung** begleitet Jose y Maria ein Leben lang. Wenn die Kinder aus dem Hause sind, wird es einsam um die beiden. Kaum dass man sich noch zu Hause sieht und begrüßt. Jeder hat seinen Zirkel: er die Kumpel von der Kneipe oder aus dem Klub, sie den Kaffeeklatsch oder den Mütterkreis. Die Kraft, ein eigenes, unabhängiges Leben zu beginnen, haben beide nicht mehr. Man klebt aneinander, aber man lebt nicht mehr miteinander.

Und irgendwann hat dann dieses stumme Nebeneinandersein ein Ende. Jose fährt (statistisch) eher in die Grube als Maria und bei der **Trauerfeier** wird in Schwarz das ganze große Zeremoniell wieder aufgeführt, dass in Weiß ein paar Jahrzehnte vorher bei der Trauung ablief. Die Anzahl der Kränze, die Größe der Gruft oder des Grabes und seines Steines: Sie spiegeln die gesellschaftliche Stellung des/der Verstorbenen so genau wieder wie der Börsenkurs den Wert der Aktie.

Im Tode sind zwar alle gleich, aber nicht auf der Erde. Totenbestatter und Sargtischler, Schönredner wie Leichenkosmetiker brauchen sich in Argentinien weniger Sorgen um die Zukunft zu machen als ihre Kunden.

Schule und Universität

In Argentinien gibt es so gut wie keine Leseunkundigen. Mit seiner sehr **geringen Analphabetenrate** (rund 5 Prozent) liegt das Land neben Uruguay traditionell an der Spitze in Südamerika. Es besteht natürlich eine Schulpflicht bis zum 14. Lebensjahr. Die Schulkinder erkennt man auf der Straße schon von weitem an ihrer Schuluniform. Bei den **öffentlichen Schulen** sind das in der Regel schlichte Weißkittel für die Mädchen, sodass man glauben könnte, sie kämen alle aus einem Labor. Die Jungen tragen kurze, blaue Hosen und weiße Hemden oder einen blauen Pullover. Die Lehrer an den öffentlichen Schulen sind mager besoldet und dementsprechend versuchen sie durch Nebenjobs ihr Einkommen aufzubessern – was das Schulniveau nicht hebt. Die öffentlichen Schulen gleichen in ganz Argentinien eher preußischen Kadettenanstalten als modernen Bildungszentren. Dafür sind alle öffentlichen Schulen und Universitäten in Argentinien gebührenfrei.

Wer etwas auf sich hält, der schickt seine Kinder auf eine angesehene **Privatschule,** deren Träger oft Kulturvereine, Kirchen und Wohltätigkeitsorganisationen sind. Das kann, je nach Exklusivität des *colegio,* bis zu 1000 US-$ im Monat kosten. Auch diese Schulen verlangen, schon aus Gründen der Selbstdarstellung, eine Schuluniform.

Die Einschulung in Argentinien erfolgt bereits mit fünf Jahren. Die ersten drei Grundschuljahre machen alle Kinder mit. Nach dem dritten Schuljahr beginnt die Sekundarstufe, die fünf bis sieben Jahre dauert. Vollständigen Sekundarabschluss haben nur rund 2/3 aller Schüler. Das Zeugnis nach absolvierter Sekundarstufe ist das **bachillerato,** das einem Niveau zwischen mittlerer Reife und Abitur in Deutschland entspricht.

31 Staatsuniversitäten und zwei Dutzend private Hochschulen stehen für das Studium zur Verfügung. Die **Staatsuniversitäten** haben einen guten Ruf und der Zugang muss durch eine Prüfung erstritten werden. In den Fächern Medizin und Architektur genießen die staatlichen Hochschulen sogar einen hervorragenden Ruf. Wenn auch die teuren Privatuniversitäten (Studiengebühr: rund 350 US-$ pro Monat) nicht immer besser sind als die öffentlichen, so erlauben sie doch in der Regel ein konzentrierteres und schnelleres Studium, weil sie besser mit Personal und Material ausgestattet sind.

1995 wurde das Schulsystem in vielen Provinzen reformiert: Die ersten neun Jahre der Schulzeit werden seitdem als EGB *(Educación General Básica)* bezeichnet, die in mehrere Richtungen aufgeteilte weiterführende Schule hingegen als *Polimodal.* Es gibt eine Vielzahl von verschiedenen Schulabschlüssen (naturwissenschaftlich, sozialwissenschaftlich,

Zwergschule am Südpol

Kaum einer wird sie schwänzen, die Schule Nr. 38 „Julio Argentino Roca" der argentinischen Antarktisstation „Esperanza". Denn draußen vor ihren Fenstern lauern stürmische Finsternis und grimmiger Frost. Ausgerechnet dahin aber will das Lehrer-Ehepaar *Alejandra Cremachi,* 37, und *Alfredo de Paz,* 43, aufbrechen und von März bis Dezember unterrichten. Die beiden Kinder *Gregorio,* 13, und *Victoria,* 12, nehmen sie mit und zusammen mit den beiden werden sie neun Kinder unterrichten, sechs davon im Vorschulalter. Die einzige Zwergschule auf dem sechsten Kontinent lässt sich die Regierung in Buenos Aires allerhand kosten, soll sie doch, zusammen mit einem Postamt, die argentinischen Territorialansprüche über die gesamte antarktische Halbinsel unterstreichen.

Alejandra und *Alfredo* haben andere Sorgen. Wie werden sie die lange antarktische Polarnacht überstehen? Gewiss, in ihrem Heimatort Ushuaia auf Feuerland, immerhin die südlichste Stadt der Welt (die Chilenen behaupten, ihr Puerto Williams liege südlicher), sind die Winter auch nicht sehr gemütlich, aber im Sommer blühen wenigstens Blumen – die gibt es in der Antarktis nicht. Dafür können die Pädagogen auf moderne Mittel wie Internet und Videokassetten zurückgreifen. Außerdem bekommen *Alejandra* und *Alfredo* das Doppelte ihres üblichen Lehrergehalts und sie können sich ihren neun Schutzbefohlenen besonders intensiv widmen. Bereits dreimal haben sich die beiden um den Job im ewigen Eis beworben, doch erst beim vierten Mal hatten sie Glück. Ihre Kinder haben sie dabei bestärkt, den Sprung ins Ungewisse zu wagen. Und in Ushuaia feiert man sie bereits als Helden.

Rein pädagogisch gesehen ist die Zwergschule in der Antarktis ein zweifelhaftes Unternehmen. Die Kleinen kämpfen – besser gesagt: spielen – um Argentiniens Anspruch auf den sechsten Kontinent, ohne es zu ahnen. Ein ziemlich windiges Ding, dieser antarktische Kindergarten. Doch wenigstens fliegt man nicht mehr wie früher schwangere Frauen aus, damit ein paar argentinische Babys das Licht der Welt am Südpol erblicken.

technisch und wirtschaftlich orientiert), einige sind berufsbefähigende Techniker-Titel.

Staatliche Stipendien zum Studium sind knapp gesät, die meisten Studenten müssen daher **nebenher jobben,** wenn sie nicht von daheim finanzielle Unterstützung bekommen. Das Studium ist im Vergleich zu Deutschland verschult und erlaubt keine großen Freiheiten. Ein Wechsel von einer Uni zur anderen kommt kaum vor. Auch wenn viele öffentlichen Unis in Argentinien so wie in Europa das Flair revolutionären Aufruhrs durch Graffiti, Aufrufe und Streikaktionen verbreiten, so sind sie doch schon längst nicht mehr die Kaderschmieden künftiger Berufsrevolutionäre – wenn sie es denn je gewesen sind. *Ché Guevara* jedenfalls machte nicht als Studentenführer von sich reden, er studierte mit dem gleichen Eifer wie alle anderen.

Stimmungen und Haltungen

Spitznamen

Persönlichkeiten des öffentlichen Lebens tragen in Argentinien neben ihrem richtigen Namen unweigerlich einen zweiten: Einen Spitznamen, der ihnen von Freunden, Feinden oder Fans wie ein Label angehängt wird. Das hat eine **lange Tradition.** Bereits Präsident *Irigoyen* nannte man nur „El Peludo" – „der Haarige". Präsident *Alvear* war hingegen „die Glatze" und *Marcelino Ugarte* wurde „das Großohr" genannt. *Perón* war nur „El Hombre", der Mann, der Macher. *Eva Perón* mutierte zu „Evita" und als ihre Anhänger das Ende des Peronismus hinnehmen mussten, waren alle **Politiker** hinfort nur noch „Los Gorilas", die Gorillas. *Carlos Menem,* der späte Erbe Peróns und Nachkomme syrischer Einwanderer, heißt allgemein nur „El Turco", weil alle aus dem Nahen Osten und der Levante im Volksmund gemeinhin „Türken" sind. *Eduardo Duhalde,* sein Parteifreund (also Intimfeind) galt erst als „Palito" (Streichholz), dünn mit dickem Kopf und leicht entflammbar, und später allgemein als „Cabezon", als Schwellkopf also.

Dass Fußballer alle Kosenamen von ihrem Publikum bekommen, versteht sich fast von selbst. Die Spitznamen für die Spitzen der Gesellschaft, die Schlagworte beziehungsweise griffigen Bezeichnungen werden aber auch gerne auf **Gruppen der Gesellschaft** gemünzt: die „Hemdlosen" (Proleten, Proletarier und Anhänger Peróns), die „Cabecitas Negras" (die Jungs aus der Vorstadt und der Provinz, in denen ein Schuss schwarzes Blut vermutet wird, einer wie Fußballstar Diego Maradona), die „Contreras", also die ewigen Nörgler, und die „Vendepátrias", die Ausverkäufer des Vaterlands. Viele dieser populären und polemischen Bezeichnungen aus dem Geschwätz in den Kneipen sind untergegangen, aber so gut wie jede Woche tauchen neue auf. Darin äußert sich die Lust der Argentinier auf sprachliche Würze und Witz. Sie lieben es ähnlich wie die Berliner mit ihrer „großen Klappe".

Wer schon nicht in den Genuss einer speziellen Ehrung kommt, der wird nicht selten auf Grund seiner **Physiognomie** mit einem zweiten Namen belegt. „El Gordo", der Dicke, „El Flaco", die Bohnenstange, der Glatzkopf, das Schweinchen. der Alte, die Pute, der Chinese, der Türke, der Gringo und Blondie – das sind alles zulässige Abkürzungen, sogenannte *motes,* die Personen, auf die sie gemünzt sind, nicht krumm nehmen, eher im Gegenteil.

Wer nicht weiter weiß, weil er den Namen vergessen hat, den Kellner rufen oder einfach die Person ansprechen will, sagt **„Ché".** Und das

045ar Foto: cg

kann fast alles heißen, meint aber in der Regel „Hallo Du da!", „Ey!" oder „Mann!". Eine wildfremde Dame kann man auch ohne weiteres mit „Querida!" („Liebes!") ansprechen; sie wird es ertragen.

Müdigkeit und Lähmung

Argentinier leben von der **Illusion** und hassen die **Pflicht.** Sie verschieben all das, was ihnen unangenehm ist, am liebsten auf den nächsten Tag. Das fiel schon dem englischen Besucher *Thomas J. Hutchison* in Buenos Aires auf: „Die Ausrede ‚mañana' beherrscht die gesamte soziale, politische, kommerzielle und militärische Szene." Und noch etwas fiel deren europäischen Gästen auf: Wenn Argentinier über ihr Leben erzählen, dann erwähnen sie alle ihre Projekte, Absichten und Träume, aber selten ihre Taten. Es scheint, als ob viele in Argentinien nicht nur nicht „angekommen" sind, sondern dass sie auch „zwischen der Zeit" leben. Die Argentinier verfügen über unendlich viel Zeit, sonst würden sie nicht so viele Dinge in ihrem Leben anpacken – und schnell wieder fallen lassen. Das Leben scheint sich zwischen hektischer Aktivität und periodisch auftauchenden Lähmungen abzuspielen. Man bekommt den Eindruck, die Argentinier hetzen durchs Leben, immer einem tollen Ziel hinterher,

das sie aber nie erreichen. Die Wirklichkeit meldet sich brutal zurück wie der Igel beim Hasen und ruft „Ich bin allhier!". Das führt dann wieder zu den Phasen totaler Erschöpfung, in denen bereits das nächste alternative Lebensprojekt ausgebrütet wird.

Himmelhochjauchzend zu Tode betrübt: Kontinuität, das stete Bohren dicker Bretter, die lebenslange Hingabe an eine Sache, ist wohl nichts für Argentinier. Weswegen es wohl kein Zufall sein kann, dass aus Argentinien, das sich mit seinem Bildungswesen lange Zeit mit Westeuropa messen konnte, so gut wie kein bekannter Wissenschaftler oder Forscher von Weltrang gekommen ist. Dafür findet man in Buenos Aires – und das nicht erst seit der derzeitigen Krise – unglaublich viele Taxifahrer, die „eigentlich" Ingenieure sind oder Hotelportiers mit dem Magistertitel in Philosophie in der Tasche. Das Leben wird als eine unendliche Abfolge von Glücks- und Unglücksfällen erachtet und über diese bedrückende Einsicht verfällt der Argentinier in tiefe **Melancholie,** die ihn durchaus mit Würde auszeichnet.

049ar Foto: cg

Hundehumor

Obgleich in Buenos Aires die „Dogwalker" zum Straßenbild und zu den Postkartenmotiven gehören, ist der vierbeinige Freund des Menschen in Argentinien bislang eher als Ungeziefer angesehen worden. Argentinien ist ein **Pferdeland.** Das Glück der Erde liegt auf dem Rücken der Pferde, jedenfalls für den Gaucho. Die Hunde, die sich halbwild wie die Kaninchen in der weiten Pampa vermehrten und in Rudeln durch die Gegend streunten, waren dazu da, abgeknallt zu werden. Der herrenlose Köter war für *Martín Fierro* das **Bild des Elends und der Einsamkeit.** Auch sprachlich hat sich das bis heute gehalten: „einsam wie ein Hund", „einen Hundehumor haben" (schlecht gestimmt sein), „ein Hundeleben führen" usw. „Hija da Perra" – da schimpft einer nicht auf die Tochter einer (räudigen) Hündin, sondern auf ein menschliches Luder. Für Argentinier bedeutet die Beschreibung „treu wie ein Hund" etwas so Abwertendes wie „Kadavergehorsam".

Dogwalker sind ein Postkartenmotiv

Tonlagen

Alleingelassen sind Argentinier stille, melancholische Leute, so unglaublich das klingt. Schmerz und Trauer, die Niedergeschlagenheit und die Nachdenklichkeit, sie kommen leise daher. Der Karneval ist nichts für Argentinier. Aber die **laute Selbstdarstellung** schon. Eigene Schwächen, ja Misserfolge und Niederlagen gegenüber anderen zuzugestehen, gilt unter Männern als memmenhaft und unter Frauen als geschmacklos. „Don't cry for me Argentina!" Wenn man also schon nicht die Tränen zeigen darf, so soll man wenigstens die Freude doppelt so laut hinausbrüllen. Kaum stehen die *señores* beieinander, entwickelt sich das Gespräch zur lebhaftesten Animation in herrlichster Lautstärke. Bei den Damen ist das nicht anders, nur schriller.

Zwei **Seelen** wohnen, ach, in des Argentiniers Brust: die intime, private, melancholische und die burleske, auftrumpfende. Eine fast krachlederne Lust auf Lärm in der animierenden Gesellschaft, im Freundeskreis, in der Kneipe und im Café zeigt sich dann. Wer lauter spricht als die anderen, der zeigt Autorität. Politiker in Argentinien sprechen immer zu Millionen, auch wenn es nur ein paar versprengte Zuhörer sind. Und umgekehrt gilt: Wer etwas ist, der darf auch laut sein.

Die Ur-Argentinier, die Indianer und die Gaucho-Halbbluts, zeichnen sich durch beredtes Schweigen aus. Bei den *porteños* aber bricht Italien durch, laut und extrovertiert. Mit der **Stimme** wird aufgetrumpft und jeder niedergebrüllt, der Widerspruch anmeldet. Und wenn man gerade nicht dran ist, wirft man ein lautes „Ché!" ein – schon richten sich alle Köpfe auf den Zwischenrufer, der geschickt den Ball aufnimmt und nun seinerseits das Wort an sich reißt. Das ist übrigens nicht nur Machogehabe, Frauen können das auch, nur ein paar Tonlagen höher.

Was den Umgang mit Untergebenen betrifft, so gilt auch dort das Prinzip: **Wer laut ist, zeigt Autorität.** Im Haushalt (mit den Angestellten) wie im Büro herrscht der Kommandoton. Dieser schlägt auf der Stelle in ein freundliches, angenehmes Moderato um, wenn man es mit einem Besucher zu tun hat, den man als gleichrangig einstuft.

Trago – bloß ein Schlückchen

Die Schotten trinken Whiskey, die Deutschen Bier, die Italiener Wein und die *porteños* – keinen Alkohol, sondern **Kaffee.** Man wird deshalb auch so gut wie nie Betrunkene in Buenos Aires antreffen. Gewiss, die Indianer bestach man mit Feuerwasser, die Gauchos saufen sich in der *pulperia* unter den Tresen und auf dem Lande gilt das Ablehnen von Alkohol als Unhöflichkeit. Und in den feinen Kreisen trinkt man natürlich ein Gläschen Cognac, einen Whiskey oder einen Wein. Aber eben nur ein Gläschen - einen *Trago,* eine Portion. Es ist, als ob die europäischen Einwanderer mit dem alten Elend, aus dem sie kamen, auch den Absinth, den Fusel und den Grappa hinter sich ließen. Selbst in der Boheme zeichnet man sich nicht durch exzessiven Alkoholgenuss aus, anders als etwa in Irland, wo Poesie und Promille sich paaren.

Erinnerung

Jeder Argentinier trägt ein Bild im Herzen: das Bild seiner Mutter und die Erinnerung an „sein" Viertel, sein Dorf, seine Kindheit. Doch das ist alles. Kehrt der Betroffene nach vielen Jahren an den Platz seiner Jugend zurück, wird er sich kaum noch zurechtfinden: Das Café, wo er seinen ersten Flirt versuchte, ist längst abgerissen und einer Bank gewichen. Das Haus der Familie gibt es schon lange nicht mehr, da steht jetzt eine Tankstelle. Die Argentinier gehen mit ihrem **historischen Erbe** so sorglos um wie die Nordamerikaner. „Abreißen und Neues aufbauen" ist die Devise. Dass Buenos Aires architektonisch trotzdem noch an Paris oder London erinnert, hat weniger damit zu tun, dass man die historische Bausubstanz so pflegt wie in Europa jeden alten Kanaldeckel, sondern weil ganz einfach nach den Goldenen Jahren (bis 1940) das Geld fehlte, um Neues zu errichten.

Aber nicht nur die historische Bausubstanz, auch die kulturelle fällt dem **Vergessen** zum Opfer. Kein erlauchter Geist in Argentinien hat sich bis heute mit altamerikanischen Kulturen auf dem Territorium des heutigen Argentinien ernsthaft beschäftigt. Die Nomadengesellschaft der Gauchos wird zwar im Nationalepos besungen und auf den *festas criollas* gefeiert, doch als Nachkomme eines halbwilden Gaucho-Cowboys will sich keiner outen.

Argentinien beginnt mit der europäischen Einwanderung, daran gibt es nichts zu rütteln! Mit ihrer ganzen Sentimentalität können sich die Argentinier mit den Figuren ihrer Geschichte, mit den Heroen, den Caudillos, den Führern, den „Männern, die Geschichte machen", identifizieren - wenn es denn Europäer waren. Das historische Gedächtnis der Argentinier hält sich an den **Personenkult.** Argentinier lieben die „einsamen Wölfe" und Heroen, die über die Masse hinausragen, alles auf eine Karte setzen, mit einem Kraftakt die Welt anhalten wollen - und scheitern. *Ché Guevara* war ja auch so einer.

Das **Scheitern** zeichnet ein Idol im Grunde schärfer aus als den reinen Siegertyp. Alle großen Idole Argentiniens sind im Leben gescheitert: *Gar-*

del, der Tangozauberer, ist auf dem Höhepunkt seiner Karriere buchstäblich abgestürzt, *Evita* durch Krebs mitten aus dem Leben gerissen worden, *Maradona* verfiel den Drogen, *Borges,* der Literatur-Titan, erblindete. Alle Großen enden tragisch.

La madre

Ein Mann weint nicht und wenn, dann nur **am Busen seiner Mutter.** Wer Tränen in der Öffentlichkeit oder vor Freunden vergießt, der gilt als *flojo,* als Weichei, als Memme. Man beißt die Zähne zusammen, man beißt sich durch. Dass Brasiliens Präsident *Lula* bei seiner Amtseinführung vor Rührung schluchzte, rührte die Herzen der Brasilianer. In Argentinien hätte er sich damit ins Abseits gestellt. *Gardel* rät in einem seiner Tangos: „Glaube meinem Rat – verliebe dich nicht – und wenn doch, dann gib sie auf! Vorwärts Junge, reiß dich zusammen und heule nicht – denn ein Mann ist ein Macho und darf nicht heulen."

Weinen darf er, wie gesagt, nur an der Mutterbrust. „Sufrir como una madre" – Leiden wie eine Mutter, das darf der Macho auch – bei seiner Mutter. *La madre,* das ist die **intime Bezugsperson.** Bei der Mama und nur bei ihr darf der Argentinier (und die Argentinierin) die Schleusen seiner/ihrer Seele öffnen. Denn Mama vergibt und versteht alles. Die Ma-

050ar Foto: cg

ma ist heilig. Wieder ein Tangotext von *Gardel*: „Ich respektiere in einer Frau nur die Mama, nichts weiter. Aber niemals, niemals wird es eine zweite Frau so geben wie die Mama."

Die Geschichte vom Sohn, der nach vielen Enttäuschungen und harten Kämpfen zur Mutter zurückkehrt, um sich auszuweinen, ist vielleicht der gängigste **Tango-Topos.** Fast in der Hälfte aller Texte von *Gardel* taucht er auf. „La viejita santa y buena", die „heilige gute Alte", ohne sie konnte *Gardel* nicht singen. *Gardel* wuchs ohne Vater auf und er war Einzelkind. Das mag nicht die Regel gewesen sein, aber die Hommage an die Mama trifft in jedem Fall einen wunden Punkt der argentinischen Seele.

Das Wetter

Das Wetter wechselt. Auch in Argentinien, das Jahreszeiten ebenso kennt wie Europa (anders als im tropischen Brasilien nebenan). Weil der Wechsel ein wichtiges Element im Denken der Argentinier ist – das Leben besteht aus Wechselfällen – redet er pausenlos darüber, so wie die Engländer es auch gerne tun. Dafür gibt es natürlich auch einen handfesten Grund, denn Argentinien ist ein **Agrarland.**

Dass aber die *porteños* auch gerne über das Wetter philosophieren, hat weniger damit zu tun, dass sich im Tagesverlauf in Buenos Aires glatt Frühjahr und Herbst abwechseln können, sondern wohl eher damit, dass die Argentinier mit dem Gespräch über das Wetter ganz andere Ziele verbinden: Sie wollen andere **ernsthafte Themen vermeiden,** den Gesprächspartner testen, sich am Spiel über Vorhersagen und Vermutungen beteiligen, das Gesicht wahren – und viele andere psychologische Spiele treiben. Das jedenfalls meint der Soziologe *Julio Mafuf* herausgefunden zu haben. Das Gespräch über das Wetter sei sozusagen Nonsens mit tieferem Sinn. Man redet miteinander, ohne sich etwas zu sagen, man läuft sich vielleicht warm zu einer echten Konversation. Oder es bleibt beim Versteckspiel.

Was das Wetter selber betrifft, so sind die Argentinier Meister darin, es zu verdrängen. Kein Mensch wird wegen 40 Grad Celsius im Schatten und hoher Luftfeuchtigkeit (die in Buenos Aires ein Problem ist) sein Jackett ausziehen oder gar die Ärmel hochkrempeln. Stoisch wird das Wetter angenommen – aber Abstriche an der **Kleiderordnung** macht ein Señor nicht. Noch bis vor kurzem konnte man kein Café ohne Jackett betreten oder ein Restaurant ohne Schlips und Anzug aufsuchen. In kurzen

Tango-Duo

051ar Foto: cg

Hosen herumlaufen, das tun bloß Touristen. Die Proletarier stellen sich schon deshalb abseits, weil sie die guten Sitten missachten. Chauffeure und Polizisten müssen saubere Uniformen tragen, selbst in der größten Hitze. Eine Lotterwirtschaft wie in Brasilien, wo alle mit T-Shirt und Bermudashorts herumlaufen, gibt es in Argentinien nicht. **Anstand und Haltung** erzwingen komplette Kleidung. Selbst die Straßenkämpfer der Peronisten laufen nicht ohne Jackett herum – in diesem Falle aber mag es aus Leder sein. Das hält die Balance zwischen ordentlicher Kleidung und proletarischem Touch. Der Leder-Blouson, das Exportprodukt, wurde so zur Uniform aller Peronisten. Ein Mitglied der Aristokratie zieht so etwas natürlich nicht an.

Sonntag

Der Sonntag ist der „post coitum triste" der Argentinier, meint *Julio Mafud*. Nach dem orgiastischen Sonnabend mit dem nächtlichen Vergnügen, dem Tanz, der Show, dem Ausgehen in Restaurants und Klubs (die gewöhnlich erst gegen Morgen enden), ist der Sonntag wie ein **schwar-**

Abstriche an der Kleiderordnung macht ein Señor nicht

zes Loch, in das man fällt. Am Sonntag erstirbt das Leben. Die Waagnadel zittert in der Mitte: Eben noch herrschte die totale Freiheit, morgen droht schon wieder die Sklaverei. Am Sonntag ist man einfach „groggy", da hängt man in den Seilen und schläft bis zum Mittag.

Oder der Sonntag **gehört der Familie.** Mit der ganzen Bagage hinaus in den Country zu ziehen zum Picknick ins Grüne – für einen argentinischen Macho ist das fast so schlimm wie der Tod. Nichts erscheint frustrierender, als die Familie ins Auto zu packen und den Vaterpflichten folgend hinauszufahren aufs Land, wo alles so primitiv, so unangenehm, so voller Mücken ist und man die blödsinnigen Rituale einer heilen Familie ableisten muss. Kommt der Abend, sind alle fertig. Dann noch der Stau. „A mí no me agarran mas!" schwört sich der Familienvater: „Ich lass mich nicht mehr rumkriegen zu diesem Quatsch!" Und am nächsten Wochenende ist er wieder dabei.

Mate

Es gibt viele Getränke, die in Geselligkeit getrunken werden: das Kaffeekränzchen, die Teestunde – von den alkoholischen Trinkrunden ganz abgesehen. Und es gibt den Mate-Tee. Aber das ist etwas ganz anderes.

Der Mate-Tee ist in Argentinien so zu Hause wie im Süden Brasiliens. Yerba Mate, das ist ein nicht unbedeutender Markt für große Plantagenherrn. Das Mate-Kraut wird geerntet, getrocknet und sortiert. Es kommt in Pfundportionen auf den Markt. Das Kraut wird mit kochendem Wasser in einer Kalebasse aufgegossen. Ein grüner Sud entsteht, die Mateblätter schwimmen wie Entengrütze darüber. Man trinkt den heißen Tee mit Hilfe eines Silberröhrchens, an dessen unteren Ende sich ein Sieb befindet. Ein Menge **Utensilien** gehören zum Mate-Tee-Trinken: eine Thermoskanne mit dem heißen Wasser, die Kalebasse, das Saugrohr *(bombilla)* und natürlich der Tee. Man kann die Kalebasse nicht auf den Tisch stellen, sondern muss sie ständig in der Hand halten.

Kaffee oder Tee trinkt jeder aus seiner Tasse. Aber der Mate-Tee wird nur aus der einen Kalebasse gesaugt, die die Runde macht. Jeder saugt aus dem gleichen Rohr, das verbindet. Eine Mate-Tee-Runde ist eine **verschworene Gemeinschaft.** Da darf sich keiner ekeln, aus der gleichen *bombilla* zu schlürfen wie sein Nachbar. Es ist ein bisschen so wie bei den Nargile-Wasserpfeifen im Orient: Jeder saugt am gleichen Rohr.

Clevere Fabrikanten glaubten, man könne eine neue *bombilla* mit austauschbaren Mundstücken auf den Markt bringen, sodass jeder Trinker seinen speziellen, hygienisch einwandfreien Schnuller hätte. Das war ein Fehlschlag. Keiner wollte das kaufen. Beim Mate-Tee saugen alle von der gleichen Mutterbrust. Zusammen mit dem sanft anregenden Alkaloid, das im Mate-Blatt steckt, und der zugleich sedativen Wirkung des Krauts schafft der Mate-Tee etwas Außergewöhnliches: **Zusammengehörigkeitsgefühl** auch unter fremden Personen, Sanftheit im Umgang und vor allem eine schweigende Nachdenklichkeit.

Siesta

„Nur tollwütige Hunde und Engländer laufen in der Mittagshitze herum. Argentinier schlafen tief von elf bis eins ...", bemerkte der britische Theatermann *Noel Coward* einmal süffisant. Natürlich sind nicht nur die Engländer angesprochen. Was die Argentinier betrifft, so ist ihnen die Siesta heilig – jedenfalls auf dem Lande ist das so und je heißer das Klima, desto ausgedehnter die Siesta. In Buenos Aires erlaubt das hektische Getriebe kaum noch den mittäglichen Kurzschlaf, dafür wird die Essenspause ausgedehnt oder man setzt sich nach dem Lunch noch in ein Café und nimmt dort seine autogene Auszeit.

Gute Figur

Die Argentinier wollen einfach eine gute Figur machen. Darin gleichen sie den Italienern. Wer abgerissen herumläuft, muss ein armer Teufel sein. In Buenos Aires schätzt man nicht das Legere. Wer in kurzen Hosen daherkommt, ist ein Tourist. Gringos mag man solche Stilosigkeit gestatten, sich selber nicht. Und mögen die Vertreterinnen des schönen Geschlechts auch ihr Empfindungsvermögen herauskehren, dann tun sie es **diskret** und nicht mit der exhibitionistischen Freude der Brasilianerinnen.

Unter der schicken Schale muss ein schlanker Körper stecken. Der **Kampf gegen die überflüssigen Pfunde** ist ein Nationalsport. Und davon leben hunderte *Academias* mit ihren Folterkammern. Wer sich geniert vor dem Mitleid der anderen und das nötige Geld hat, der leistet sich einen „personal trainer", der dem Beichtgeheimnis unterliegt. Und wer den schnellen Weg zur Schlankheit oder zur Korrektur von Mutter Natur wählt, legt sich unters Messer. **Schönheitschirurgie** ist genauso akzeptiert wie die Seelenmassage beim Therapeuten. Selbst *Maradona* und *Carlos Menem* sollen Skalpelle in Anspruch genommen haben.

Solche harten Mittel sind nicht jederfraus Sache. Es gibt ja noch die **Kosmetikbranche,** die in Argentinien ihr Eldorado vorfindet. Man braucht nur einmal die Fernsehreklame in den frühen Abendstunden zu betrachten: So gut wie jedes zweite Produkt, das über den Schirm angepriesen wird, kommt aus den Retorten der Schönheitschemie.

Ausgehen

Argentinier müssen die Gene von Vampiren geerbt haben. Sonst würden sie nicht grundsätzlich dann ins nächtliche Vergnügen aufbrechen, wenn Nordländer gerade heimkehren, so knapp nach **Mitternacht.** Bis dahin scheuen sie das Licht der Straße und sind stundenlang damit beschäftigt, sich für ihre Raubzüge durch die Diskotheken und Bars vorzubereiten. Oder sie lassen erst einmal das Fernsehhauptprogramm an sich abtropfen. Aufkommender Hunger wird durch kleine Happen gestillt, schließlich wäre es unfein, im Lieblingsrestaurant vor Mitternacht aufzukreuzen.

Argentinier sind **Bettflüchter.** Schlafen kann man später immer noch, z. B. auf dem Friedhof. „Ponte las pilas!" – „Schieb' die Batterie rein!" Keine Müdigkeit vorschützen! Keine andere Weltstadt erstrahlt nachts so hell wie Buenos Aires. Auf den *avenidas* ist am Wochenende um Mitternacht mehr Verkehr als während der täglichen Rushhour.

Allerdings fordert nun auch die **Krise** ihren Tribut. Erstens haben immer mehr Leute immer weniger Geld für die *farandula* (Glitzerwelt) übrig. Und zweitens ist es auf den Straßen nicht mehr so sicher wie früher. Morde an Taxifahrern, Entführungen vor Nachtlokalen, gewöhnliche Raubüberfälle – die Lokalnachrichten sind voll davon. Es beruhigt die *porteños* nicht, wenn man auf Rio de Janeiro oder Bogota verweist. Der Referenzort ist Paris und da geht es sicherer zu, wenn auch die Pariser längst in den Betten liegen.

052ar Foto: cg

Begrüßung und Abschied

Begrüßung und Abschied unterliegen einem **komplizierten Ritual.** Mit einem einfachen Kopfnicken oder einer ausgestreckten Hand ist es nicht getan. Argentinier begrüßen und verabschieden sich in etwa so wie eine deutsche Familie, deren Mitglieder sich jahrzehntelang nicht gesehen haben. Selbst wenn man sich kaum beim Namen kennt.

Man ergreift die Hand des Gegenüber, haucht ein Küsschen rechts oder links auf die Wangen und löst sich dann langsam wieder. Mann küsst Frau, Frau küsst Frau und Frau küsst Mann und Mann küsst Mann. Letzteres aber nur, wenn man sich schon einmal vorher gesehen hat. Und: Man küsst ringsherum. Wer einen Bekannten oder eine Bekannte auf der Straße trifft, nimmt die Begrüßung und den Abschied **kussweise** vor – und das gilt dann auch für alle anderen Personen in Begleitung. Wie man sich denken kann, es ist ganz schön aufwendig, Argentinier zu begrüßen und zu verabschieden. Aber es überbrückt die Zeit, in der man sonst vielleicht dumm herumstände.

Argentinier pflegen einen höflichen, ja **galanten Umgangston.** Es ist selbstverständlich, dass man beim Betreten eines Geschäfts, eines Cafés usw. „Buenos Días", „Buenas tardes" oder „Buenas noches" sagt und dabei nicht nuschelt. Das gleiche gilt für den Beginn einer Rede oder Ansprache. Sind es mehrere Redner, die hintereinander sprechen, so wird man viele „Gute Tage" über sich ergehen lassen. In der Provinz grüßt man auch Wildfremde, die einem auf dem Weg entgegenkommen, so wie man es ja auch in den Alpen hält. Man spricht sich mit „Señor" oder „Señora" bzw. mit dem Vornamen an: „Doña Maria" heißt die Nachbarin, „Don Julio" der Bäcker. Nach einer privaten Einladung gilt es als höflich, der Gastgeberin am nächsten Tag einen Blumenstrauß zu schicken. Sportlich-elegante Kleidung ist fast überall angebracht, nur zu offiziellen Veranstaltungen und in exklusiven Restaurants wird elegantere Garderobe erwartet. Öffentliche Verkehrsmittel, Kinos und Theater sind Nichtraucherzonen. An Bushaltestellen, vor Kinos o.Ä. wird angestanden. Vordrängeln ist höchst unbeliebt.

El Paseo

Sehen und gesehen werden, das ist ein großes Spiel. Die *plaza* ist die Bühne. Hier sind architektonisch nicht nur die wichtigsten Institutionen und Autoritäten vertreten, hier beginnt am späten Nachmittag auch der **Corso der Eitelkeiten.** Man schlendert in Gruppen, streng getrennt nach Geschlechtern, aneinander vorbei, zwinkert sich zu, macht schöne Au-

053ar Foto: cg

gen, neckt sich und kommt sich langsam näher. Aber das ist auch alles. Wer einen Flirt verabreden will, muss das heimlich tun. Dazu gibt es die Liebesbriefträger in Form von Geschwistern und Freunden. Was danach kommt, gerät allzu leicht in den Ruch des Illegitimen.

Man geht auch im Kreis der Familie spazieren, aber nur vom Parkplatz zum Restaurant. Die Wanderlust ist den Argentiniern unbekannt und wenn sie wüssten, was das ist, so hielten sie es für eine Perversität. Wandern zum Vergnügen gibt es nicht. Wandern als Sport, das ja. Der *porteño* ist **kein Naturfreund.** Gepflegte Parks reichen ihm vollständig. Wenn er nicht gerade sein Leben lang in einer bestimmten Region verbracht hat, sind dem Argentinier landschaftliche Punkte egal und unbekannt. Ein See ist zum Segeln da, ein Berg zum Betrachten. Das reicht. Romantische Naturschwärmerei geht den Argentiniern ab.

El Paseo – das ist die Bewegung, mit der man andere bewegen will. Deshalb kann ein solcher Paseo auch im Auto erfolgen, im **Autocorso.** Dazu reicht natürlich nicht ein grauer Vierräder, da muss man schon etwas bieten: Scheibe runter, Radio auf maximale Lautstärke, Fahne raus und ordentlich Gas geben. Der schönste Auto-Paseo ist im Cabriolet mit einem Stoß schnatternder Blondinen im Fonds.

Der porteño ist kein Naturfreund. Gepflegte Parks reichen ihm vollständig.

Kulturgenuss

Film und Kino

1896 wurde in Buenos Aires der erste Lumière-Stummfilm zur Aufführung gebracht. Ein Jahr darauf entstand der erste argentinische Streifen. Der Erste Weltkrieg schnitt die Nachfuhr an Filmen ab, also drehte man selber welche. 1917 waren es schon 30 argentinische Werke. 1929, zeitgleich mit Europa und den USA, produzierte man in Buenos Aires den ersten Tonfilm. In den 1930er Jahren gab es eine regelrechte **Schwemme an argentinischen Filmen,** darunter viele mit Tangostar *Carlos Gardel.* Einen weiteren Boom argentinischer Filmproduktion brachten die Jahre unmittelbar nach dem Ende der Militärdiktatur. Pro Jahr wurden bislang etwa 50 Filme produziert. Somit gehört Argentinien zu den zehn größten Filmnationen.

Einige argentinischen Filme sind international ins Gespräch gekommen, so z.B. *Luis Puenzos* „La Historia Oficial": Eine Familie entdeckt, dass ihr adoptiertes Kind den leiblichen Eltern, Opfern der Diktatur, entrissen worden war. Dieser Film hat 1986 sogar einen Oscar für den besten nichtamerikanischen Film eingeheimst. *Fernando Solanas* Filme „Tango", „El Exil de Gardel" und weitere sind international immer sehr beachtet worden. Im Unterschied zum Theater, das sich in der Regel auf Boulevard-Stücke und Tango-Shows beschränkt, hat das Kino in Argentinien die **Auseinandersetzung mit der „infamen Epoche"** der Militärdiktatur nicht gescheut.

Buenos Aires gilt als eine **filmfanatische Stadt.** Wahrscheinlich gibt es nirgendwo so viele Kinos auf einen Quadratmeter wie zwischen Calle Florida und Calle Lavalle. Ins Kino zu gehen, ist dem *porteño* ein Grundbedürfnis. Die Filme aus Hollywood sind in Buenos Aires in der Regel eher zu sehen als etwa in Berlin. Im Jahr 2000 haben rund 6, 5 Millionen Zuschauer nationale (argentinische) Filme gesehen, das sind 19,8% der gesamten Zuschauerquote. Ein Prozentsatz, der nur in wenigen Ländern übertroffen wird.

Theater

Bei der Fülle der Bühnen, die in Buenos Aires zu Hause sind, dürfte man ein reiches Theaterleben annehmen. Dem ist aber nicht so. Wirklich **avantgardistische Stücke** sind selten und spielen nur vor einem kleinen Publikum. Das Teatro Colon, das Aushängeschild des klassischen Bühnen- und Operntheaters, hat nun auch schon ordentlich Patina angesetzt. Für eine Millionenmetropole, die sich (früher) an Paris gemessen hat, ist das Programm doch recht mager. Die Zeiten sind vorbei, wo die High Society ihre eigene Bühne brauchte, denn das Fernsehen liefert sie jeden Abend.

Neben dem Opernhaus bietet das städtische **Teatro San Martin** mit seinen drei Sälen eine Auswahl an zeitgenössischem und klassischem Theater. Dort sind auch schon wichtige deutsche Ensembles mit Gastspielen aufgetreten.

Mafalda

Quino (Pseudonym für *Joaquin Lavado*) wurde 1932 in Mendoza geboren. Schier unerschöpflicher Einfallsreichtum, eine erstaunliche Fantasie, hohes handwerkliches Können und viel Sympathie für die Spezies Mensch und ihre Torheiten zeichnen diesen großen Cartoonisten aus, der in seiner Heimat bereits berühmt, in Deutschland aber immer noch zu entdecken ist. Seit 1970 erscheinen seine Zeichnungen in der internationalen Presse, unter anderem auch in „Pardon", aber sein berühmtestes Geschöpf ist *Mafalda,* ein kluges, frühreifes Mädchen, das die Absurditäten der Welt (der Erwachsenen) nicht nur durchschaut, sondern in gewisser Weise auch verzeiht.

Bildende Kunst

Im Gegensatz zu anderen lateinamerikanischen Ländern haben sich die bildenden Künste in Argentinien bis heute **an Europa orientiert,** vor allem an Spanien und Frankreich, heute mehr an Deutschland und den USA. Die Turbulenz argentinischer Geschichte und Wirklichkeit spiegelt sich in der Kunst erst in den 1930er Jahren vor allem in der Literatur wider. Die Malerei des 19. Jahrhunderts wurde von **Gauchothemen** und **Szenen des Stadtlebens** geprägt. *Prilidiano Pueyrredón* war der bedeutendste Künstler dieser Periode. Unter den Malern des 20. Jahrhunderts ragen die Realisten *Cesareo Bernaldo de Quirós* und *Benito Quintela Martín,* der Kubist *Emilio Pettoruti* sowie *Raul Soldi* hervor. Die Arbeiten des Bildhauers *Rogelio Yrurtia* sind weithin bekannt.

Literatur

Die argentinische Literatur, ursprünglich aus der spanischen Literatur hervorgegangen, nahm im 19. Jahrhundert einen deutlich **nationalistischen Charakter** an. Zu den herausragenden Werken gehören die Dichtung

054ar Foto: cg

„Fausto" (1866) von *Estanisláo del Campo,* eine Gauchoversion der Faustlegende, „Martín Fierro" (1872), eine erzählende Dichtung über das Gaucholeben von *José Hernández,* die als das Nationalepos Argentiniens betrachtet wird und schließlich der soziologische Essay „Facundo" (1845) von *Domingo Faustino Sarmiento,* eine Studie über das Landleben in der argentinischen Pampa.

Die argentinische Literatur des 20. Jahrhunderts brachte Werke hervor, die **Weltruhm** erlangten, darunter „Don Segundo Sombra" (1926, „Das Buch vom Gaucho Sombra") von *Ricardo Guiraldes,* „Rayuela" (1963, Rayuela, „Himmel und Hölle") von *Julio Cortázar,* „El beso de la mujer araña" (1976, „Der Kuss der Spinnenfrau") von *Manuel Puig,* und die Geschichten von *Ernesto Sábato. Eduardo Mallea,* ein Romanschriftsteller, der existentialistische Themen behandelte, sowie *Jorge Luis Borges,* international bekannt für seine fantastischen Erzählungen, sind bedeutende zeitgenössische Schriftsteller. Zu den bekanntesten Lyrikern gehört *Leopoldo Lugones,* der Verfasser symbolistischer und naturalistischer Verse.

In der Buchhandlung El Ateneo

Telenovelas

Die lateinamerikanischen Seifenopern, die seit den Anfängen des Fernsehens täglich gesendet werden, wurden in Europa erst in den 1980er Jahren bekannt. Allerdings handelt es sich um eine sehr verbreitete und beliebte Form der **Popkultur** des Subkontinents, die heute über den Einfluss und die Besetzung der Medienkonzerne von Seiten des amerikanischen Kapitals sehr gefährdet ist.

Die Telenovela hat ihren Ursprung in der **Radionovela,** dem hörspielartigen Rundfunktheater, dessen Themen hauptsächlich Liebe, Leid und Leidenschaft waren.

Technische Denkmale

Eisenbahnen

Bereits 27 Jahre nach der ersten englischen Eisenbahn zogen argentinische Dampfrösser 1857 die ersten Waggons durch Buenos Aires. Man kann solch ein rostiges Ungetüm („La Porteña") noch im Eisenbahn-Museum von Lujan bewundern. Zeitgleich mit den nordamerikanischen Eisenbahnen wuchsen auch in Argentinien die Schienen der *ferrocarriles* (Eisenbahn) über das Land nach Norden und Westen. Im Jahr 1910 wurde dann sogar eine Bahnverbindung über die Anden über einen Pass von 4000 Metern Höhe fertig gestellt. Mit der Eisenbahn ist Argentinien eigentlich erst als Nation **zusammengewachsen.** Und ohne sie wäre zudem der Aufschwung von Buenos Aires als Verschiffungshafen von Fleisch und Getreide gar nicht denkbar. Bau und Betrieb der Eisenbahn lagen in englischer Hand. Die britischen Trusts diktierten somit auch die Frachtpreise und sie legten entlang der Schienenstränge zahlreiche „Kolonien" mit Migranten aus aller Herren Länder an. 1914 hatte das Eisenbahnnetz in Argentinien mit rund 50.000 Kilometern seine größte Ausdehnung erreicht.

Unter *Perón* wurden die *ferrocarriles* verstaatlicht. Sie hatten zu diesem Zeitpunkt bereits ihre Bedeutung verloren und wurden zu einer enormen **finanziellen Belastung** für den Staat. Heute ist das argentinische Eisenbahnnetz auf einige Vorortlinien zusammengeschrumpft, aber draußen im Lande künden die verrosteten Skelette der Dampfrösser noch von den goldenen Eisenbahnjahren. Und die stattlichen Kopfbahnhöfe in Buenos Aires sowie in den meisten großen Städten sind nur noch rostige Denkmale einer glorreichen Zeit.

Atomträume

Mochte *Evita Perón* von einem Argentinien träumen, das der armen Bevölkerung ein besseres Leben versprach – ihr Mann, Oberst *Juan Domingo Perón*, träumte davon, Argentinien zu einer Supermacht zu machen. Deswegen holte er sich aus den Trümmern Europas Nuklearspezialisten, wo immer er sie auch rekrutieren konnte. Das waren in erster Linie Nazis und ihre Mitläufer. Er griff deshalb auch blind zu, als sich der Österreicher *Ronald Richter* als Atomspezialist ausgab. *Richter* bekam Geld und Personal, so viel er wollte, um die erste argentinische Atombombe zu basteln. Man errichtete auf einer Insel (Isla Huemul) bei Bariloche ein Atomzentrum. Sehr bald stellte sich aber heraus, dass *Richter* ein Blender war, der sich, sobald die Sache ruchbar wurde, aus dem Staube machte. Geblieben ist das Atomzentrum, in dem später die argentinischen Reaktoren Atucha I und II zur Energiegewinnung entwickelt wurden.

Die **„Kolonien"** entlang der Eisenbahnstrecken haben überlebt. Für Kulturforscher sind diese winzigen Siedlungen eine Fundgrube, finden sich doch in der Weite der Pampa und der Hochebenen im Norden zahlreiche Nester, in denen jüdische, walisische, deutsche, ottomanische, russische und selbst finnische Gemeinden erhalten sind. Sie alle waren vor hundert Jahren unter der Federführung englischer Eisenbahn-Trusts in die Einöde verpflanzt worden.

Die längste Seilbahn der Welt

Die *alambre carril* (Seilbahn) Chilecito–La Mejicana ist ein weiterer **verrosteter Saurier** aus der Blütezeit Argentiniens, der verloren in den Anden steht. Die Seilbahn wurde 1905 in einer Rekordbauzeit von nur 18 Monaten errichtet, um Kupfer und Gold in 4400 Metern Höhe abzubauen und zu verhütten. Die Bodenstation der 34 Kilometer langen Drahtseilbahn steht auf 1075 Meter über NN. 450 Loren, jede mit einem Fassungsvermögen von 250 Kilo Erz, hingen am Seil und brauchten jeweils vier Stunden, um den Rundkurs zu vollenden. Hoch ging es mit Holzkohle zum Verhütten, herunter kamen sie mit Kupfer und Gold. Der gesamte Seilbahnkomplex bestand aus 262 Tragetürmen, einem Tunnel und einem Viadukt, zwei Dutzend Maschinenhäusern und neun Stationen.

Viadukt „Zug in den Wolken"

055ar Foto: ab

Die *alambre carril* funktionierte bis zum Jahre 1926. Sie hätte ebenso gut über den Ärmelkanal gebaut werden können. Das ganze gigantische Bauwerk hatte eine Million Gold-Peso – nach heutigem Wert wohl eine Milliarde Euro – verschlungen. Die **technische Meisterleistung** wurde von zwei amerikanischen, zwei englischen, einer italienischen und zwei deutschen Unternehmen geplant. Teilweise mussten die Bauteile auf dem Rücken von Maultieren in die Höhe transportiert werden. Bis 1974 wurde die gigantische Anlage noch gewartet in der Hoffnung, sie als Touristenattraktion nutzen zu können.

Festkalender

Gefeiert wird immer und überall. Dabei geht es in Argentinien meist **ländlich-sittlich** zu. Und ein *Asado* ist fast immer dabei, mit den Rippen und Würsten auf dem Rost. Im andinen Norden gibt es satt *Empanadas,* die gefüllten Teigtaschen aus Maismehl. Katholische Patronatsfeste, Gaucho-Folklore, indianische Mysterienspiele, Tangoreigen, sportliche Wettbewerbe, Volksfeste mit Einwanderer-Traditionen und natürlich Kulturfestivals: So lassen sich die Feste in etwa katalogisieren.

Man sollte eines nicht vergessen: Die **Jahreszeiten** sind gegenüber den euopäischen um ein halbes Jahr versetzt und das bedeutet unter anderem, dass Weihnachten in die heißeste Periode fällt. Also nichts mit Schnee und Schlitten, das gibt es dann im Juli/August.

Januar

Den Neujahrskater nach der turbulenten **Silvesternacht** – in den kleinsten Hütten knallen die lautesten Frösche – schlafen die Argentinier meist bis zum Nachmittag aus. Die halbe Nation, so scheint es, am Strand von Mar del Plata. Zum Abschluss der Urlaubszeit Ende Januar gibt es dort noch einmal ein Paukenschlag mit der **Fiesta Nacional del Mar** inklusive Beauty-Contest: Wer ist die schönste Nixe im ganzen Land? Dazu gebratene Heringe, also einmal nicht Rindersteaks.

Mit dem größten **Folklorefestival** aber brüstet sich Cordoba (18.–26. Januar) mit der *Fiesta Nacional del Folklore*. Da wird dann alles reingepackt, was die Stimmbänder und Mägen herhalten: eine Super-Kirmes, die sich selbst genügt und keine lange Tradition hat.

Februar

Jetzt fangen im Westen langsam die **Weinfeste** an. Jede Stadt pflegt ihre eigenen Traditionen, aber eine Weinkönigin gehört immer dazu. Zeitgleich regiert natürlich der Karneval, aber der beschränkt sich eher auf Corrientes und alle Orte im Zweistromland. Und er ist nur ein müder Abklatsch des brasilianischen Originals.

In Buenos Aires ist Tango angesagt, Ende Februar die **Semana del Tango** – und das nicht (nur) für Touristen. Vom Profi-Wettbewerb bis zum Tango in der Vorstadt reicht die Palette.

März

La Plata versucht die Nachsaison mit dem Internationalen **Filmfestival** zu füllen und fühlt sich dann wie Cannes. In Salta gehen die Uhren anders: Da wird erst im März der **Karneval** gefeiert, wenn man denn das indianische Fest mit Masken und rituellen Stampftänzen so nennen will.

Argentinien ist das einzige außereuropäische Land, in dem Oliven angebaut werden. Grund genug, die Ernte in der Provinz von San Juan mit einer **Fiesta del Oliva** zu feiern.

157ar Foto: cg

April/Ostern

Die **Osterwoche** - *Semana Santa* - ist in ganz Lateinamerika die hohe Zeit der religiösen Feste und der Familienbesuche. In dieser Woche sind so gut wie alle Busse und Flüge ausgebucht. Prächtige **Prozessionen** und Messen werden im ganzen Land gefeiert. Als besonders festlich gelten die Osterfeiern in Mendoza. Lujan, der Wallfahrtsort in der Nähe zu Buenos Aires, ist ebenfalls eine Messe wert. Einen indianischen Touch haben die religiösen Umzüge in den indianischen Siedlungsgebieten im andinen Nordwesten.

Mai

Am 25. Mai ist der **Nationalfeiertag** zur ersten Unabhängigkeitserklärung 1810 in Tucuman. Er wird gebührend mit Zuckerrohrschnaps (dafür ist Tucuman berühmt) begossen.

Juni

Sonnenwende: Die südlichste Stadt, Ushuaia, feiert die längste Nacht des Jahres mit Fackel-Skilauf von Jung und Alt. **Festas Juninas** im ganzen Land sind so etwas wie Erntedank-Feste mit bäuerlicher Folklore.

Juli

Winterferien in Bariloche: So gut wie jeden Tag Jubel, Trubel, **Après-Ski.** Wer weniger sportlich ist, kann sich ganz in den hohen Norden nach Salta verziehen, da findet ein lustiger Wettstreit statt, wer die besten *Empanadas* kreiert.

August

Neben dem Marathon im Skilanglauf (jeder darf mitmachen) zum Ende der Wintersaison bei Ushuaia gibt es noch den **Freilauf wilder Stiere** in Jujuy. Das junge Volk muss Mut beweisen, um die Bullen an den Hörnern zu packen. Auch im Nordwesten finden nun die vielen farbigen **Pachamama-Mysterienspiele** der Indios statt.

September

In den geraden Jahren findet in Buenos Aires das Internationale **Theaterfestival** statt, zu dem auch zahlreiche internationale Ensembles anreisen. In Escobar, 60 km nördlich der Kapitale, feiert man am 24. des Monats ein **Blumenfest** zum Frühlingsanfang.

Oktober

Oktoberfeste? Jawoll, auch in Argentinien, da wo man Lederhosen trägt: in Villa General Belgrano in den Bergen bei Cordoba. Aber auch anderswo lassen clevere Wirte das Bier zu **„Oktoberfesten"** schäumen. Am 12. Oktober wird außerdem der Entdeckung Amerikas durch Kolumbus gedacht: eher eine Art politischer Folklore.

November

Allerseelen – da sind die Friedhöfe besonders voll. Unter blühenden Bäumen gedenkt man der Toten und feiert im Grunde das Leben. Pachamama, die indianische Erdenmutter, macht auch mit: in Humahuaca bei Jujuy eine Kombination indianischer Mythen und christlicher Traditionen.

Dezember

Krippenausstellungen und am Dreikönigstag auch **Krippenspiele** mit schwitzenden römischen Legionären, zum Beispiel in Salta. Ansonsten versucht der Handel wie überall auf der Welt das Christkind, den Nikolaus und den Weihnachtsmann als Verkaufskanonen einzusetzen.

Als Gringo im Lande

Argentinien ist nicht fremdenfeindlich, jedenfalls nicht bezüglich Besuchern aus dem Hohen Norden. Als Mitteleuropäer – aber auch als Nordamerikaner – wird man in der Regel um den Wohlstand und die Sekundärtugenden wie Disziplin, Pünktlichkeit und Zuverlässigkeit beneidet. In einer argentinischen Qualitätszeitung wie „La Nacion" finden sich schon mal Reiseberichte aus Europa und den USA, die wie Hymnen darauf klingen, dass „alles funktioniert". Das sind natürlich kaum versteckte Kritiken am eigenen Sauladen daheim. Unter sich sind die Argentinier **Weltmeister im Gejammer** über die eigene Misere. Und natürlich tragen immer die anderen daran Schuld.

Selbstkritik ist nicht die Stärke der Südamerikaner. Und ganz empfindlich reagieren Argentinier, wenn nun etwa ein Gringo mit ins gleiche Horn stößt. Man hüte sich also vor lockerer Zunge! Quod licet jovi non licet bovi – der lateinische Spruch heißt hier angewandt: So wie ein Argentinier über sein Land herzieht, gehört es sich für den Fremden nicht.

Gespräche über Politik und Parteien, über *Perón* und die Nationalgeschichte, selbst über globale Weltereignisse wie über persönliche Probleme sollten nur mit Diskretion und Vorsicht angeschnitten werden. Über das Essen, das Wetter und den Fußball kann man natürlich streiten – aber immer so, dass man zu verstehen gibt, in Argentinien sei doch im Grunde alles besser. Solche Unterhaltungen mit Argentiniern sind ein wenig so, wie wenn man mit einem Kinde „Mensch-ärgere-dich-nicht" spielt und es dabei vermeidet zu gewinnen. Sonst ist die gute Stimmung nämlich dahin.

058ar Foto: cg

Wer die Landessprache nicht beherrscht, wird kaum in Fettnäpfchen treten. Die Argentinier sind von rührender **Hilfsbereitschaft** dem Gringo gegenüber. Das fängt im **Hotel** an. Wer also gebucht oder ungebucht an die Rezeption tritt, der braucht keine schlecht gelaunten oder unwirschen Gralshüter zu befürchten. Nur muss der Pass abgeliefert werden, als Pfand gegen plötzliches Verschwinden und als Nachweis bei der Polizei. Entweder muss man selber ein Beherbergungsformular ausfüllen oder der Hotelempfang erledigt das diskret. So gut wie alle Kreditkarten werden akzeptiert und bei der Einhaltung der Auscheckzeiten ist man großzügig.

Allerdings nicht besonders großzügig ist das **Frühstück,** das zudem extra berechnet wird. In der Regel besteht die erste Mahlzeit am Tage nur aus ein, zwei Hörnchen und einem Kaffee, nicht selten Pulverkaffee. Üppige Frühstücksbuffets finden sich nur in Luxushotels. Die Ausstattung der Mittelklasse-Hotels in Buenos Aires orientiert sich eher am Standard der Matratzengruften in Paris. Trostspendend ist der Übernachtungspreis, der oft dem deutscher Jugendherbergen entspricht.

Kein Mensch in Argentinien kommt auf die Idee, seine Mahlzeiten im Hotel einzunehmen. Man geht aus und sucht sich ein passendes **Restaurant.** Und mag es noch so gut besucht sein – telefonisch einen Tisch zu bestellen würde ja nur Zwang bedeuten. So etwas machen bloß Reiseagenturen für Pauschaltouristen oder Unternehmen zu Arbeitsessen. Gehobene Restaurants legen nicht nur Wert auf eine gute Speisekarte und ein angenehmes Ambiente, sondern auch darauf, dass der Gast korrekt gekleidet erscheint. Ohne Krawatte wird Mann in die feinen Gourmettempel nicht eingelassen und für Damen ist ein Kostüm Pflicht. Bei den populären *karilladas,* der Kneipe an der Ecke oder dem Stamm-Café, herrscht eine solche strenge Kleiderordnung natürlich nicht.

Ob aber nun vornehm oder volkstümlich getafelt wird: Der **Kellner** („mozo!") ist der wahre Herrscher über die weiß gedeckten Tische. Ihm sollte man auch folgen, wenn er einen Platzierungsvorschlag hat. Es gehört sich nicht, einfach in den Gastraum zu stürmen. „Stets zu Diensten", beteuert der Ober mit einem angedeuteten Bückling: „A la orden, Señor!" Man sollte diese Beteuerung nicht wörtlich nehmen, sondern durch Gesten und Lächeln mit dem Ober eine gute Beziehung aufbauen. Denn argentinische Kellner können auch grantig wie ihre Wiener Kollegen und sogar brutal wie Berliner Ober sein. Es ist also besser, die hingeknallte Speisekarte schnell aufzunehmen, zügig zu wählen und nicht zu mäkeln. Vor allem aber: Bitte nicht getrennt abrechnen! Das bringt jeden Ober zur inneren Weißglut.

Der Mann/die Frau von Welt gibt durch Körpersprache zu verstehen, man habe erstens Geduld und zweitens Geld. Auch wenn dem nicht so ist. Alle Kellner lieben gute Gäste, die noch immer weiter nachbestellen – und die schlecht in Prozentrechnung sind und deshalb kräftig aufrunden. Aber kein dienstbarer Geist wird verstehen, wenn der Gast schon vorher ausrechnet, was er zu zahlen gewillt ist. Mit anderen Worten: Man zahlt mit einer großen Note, legt sie in das Leder-Brevier mit der Rechnung und wartet auf dessen Rückkehr mit dem Wechselgeld. Und nun erst muss der Gast entscheiden, welchen Betrag er dort als **Trinkgeld** zurücklässt.

Polizeistunde kennt man in Buenos Aires nicht. Erst wenn der letzte Gast geht, wird das Restaurant geschlossen. Aber wenn der Ober anfängt, die Stühle auf die Tische zu stellen, ist es höchste Zeit zu gehen! Ein **Taxi** lässt man sich nicht rufen, das muss man schon selber am Straßenrand tun. Und dabei sollte man mit dramatischen Gesten nicht sparen, denn zur späten Stunde hält nicht jedes Taxi. Zwei Arme hochzureißen bedeutet: Man ist gewillt, den doppelten Preis zu zahlen. Dann steigen natürlich die Chancen.

Nach Mitternacht gehen die meisten Taxameter kaputt. Das kann man ja verstehen. Wer es sich zutraut und die Tarife kennt, kann einen Pauschalpreis ausmachen. Man bestellt sich telefonisch also ein Taxi und das ist oft ein Privatauto im Nebenerwerbsbetrieb. Ansonsten ist man oft der Willkür ausgesetzt, doch arm wird man dabei nicht. Die **Taxipreise** sind so human in Buenos Aires, dass mit zwei, drei Begleitern im Grunde das Busfahren teurer wäre. Und nachts fahren ja nun mal nur wenige Busse. Auch die Metro stellt nach Mitternacht ihren Dienst ein. Wer dann mit leeren Taschen auf dem Trottoir steht, der muss sich auf lange Fußmärsche einrichten. Und auf den langen, dunklen Avenidas kann das in ein übles Abenteuer ausarten.

Am Tage kommt man immer schnell weiter, denn an jeder Ecke halten **Busse.** Das Busnetz entspricht weitgehend dem gradlinigen Charakter der Metropole. Immer geradeaus und dann mit einem anderen Bus rechtwinklig ab. Umsteigefahrkarten sind Sache der Einheimischen. Man blecht, wie man fährt, mit Einheitstarif. Umständliche Studien wie in den Verkehrsverbundsystemen deutscher Städte erübrigen sich.

Die Argentinier stellen sich an den **Bushaltestellen** ähnlich auf wie die Engländer. Aber wenn der Bus dann kommt, bricht ihre südeuropäische Seele durch. Man sollte nicht erwarten, für Fußtritte und Ellbogenhaken Entschuldigungen zu bekommen. Das hat den Vorteil, seinerseits Muskeln zeigen zu können. Ein bisschen Kampf ums Dasein muss sein. Dafür sind Überfälle auf Buspassagiere noch so gut wie unbekannt.

Was den perfekt organisierten **Überlandverkehr** mit klimatisierten (Doppeldecker-)Bussen betrifft, so geht es da ähnlich zu wie im Flugverkehr: Computerbuchung und Sitzplatzreserve – und sogar Anschnallgurte! Selbstverständlich gilt „no smoking". Auf längeren Strecken gibt es ein Sandwich und einen Becher Pulverkaffee gratis dazu. Ein WC reist mit. Die Buschauffeure haben das Temperament von Bernhardinerhunden, keiner hat bei *Juan Emilio Fangio* das Handwerk gelernt. Wer der Hast und Hektik von Buenos Aires entfliehen will, der muss mit dem Überlandbus fahren. Zum Beispiel nach Feuerland. Das ist eine zenbuddhistische Übung von zwei Tagen und Nächten.

Argentinier trifft man auf der Straße, im Café oder im Kino, aber nicht zu Hause! Das **Heim** ist dem Blick der Fremden entzogen, es sei denn, man gehört schon quasi zur Familie. Wem dieses Glück zu Teil wird, der sollte bei **Einladungen** ein paar Dinge beachten. Erstens: Nicht zu früh erscheinen. Zweitens: Immer mit Blumen in der Hand. Und drittens mit einer guten Ausrede, um die Rückkehr ins Hotel zu schaffen. Denn wer die Mauern der Privatsphäre durchbrechen darf, der wird wie eine Perle in der Muschel eingeschlossen. Dafür sorgt schon die Mama, die den Gast wie eine lang vermisste Tochter oder Sohn aufnimmt.

Im Überlandverkehr wird Komfort geboten

059ar Foto: cg

Es gibt ein öffentliches Argentinien und ein privates und dazwischen nichts. Wer in **das private Argentinien** vordringt, wird mit Haut und Haaren eingemeindet. Und der übernimmt Verantwortung, eine Gegeneinladung nach Europa zum Beispiel. Irgendwann steht dann die Gastfamilie aus Argentinien mit Sack und Pack in Wanne-Eickel vor der Tür. Schmählich, wer sich Schlechtes dabei denkt. Die ganz persönlichen Beziehungen werden eben in Argentinien (wie in ganz Lateinamerika) ernster genommen als das öffentliche Auftreten.

Öffentliche Auftritte haben die öffentlichen Diener. Der **Umgang mit Amtspersonen** will gelernt sein. Wer eine Uniform trägt, der glaubt, er sei etwas besseres. Polizisten zumal sind ungeliebte Wesen, von denen nichts Gutes zu erwarten ist. Argentinier ziehen es vor, nach einem Diebstahl oder einem Einbruch lieber selber Detektiv zu spielen, als Meldung auf dem Revier zu erstatten. Die bösen Erfahrungen aus der „infamen Epoche" mit der Staatsmacht steckt vielen noch in den Knochen.

Übrigens kann die Polizei recht ungemütlich werden, wenn sie jemanden beim Konsum illegaler Drogen erwischt. **Drogenkonsum** wird hart geahndet. Marihuana wird als Gift angesehen, bei Kokain hört jeder Spaß auf. Selbst Alkohol wird nur in Maßen toleriert; man wird so gut wie keinem Betrunkenen in Buenos Aires begegnen.

Auch in die Fänge der **Bürokratie** will kein Argentinier gerne geraten. Im Bürokratendickicht helfen nur Freunde, Bekannte und Beziehungen.

Als Gringo fühlt man sich da eher wie eine Fliege im Spinnennetz. Also gilt die Devise: Abstand halten! Oder gleich einen Rechtsbeistand suchen. Es wäre auch völlig verfehlt, Amtspersonen mit der Aussicht auf „Trinkgeld" zu gewinnen. Nur ein Argentinier hat die Witterung dafür, wann eine solche „Handcreme" weiterhilft – für einen Ausländer kann ein Bestechungsversuch nur alles noch schlimmer machen. Wenn man denn aber nun wegen zu schnellen Fahrens oder einer anderen Ordnungswidrigkeit gestoppt wird, so ist es besser, man hält den Mund, bereut sogleich die Untat, schwärmt von der argentinischen Gastfreundschaft und Warmherzigkeit und outet sich als Maradona-Fan: Dann stehen die Chancen besser, ungeschoren davonzukommen.

Wer in Argentinien Arbeit findet, sollte wissen, dass immer ein paar Fettnäpfchen genau dort liegen, wo man sie vielleicht nicht vermutet. Aus Europa nach Argentinien entsandte Experten und Diplomaten sind in der Regel finanziell so üppig ausgestattet, dass sie bei ihren **argentinischen Geschäftspartnern** oftmals Gefühle von Neid und Missgunst auslösen. Es genügen schon ein paar abfällig hingeworfene Äußerungen über die Schlampigkeit im Gastland, um Reaktionen vom Typ Minderwertigkeitskomplex zu provozieren. Wer durchblicken lässt, dass in seiner Heimat doch alles viel besser läuft, der isoliert sich sehr schnell selber. Auch vor unbedachten Einladungen in die eigene Dienstvilla sei gewarnt – manche Besucher könnten sehr schnell deprimierende Vergleiche zwischen ihrer eigenen bescheidenen Wohnung und dem privilegierten Status des Gastgebers ziehen.

Selbst wenn ein Ausländer beruflich wie sozial voll in die **argentinische Arbeitswelt** integriert ist, heißt es, diplomatischen Instinkt zu entwickeln. Schließlich nimmt der Gringo ja einem Argentinier den Arbeitsplatz weg – zumindest theoretisch und in den Augen mancher Kollegen gerade dann, wenn das Betriebsklima sowieso gestört ist. Einsame Beschlüsse auf Grund von echter oder vermuteter Kompetenz können gefährlich sein. Man sollte bestrebt sein, die Mitarbeiter zu konsultieren und einzubeziehen, ohne auf plumpe Vertraulichkeit zu setzen.

Bescheidenheit ist eine Zier, nicht besser geht es ohne ihr. Ausländer sollten nicht kriecherisch, aber auch nicht lärmend auftreten. Besser man geht overdressed als understuffed. Kurze Hosen und nabelfreie Röcke sollte man zu Hause lassen. Leger, sportlich und elegant ist erlaubt und erwünscht. Proletenhaftes Outfit, schlampige Kleidung und Dreitagebärte passen nicht zu dem Bild, das sich Argentinier von Europäern machen. Überhaupt ist die **Toleranz** gegenüber „bunten" Typen in Buenos Aires gewiss nicht so hoch wie in Rio de Janeiro oder New York. Argentinier legen Wert auf Stil und Diskretion.

Das gilt auch gegenüber der **Weiblichkeit.** Die alte Schule ist gefragt. Ein Handkuss: Warum nicht? Zum Abschied darf man gerne noch etwas zulegen: ein Küsschen rechts oder links auf die Wange gehaucht, eine sachte, angedeutete Umarmung. Mit Komplimenten sollte man nicht sparen. Der Flirt hat viele Facetten, doch insgesamt geht es so sittsam und gesittet zu wie vor dem Abschlussball in der Tanzstunde. Man verabredet sich auf den nächsten Termin und lobt sich schließlich gegenseitig in den Himmel. Auf dieser langen Strecke braucht man Geld und Geduld. Argentinierinnen wissen, was sie wert sind.

Andererseits möchte man den **weiblichen Gringos** raten, sich auf wahre Stürme von Eroberungslust einzustellen, so denn der neue Bekannte Feuer gefangen hat. Aus Erfahrung gewitzt, rechnet der Argentino mit enormen Panzersperren beim Flirt und investiert daher mehr Charme und Kraft als vielleicht nötig. Es soll ja nordische Schönheiten geben, die dieses Balzverhalten ebenso sadistisch lieben wie die Argentinierinnen, die so gerne Körbe geben.

Jede Metropole hat ihre unterschiedlichen Biotope. Bei **Schwulen und Lesben** gelten andere Verhaltenscodes als unter Geschäftsleuten, Künstlern oder Journalisten. Fußballfans und Pferdenarren, Tangotänzer und Polospieler haben natürlich in Argentinien ganz andere Chancen, sofort Gleichgesinnte und Freunde zu finden als Vegetarier oder Bücherwürmer beispielsweise.

Im Unterschied zu anderen Ländern in Lateinamerika drängen sich die Argentinier nicht auf. Selbst die **Bettler** sind diskret. Das erleichtert das Geben und man braucht nicht zu befürchten, sogleich von einem Hornissenschwarm zerlumpter Berufskollegen attackiert zu werden.

Die ökonomische Misere, die Argentinien nur langsam überwindet, hat dazu geführt, dass viele Leute, der Not gehorchend, Dienstleistungen anbieten, die sie früher vielleicht selber in Anspruch genommen hatten. Man sollte solche **billigen Dienstleistungen** nicht ausschlagen, wenn sie nützlich sind. Sich die Schuhe selber zu putzen wäre da fast schon unsozial. Man sollte sich also gerne auf den Thron setzten und die Treter polieren lassen. Gepäckträger und Parkwächter sind nützlich. Da sollte man mit Trinkgeld nicht sparen. Wer länger bleibt, sollte sich mit dem Portier anfreunden, die Türsteher sind wahre Fundgruben an Information.

Ganz allgemein gilt: Schau mir in die Augen, Kleines! Argentinier sind zwar zurückhaltend, aber keineswegs kalt. Man sollte nie vergessen, dass die **persönliche Beziehung,** der Augenkontakt, der Händedruck viel wichtiger ist als Papiere, Paragrafen oder der kühle geschäftsmäßige Umgang mit Leuten, die einem nichts bedeuten. In Argentinien zählt jeder einzelne. Und jeder einzelne zählt auf sich.

060ar Foto: cg

ANHANG

Ein Kramladen ist immer eine hervorragende Kommunikationsstelle

Vulgärsprache Lunfardo

Das Rotwelsch der Unterwelt, die Gauner- und Gassensprache aus dem Bauch von Buenos Aires, heißt *Lunfardo*. Der Begriff leitet sich vermutlich aus dem lombardischen Italienisch her. Mit „lombardo" und „lummardu" sind dreckige, anrüchige Männer gemeint.

Anrüchig und vulgär ist das *Lunfardo* immer gewesen, aber eben auch kräftig und lebendig. Es wurde im Hafen und in den Bordells gesprochen, und im Tango gewann der Argot der Armen seinen besonderen poetischen Klang. Kein Wunder, dass über die Musik *Lunfardo* sozial aufstieg – so hoch, dass es in Buenos Aires mittlerweile die „Academia Porteña del Lunfardo" gibt, die sich mit der Vulgärsprache wissenschaftlich beschäftigt. Mittlerweile gilt es in feiner Gesellschaft sogar als chic, mit ein paar Brocken *Lunfardo* zu glänzen.

Die Elemente des *Lunfardo* wurden aus Europa eingeschleppt. Seine Wurzeln reichen in die Hafenstädte Italiens, der iberischen Halbinsel und der bretonischen Küste. Aber erst in La Boca und den anderen Arbeiterquartieren von Buenos Aires wurde ein eigene Sprache daraus gemischt.

Hier ein kleine Liste der Lunfardo-Ausdrücke von A bis Z:

anduma!	gehen wir! (aus dem Italienischen: „andiamo!")
bacán	Freier, Geliebter, Begleiter, Beschützer
cachimbo	Pfeife
cancha	Fußballplatz, Spielfeld
caftén	Zuhälter (leitet sich aus „Kaftan" ab, der langen orientalisch-jüdischen Kleidung)
crepar	sterben, krepieren (aus dem ital. „crepare")
dequera!	Pass auf! (verballhorntes „Take care!")
encanar	einsperren, einbuchten
escracho	Fahndungsfoto
faso	die Zigarette
fasear	rauchen
formayo	Käse (aus dem italienischen „formaggio")
gil	betrunken, blau (aus dem altkastilischen „gilí"; es gibt über ein Dutzend Variationen und Erweiterungen)
hotel del gallo	Kittchen, Polizeiquartier (Die Polizei von Buenos Aires führt den Hahn = „gallo" als Wappentier.)

isa!	Los!
jardinera	Postituierte, Flittchen
Kilo	Prima!
laburar	schuften, arbeiten (vom ital. „lavorare")
manyar	essen (vom ital. „mangiare")
mina	Frau
minga!	Nein!
morfar	futtern, essen, vertilgen
nocáu	kaputt, fertig (vom englischen „knock-out")
oligarca	Oligarch (peronistisches Schimpfwort gegen „die da oben")
polenta	prima, sehr gut
quilombo	Bordell
rostrear	bei einer kriminellen Aktion mithelfen und sich an der Diebesbeute beteiligen
seis luces	sechs Lichter (gemeint ist der Trommelrevolver mit seinen sechs Patronen)
tira	Polizeispion
toco	Beute, kann auch Geld bedeuten
urso	Dickwanst (eigentlich „oso", der Bär)
vía!	Hau ab!
yirar	flanieren, ohne Ziel durch die Gassen streifen
zorro gris	Verkehrspolizei (wörtlich „grauer Fuchs", da die Uniform grau ist)

Argentinien im Internet

- Brauchbare deutsche Argentinien-Portale sind: **www.argentinienaktuell.com** und **www.argentina-online.de**
- Wer ein paar Tipps außer der üblichen Reihe angeln will, dem sei die witzige „Sammeladresse" für deutschsprachige Argentinien-Surfer genannt:**www.directory.google.com/Top/World/Deutsch/Regional/Amerika/Argentinien/**
- Wer Englisch beherrscht (und vielleicht sogar Spanisch?), der sollte unbedingt das Portal der Universität von Texas ansteuern, genauer: das dortige Lateinamerika-Forschungszentrum: **www.lanic.utexas.edu**
- Die argentinische Presse aus der Ferne: kein Problem. Man muss nur bei **www.lanic.utexas.edu** ins Fach „media & communications" gehen

und kann dann zwischen den Wochenmagazinen und Zeitschriften wählen oder sämtlichen Tages- und Provinzzeitungen des Landes. Die nationale Tageszeitung „Clarin" bietet einen kostenfreien exzellenten Archivdienst an, die linksgestrickte „Pagina12" ebenfalls.

Lesetipps

Im Unterschied zu aktuellen Reiseführern sind Argentinien-Klassiker auf Deutsch recht dünn gesät und nur schwer erhältlich. Hier eine Auswahl:

Landesbeschreibungen

- Ulrich Schmidel, Utz von Straubing: **„Der erste Deutsche am Rio de la Plata".** Nur noch antiquarisch aufzutreibende Kurzbeschreibung des bayerischen Söldners in spanischen Diensten, anno 1939.
- Charles Darwin: **„Reise um die Welt 1831–1836",** Erdmann Verlag, 1993. Darin bemerkenswerte Beobachtungen des Naturforschers über Patagonien und Feuerland.
- Hermann Burmeister: **„Reise durch die La-Plata-Staaten",** Halle 1861. Umfassende naturhistorische Darstellung des deutschen Zoologen, Mitglied der Frankfurter Nationalversammlung 1848. Nur noch in Bibliotheken zu finden.
- Bruce Chatwin: **„In Patagonien",** Rowohlt, Hamburg 1984. Klassiker für Patagonien-Fans.
- Paul Theroux: **„Der alte Patagonien-Express",** Hoffmann & Campe, 1995. Gut lesbarer Traveloge des amerikanischen Schriftstellers.
- Noch lobend zu erwähnen ist das gut gemachte Heft **Geo-Special „Argentinien",** Juni 1994.
- Jürgen Vogt: **„Argentinien",** Reise Know-How Verlag. Ausführlicher Reiseführer für alle, die auf detaillierte und aktuelle Informationen Wert legen.
- O'Niel Som: **„Spanisch für Argentinien, Paraguay und Uruguay – Wort für Wort",** Reise Know-How Verlag. Der praxiserprobte Sprechführer zur leichten Kommunikation unterwegs.

Belletristik

Argentiniens Literatur ist reich – und in Deutschland nahezu unbekannt. Wer sich einen Überblick über argentinische Autoren verschaffen will, ist immer noch auf das Standardwerk „Autorenlexikon Lateinamerika" angewiesen, das im Suhrkamp Verlag erschienen ist. In deutschsprachiger Übersetzung liegen folgende wichtige Werke vor:

- **Adolfo Bioy Casares,** Freund und Zeitgenosse von *Jorge Luis Borges,* Romancier einer „fantastischen" Literatur. Seine Werke „Morels Erfindung" (1965), „Der Schweinekrieg" (1971) und „Schlaf in der Sonne" (1976) sind aber kaum noch aufzutreiben.
- **Jorge Luis Borges:** Seine gesammelten Werke sind zuletzt 1987 in München erschienen. Ein Muss für alle Hispanistik-Studenten, aber ein schwerer Brocken für normale Sterbliche.
- **Julio Cortázar** ist der argentinische „Gegenwartsautor" (immerhin auch nicht mehr unter den Lebenden, da 1984 gestorben), dessen Werke wie etwa „Bestiarium", „Die Gewinner", „Himmel und Hölle" wohl am bekanntesten sind (alle Werke im Suhrkamp Verlag erschienen).
- **Tomá Eloy Martínez** hat mit seinen Romanen über *Juan Domigo Perón* und *Evita* („Santa Evita", Suhrkamp Taschenbuch 1995) auch international Furore gemacht. Er ist sicher einer der interessantesten argentinischen Gegenwartsautoren.
- **Manuel Puig** („Der schönste Tango der Welt", 1978, und „Der Kuss der Spinnenfrau", 1983, beide 2003 bei Suhrkamp erschienen) steigt mit seinen Romanen ganz tief in die Irrungen und Verwirrungen der menschlichen Seele.
- **Marcos Aguinis:** Der aktuelle literarische „Nestbeschmutzer" ist in Argentinien so bekannt wie *Hans Magnus Enzensberger* in Deutschland. Um *Agiunis* zu lesen, muss man des Spanischen mächtig sein oder zu englischen Übersetzungen greifen.

Die Reiseführer von Reise

Reisehandbücher
Urlaubshandbücher
Reisesachbücher
Edition RKH, Praxis

Afrika, Durch, 2 Bde.
Agadir, Marrakesch, Südmarokko
Ägypten individuell
Ägypten/Niltal
Alaska ⇗ Kanada
Algerische Sahara
Argentinien, Uruguay, Paraguay
Äthiopien
Australien – Auswandern
Australien, Osten und Zentrum
Australien, Westen und Zentrum

Baikal, See u. Region
Bali und Lombok
Bali, die Trauminsel
Bangkok
Botswana
Brasilien
Brasilien kompakt

Cabo Verde
Chicago
Chile, Osterinsel
China Manual
Chinas Osten
Costa Rica
Cuba

Djerba & Zarzis
Dominikanische Republik
Dubai, Emirat

Ecuador, Galápagos
Erste Hilfe unterwegs

Fahrrad-Weltführer
Florida
Fuerteventura

Guatemala

Havanna
Hawaii
Honduras
Hongkong, Macau, Kanton

Indien, der Norden
Indien, der Süden
Iran

Japan
Jemen
Jordanien

Kalifornien und USA Südwesten
Kalifornien, Süden und Zentrum
Kambodscha
Kamerun
Kanada, USA
Kanadas Maritime Provinzen
Kanadas Osten, USA Nordosten
Kanadas Westen, Alaska
Kapstadt – Garden Route (Südafrika)
Kapverdische Inseln
Kenia
Kenia kompakt
Kerala (Indien)
Krügerpark – Kapstadt (Südafrika)

Ladakh, Zanskar
Laos
Lateinamerika BikeBuch
Libyen

Malaysia, Singapur, Brunei
Marokko
Mauritius, La Réunion
Mexiko
Mexiko kompakt
Mongolei
Motorradreisen
Myanmar

Namibia
Namibia kompakt
Neuseeland BikeBuch
New Orleans
New York City
New York im Film

Oman
Outdoor-Praxis

Panama
Peru, Bolivien
Peru kompakt
Phuket (Thailand)

Qatar
Queensland (Australien)

Rajasthan (Indien)

San Francisco
Senegal, Gambia
Singapur
Sri Lanka
St. Lucia, St. Vincent, Grenada
Südafrika
Südafrika: Kapstadt – Garden Route
Südafrika: Krügerpark – Kapstadt
Sydney, Naturparks
Syrien

Taiwan
Tansania, Sansibar
Thailand
Thailand – Tauch- und Strandführer
Thailands Süden
Tokyo, Kyoto, Yokohama
Transsib
Trinidad und Tobago
Tunesien
Türkei, Hotelführer
Türkei: Mittelmeerküste

Uganda, Ruanda
USA, als Gastschüler
USA, Kanada
USA, Canada BikeBuch
USA Nordosten, Kanada Osten
USA, der große Süden
USA Südwesten, Kalif., Baja California
USA, Südwesten, Natur u. Wandern
USA, der ganze Westen

Venezuela
Vereinigte Arabische Emirate
Vietnam

Westafrika – Sahel
Westafrika – Küste
Wo es keinen Arzt gibt

Yucatán (Mexiko)

PANORAMA

Australien
Cuba
Rajasthans Palasthotels
Südafrika
Thailands Bergvölker und Seenomaden
Tibet
Vietnam

Know-How auf einen Blick

Edition RKH

Abenteuer Anden
Auf Heiligen Spuren
Durchgedreht – Sieben Jahre im Sattel
Inder, Leben und Riten
Mona und Lisa
Myanmar – Land der Pagoden
Please wait to be seated
Rad ab!
Salzkarawane
Südwärts durch Lateinamerika
Suerte – 8 Monate durch Südamerika
Taiga Tour
USA – Unlimited Mileage

Praxis

Aktiv Marokko
All inclusive?
Australien: Outback/Bush
Australien: Reisen/Jobben
Auto durch Südamerika
Ayurveda erleben
Buddhismus erleben
Canyoning
Clever buchen/fliegen
Daoismus erleben
Drogen in Reiseländern
Dschungelwandern
Expeditionsmobil
Fernreisen auf eigene Faust
Fernreisen, Fahrzeug
Fliegen ohne Angst
Frau allein unterwegs
Früchte Asiens
Fun u. Sport im Schnee
Geolog. Erscheinungen
GPS f. Auto, Motorrad
GPS Outdoor-Navigation
Handy global
Hinduismus erleben
Höhlen erkunden
Hund, Verreisen mit
Indien und Nepal, Wohnmobil
Internet für die Reise
Islam erleben
Japan: Reisen und Jobben
Kanu-Handbuch
Kartenlesen
Kommunikation unterw.
Konfuzianismus erleben
Kreuzfahrt-Handbuch
Küstensegeln
Langzeitreisen
Maya-Kultur erleben
Mountainbiking
Mushing/Hundeschlitten
Neuseeland: Reisen und Jobben
Orientierung mit Kompass und GPS
Panamericana
Paragliding-Handbuch
Pferdetrekking
Radreisen
Reisefotografie
Reisefotografie digital
Reisekochbuch
Reiserecht
Respektvoll reisen
Safari-Handbuch Afrika
Schutz vor Gewalt und Kriminalität
Schwanger reisen
Selbstdiagnose unterwegs
Shopping Guide USA
Sicherheit Bärengeb.
Sicherheit am Meer
Sonne, Wind, Reisewetter
Sprachen lernen
Südamerika, Auto
Survival-Handbuch Naturkatastrophen
Tango in Buenos Aires
Tauchen Kaltwasser
Tauchen Warmwasser
Transsib – Moskau-Peking
Trekking-Handbuch
Trekking/Amerika
Trekking/Asien Afrika, Neuseeland
Tropenreisen
Unterkunft/Mietwagen
USA Shopping Guide
Volunteering
Vulkane besteigen
Wann wohin reisen?
Was kriecht u. krabbelt in den Tropen?
Wildnis-Ausrüstung
Wildnis-Backpacking
Wildnis-Küche
Winterwandern
Wohnmobil-Ausrüstung
Wohnmobil-Reisen
Wohnwagen Handbuch
Wracktauchen
Wüstenfahren

KulturSchock

Afghanistan
Ägypten
Argentinien
Australien
Brasilien
China, Taiwan
Cuba
Ecuador
Familien im Ausland
Kl. Golfstaaten, Oman
Indien
Iran
Japan
Jemen
Kambodscha
Kaukasus
Laos
Leben in fremd. Kulturen
Marokko
Mexiko
Pakistan
Peru
Russland
Thailand
Thailands Bergvölker und Seenomaden
Türkei
USA
Vietnam
Vorderer Orient

Fernziele

Wo man unsere Reiseliteratur bekommt:
Jede Buchhandlung Deutschlands, der Schweiz, Österreichs und der Benelux-Staaten kann unsere Bücher beziehen. Wer sie dort nicht findet, kann alle Bücher über unsere **Internet-Shops** bestellen.
Auf den Homepages gibt es **Informationen** zu allen Titeln:

www.reise-know-how.de oder **www.reisebuch.de**

Register

A

Aberglaube 133
Abschied 178
Aconcagua 44
Aguinis, Marcos 18
Alfonsín, Raúl 33
Allerseelen 189
Amnestiegesetze 66
Amtspersonen 193
Analphabetenrate 164
Anarchie 64
Anarchisten 18, 83
Anden 42
Anden, patagonische 44
Ansprüche, territoriale 38
Antarktis 38
Antisemitismus 127
Araber 129
Arbeitertourismus 39
Arbeitslosigkeit 34, 87
Arbeitswelt 194
Aristokraten 75
Arroganz 12
Atlantik 42
Atomzentrum 184
Ausdehnung 11
Ausgehen 13, 177
Auslandskonten 71
Ausnahmezustand 65
Ausrottung (der Indianer) 26
Ausverkauf, staatlicher 29
Auswanderer 129
Autocorso 179
Autorität 170
Avenida 9 de Julio 57
Avenida de Mayo 58

B

Balkone, abstürzende 58
Bariloche 188
Beefsteak 151
Befreiungskriege 23
Begrüßung 178
Bekleidung 173
Belletristik 201
Berge 44
Berufe 160
Bestechung 17
Bettler 195
Bevölkerung 38
Beziehungen 16
Bildende Kunst 181
Blumenfest 188
Boca, La 59
Bodenschätze 91
Bolívar, Simon 23
Borges, Jorge Luis 107
Buenos Aires 24, 39, 50
Buenos Aires, Bewohner 54
Buenos Aires, Geschichte 50
Bunke, Tamara 105
Bürokratie 193
Busse 192

C

Café 121
Carrió, Elisa 139
Cavallo, Domingo 33
Chacarita 133
Chaco 43
Chacra 121
Champaquí 43, 45
Charque 158
Ché 170
Ché Guevara 55

Chile 149
Christentum 130
Colón 57
Cordoba 186
Country 119

D

De la Rúa, Fernando 34, 65
Deutsche 126
Dienstleistungen 195
Dienstmädchen 79
Diktator 25
Dogwalker 169
Drogenkonsum 193
Duarte, Eva Maria 91

E

Ebenen 45
Ehe 160
Eheschließung 161
Einladungen 192
Einwanderung 26, 82
Eisenbahn 15, 48, 183
El Country 119
El Paseo 178
El Zonda 48
Elendssiedlungen 120
Emanzipation 137
Empanadas 154
Erbe, historisches 171
Erdbeben 48
Erdöl 91
Eroberung, spanische 22
Erziehung 79
Escobar 188
Essen 151
Europa 19, 21

F

Falkland-Inseln 33
Familie 158
Fernando de la Rúa 34, 65
Festas Juninas 188
Feste 185
Fiesta del Oliva 186
Fiesta Nacional del Mar 186
Figur 176
Film 180
Filmfestival 186
Fischerei 89
Fleisch 151
Fleisch, luftgetrocknetes 158
Flughafen 47
Flüsse 47
Föderalisten 25
Föhn 48
Folklorefestival 186
Folterungen 30, 32
Frauen 135
Freilauf wilder Stiere 188
Freundschaft 74
Friedhöfe 133
Fußball 111
Fußballvereine 112

G

Gardel, Carlos 97
Gastarbeiter 14
Gauchos 17, 36
Gebirge 43
Geld 16
Geldadel 15
Geografie 44
Gerechtigkeit 74
Geschäftspartner 194
Geschichte 21
Geschlechtertrennung 163

Gesetze 18
Gesetzlosigkeit 64
Gespräche 173, 189
Getränke 122, 170, 175
Gewalt 13
Gewaltexzesse 64
Gewerkschaften 86
Golpe de calor 47
Gran Chaco 43, 45
Gringo 189
Gründerfamilien 76
Gründungstage 24
Guerilla-Gruppen 30

H

Hafenviertel 61
Hauptstadt 40, 50
Heimatlosigkeit 21
Hernández, José 17
Hilfsbereitschaft 190
Hinterland 39
Hitzestau 47
Hölzer 89
Homosexualität 139
Hotel 190
Hunde 169

I

IBM 68
Iguaçufälle 47
Illusion 167
Immigranten 11
Indios 20, 22, 25, 124
Industriezweige 91
Inflation 33
Interior 39
Internet 199
Islam 129

J

Jahreszeiten 185
Jesuiten 43
Jockey Klub 78
Juden 127
Jugend, aristokratische 80
Jungen 159

K

Kaffee 122, 170
Karillada 191
Karneval 186
Kellner 191
Kinder 158
Kino 180
Kirche 129
Kirchner, Nestor 34, 63
Kirchner, Cristina 35
Kleiderordnung 173
Klerus 130
Kneipe 191
Kohle 91
Kolonie 23
Konzerne, internationale 81
Kordilleren 44
Korruption 67
Kosmetikbranche 176
Kriminalität 13
Krippenspiele 189
Krise 141
Kultur 180

L

La Boca 59
Lähmung 167
Landaristokratie 27
Landesnatur 38
Landwirtschaft 88

Lärm 12
Lesben 195
Lesetipps 200
Literatur 181
Luján 130
Lunfardo 12, 198

M

Mädchen 159
Mafalda 181
Maismehl-Pastete 154
Malvinen-Inseln 33
Maradona, Armando 111
Mate-Tee 175
Meijide, Graciela Fernandez 138
Melancholie 22, 168
Menem, Carlos 33
Menschenrechte 30
Mercedario 45
Mesopotamien 43
Mestizen 26
Metro 14
Militärputsch 86
Militärregierung 30
Mitgift 161
Mitre, Bartolomé 25
Mittelklasse 82
Montevideo 143
Müdigkeit 167
Mutter 135, 172
Mütter der Plaza de Mayo 137

N

Nacht 40, 177
Name (Argentiniens) 20
Namen 26
Nationalbank 68
Nationalfeiertag 188
Nationalgericht 154
Naziverbrecher 127
Neger 124
Neuquen 48
Neurosen 140
Norden 42
Nordwinde 47

O

Obelisk 57
Oberschicht 75
Ocampo, Victoria 80
Ojos del Salado 44
Oktoberfeste 188
Öl 48
Oliven 186
Ostern 187

P

Pachamama-Mysterienspiele 188
Pampa 36, 45
Pampero 47
Paraguay (Fluss) 47
Paraná 47
Parteiapparat 65
Parteimitglieder 68
Paseo 178
Patagonien 41, 45
Perón, Evita 15, 27, 91, 139
Perón, Isabelita 30
Perón, Juan Domingo 15, 27
Peronismus 85
Peronisten 29
Personalausweise 69
Personenkult 171
Pferde 36, 88, 169
Pflicht 167
Politik 63
Polizeistunde 191
Polizisten 193

Polo 114
Popkultur 183
Porteños 13
Porteños (Temperament) 55
Post-Peronismus 63
Potros 36
Priebke, Erich 128
Privatschule 164
Proletariat 27
Provinzen 38
Psychoanalytiker 140
Punta del Este 144

R

Radionovela 183
Rechtsverständnis 74
Recoleta, Friedhof 134
Reduktionen 43
Reichtum 13, 27
Restaurant 190
Richter 73
Rinder 153
Rinderexport 88
Río Colorado 47
Río de la Plata 47, 146
Río Negro 47
Río Paraná 43
Río Salado 47
Río Uruguay 43
Rollenteilung 163
Rosas, Juan Manuel de 25
Rugby 114
Rumpsteak 151

S

San Martín, José de 23
Sarmiento, Domingo F. 19
Saurier 49
Scheidung 162
Schienenstränge 48
Schlachtvieh 152
Schnäppchen 16
Schönheitschirurgie 176
Schulden 16
Schule 159, 164
Schwarzgelder 39
Schwule 195
Seen 47
Seilbahn 184
Selbstbedienungsmentalität 72
Selbstdarstellung 170
Selbstkritik 189
Selbstmitleid 22
Semana del Tango 186
Sexualität 80, 139
Sicherheit, innere 69
Sierra de Córdoba 45
Siesta 41, 176
Silber 20
Silvester 186
Skandale 71
Skifahren 114
Sklaven, afrikanische 125
Sohn 173
Sommerfrische 117
Sonnenwende 188
Sonntag 174
South Sandwich Inseln 38
South Shetland Inseln 38
Spanier 20, 22
Sparpolitik 33
Spitznamen 166
Sport 114
Staatsbankrott 34
Staatsvolk 14
Städte 22
Steak 151
Steppen 43
Stimme 170
Stimmungen 166

Stipendien 165
Stolz 12
Strand 38, 117
Subte 51
Süden 41
Südgeorgien 38
Südwind 47
Syndikalisten 83
Syndikate 86

T

Tango 97, 186
Taxi 191
Teatro Colón 57, 78
Telenovelas 183
Territoriale Ansprüche 38
Territorium 38
Theater 180
Theaterfestival 188
Tiefland 43
Töchter 136
Tod 133, 163
Touristen 189
Touristen, argentinische 16
Trago 170
Trauerfeier 163
Trinken 151
Trinkgeld 191
Tupungato 44
Turcos 128

U

U-Bahn 51
Umgangston 178
Unabhängigkeit 23
Unitarier 25
Universität 164
Uruguay 143
Ushuaia 41, 188

V

Verfassung 25
Vergangenheitsbewältigung 33
Verschuldung 15
Viedma 40
Viehmarkt 153
Villas 120
Volk 14

W

Wahlen 81
Wahrzeichen v. Buenos Aires 57
Wein 155
Weinfeste 186
Weizen 89
Weltsicht 11
Wernich, Christian von 31
Wetter 173
Winde 47
Winterferien 188
Wirtschaft 88

Z

Zentralisierung 40
Zuwanderer 11

Übersichtskarte Argentinien

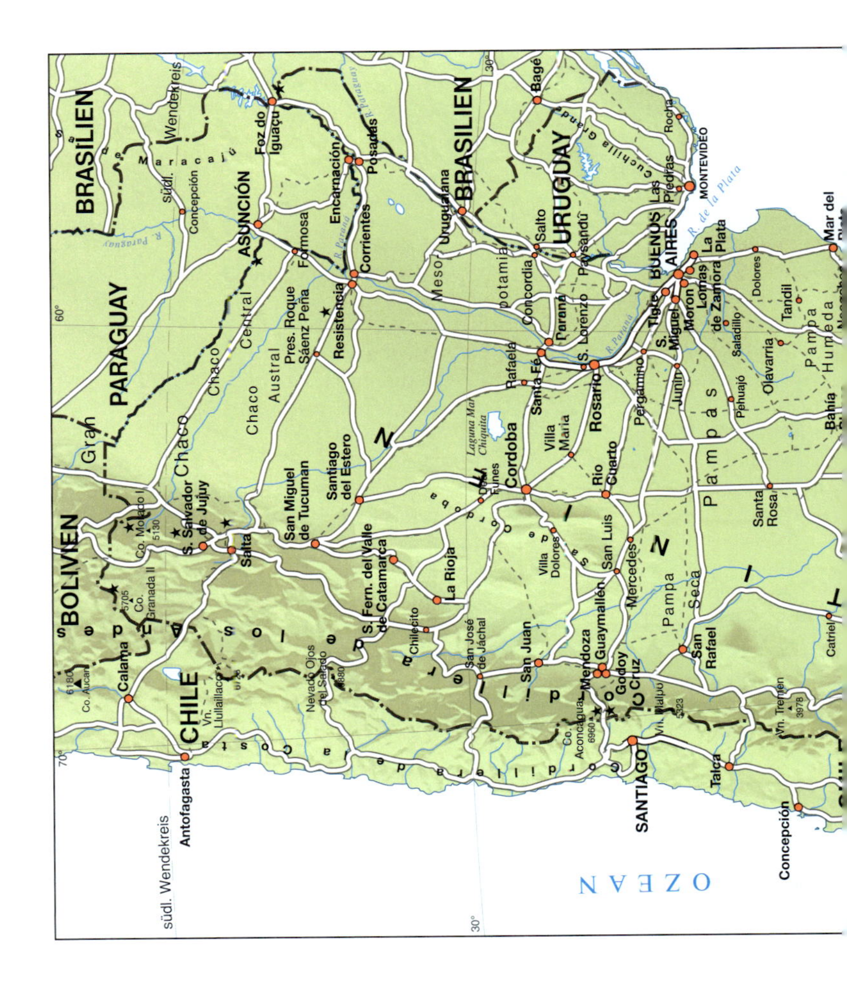

PAZIFISCHER
ATLANTISCHER
OZEAN
Neuquen
San Carlos de Bariloche
Viedma
Golfo San Matías
Co. Tronador
Esquel
Trelew
Pata-gonia
Golfo San Jorge
Comodoro Rivadavia
Caleta Olivia
CHILE
Co. San Valentín
4058
Perito Moreno
Co. Cochrane
3700
C. Murallón
3600
Cmte. Luis Piedra Buena
Bahía Grande
Río Gallegos
Punta Arenas
CHILE
Río Grande
ISLA GRANDE DE TIERRA DEL FUEGO
Ushuaia
Stanley
FALKLANDINSELN (ISLAS MALVINAS)
0
500 km
LEGENDE
Autobahn
Hauptstraße
Eisenbahn
Nationalpark
40°
50°
60°
70°
80°

Der Autor

061ar Foto: cg

Carl D. Goerdeler, geboren 1944 in Leipzig, lebt seit geraumer Zeit in Südamerika und ist der Korrespondent zahlreicher deutschsprachiger Zeitungen. Vom Wohnsitz in Rio de Janeiro unternimmt er regelmäßig Abstecher nach Buenos Aires und Argentinien, um sich ein wenig von den Tropen zu erholen und Kaltluft zu schnuppern. Nähe und Distanz zu beiden Seiten des Atlantiks, das Wechselbad der Gefühle und Perspektiven empfindet er als eine Bereicherung seines Lebens. Nach dem Studium der Politologie und Publizistik in Berlin und München, der Produktion von Fernsehdokumentationen und einem Abstecher in die Welt der Diplomatie (vier Jahre an der Botschaft in Tokio und fünf in Brasília) fand der Autor, Verfasser von einigen Reiseführern, dass es an der Zeit wäre, einmal aufzuschreiben, was ihn an Argentinien so fasziniert und ihn immer wieder in den kalten Süden zieht.